SABORES DA
CERVEJA

SABORES DA CERVEJA

MARK DREDGE

GLOBOLIVROS

SUMÁRIO

8   INTRODUÇÃO

O QUE É CERVEJA?

10 INTRODUÇÃO
12 A BASE DA CERVEJA
14 A HISTÓRIA DA CERVEJA
16 COMO FUNCIONA O SABOR
18 A CERVEJA FAZ SENTIDO
20 AVALIAÇÃO SENSORIAL DA CERVEJA
24 ENTENDENDO OS ESTILOS DE CERVEJAS
28 A ESPUMA DA CERVEJA
30 SERVINDO A CERVEJA PERFEITA
32 O COPO É IMPORTANTE?
34 COMO É FEITA A CERVEJA?
36 ÁGUA NA CERVEJA
38 GRÃOS E MALTAGEM
40 TIPOS DE MALTE
42 GRÃOS NA CERVEJARIA
44 OS SABORES DO MALTE
46 RECEITAS DE CERVEJA
50 A FUNÇÃO DOS LÚPULOS
52 CULTIVANDO LÚPULOS
54 TIPOS DE LÚPULOS
56 LÚPULOS NA CERVEJARIA
58 REGIÕES PRODUTORAS DE LÚPULOS E PRINCIPAIS VARIEDADES
60 SABORES DO LÚPULO
64 LEVEDURA E FERMENTAÇÃO
66 OS SABORES DA FERMENTAÇÃO
68 MATURAÇÃO E FINALIZAÇÃO DA CERVEJA
70 ENVELHECIMENTO EM BARRIL E OUTROS INGREDIENTES
72 CERVEJA FRESCA X ENVELHECIDA
76 DEFEITOS EM CERVEJAS
82 CERVEJA NO BAR
84 CERVEJA E COMIDA
86 DIFERENTES ABORDAGENS QUANTO A CERVEJA E ALIMENTOS
88 ENCONTRANDO EQUILÍBRIO E HARMONIA
90 ÓTIMAS COMBINAÇÕES DE ALIMENTOS E CERVEJA PARA EXPERIMENTAR

ANALISANDO CERVEJAS POR ESTILO

94 INTRODUÇÃO

96 LAGERS

98 GERMAN-STYLE PILSNER

100 CZECH PALE LAGER

102 AMERICAN LAGER E PILSNER

104 PILSNER MODERNA

106 HELLES

108 FRANCONIAN LAGER E KELLERBIER

110 VIENNA LAGER E AMERICAN AMBER LAGER

112 MÄRZEN E FESTBIER

114 CZECH-STYLE AMBER E DARK LAGER

116 DUNKEL E SCHWARZBIER

118 BOCK E DOPPELBOCK

120 KÖLSCH

122 ALTBIER

124 RAUCHBIER E CERVEJAS DEFUMADAS

126 PALE ALES, IPAS E ALES LUPULADAS

128 IPAS DE INFLUÊNCIA AMERICANA

130 AMERICAN PALE ALE

132 AMERICAN IPA E WEST COAST IPA

134 AMERICAN DOUBLE IPA E WEST COAST DOUBLE IPA

136 HAZY PALE ALE

138 HAZY IPA

140 HAZY DIPA

142 SESSION IPA

144 PACIFIC PALE ALE E IPA

146 ENGLISH PALE ALE

148 RED IPA E BLACK IPA

150 BLONDE ALE E GOLDEN ALE

152 AMBER ALE E RED ALE

154 HOPPY BRITISH ALE

156 ALES MALTADAS

158 BRITISH BITTER TRADICIONAIS

160 BRITISH-STYLE MILD E OLD ALE

162 BROWN ALE

164 STRONG ALE E SCOTTISH ALE

166 BARLEY WINE

168 PORTER

170 BALTIC PORTER

172 DRY STOUT

174 SWEET STOUT

176 IMPERIAL STOUT

178 CERVEJAS ENVELHECIDAS EM BARRIL

180 SOUR BEERS E FRUIT BEERS

182 LAMBIC: UMA TRADIÇÃO CERVEJEIRA DE BRUXELAS

184 CERVEJAS DE FERMENTAÇÃO ESPONTÂNEA

186 FLEMISH-STYLE RED-BROWN ALE

188 FRUIT SOURS TRADICIONAIS

190 FERMENTAÇÃO MISTA E WILD ALES

192 BERLINER WEISSE E GOSE

194 FRUIT E ADJUNCT SOURS MODERNAS

196 CERVEJAS SABORIZADAS

198 CERVEJAS SEM ÁLCOOL E DE BAIXO TEOR ALCOÓLICO

200 CERVEJAS DE TRIGO E BELGIAN ALES

202 HEFEWEIZEN

204 DUNKELWEIZEN E WEIZENBOCK

206 WITBIER

208 SAISON

210 FARMHOUSE E RUSTIC ALES

212 BELGIAN BLONDE E PALE ALE

214 BELGIAN STRONG BLONDE E TRIPEL

216 BELGIAN BRUNE E DUBBEL

218 BELGIAN STRONG DARK ALE E QUADRUPEL

220 ÍNDICE

223 AGRADECIMENTOS

INTRODUÇÃO

Este livro é um mar de sabores de cerveja.

Descubra como os variados e maravilhosos, estimulantes e deliciosos sabores de cerveja são criados com os ingredientes-base, e como diferentes processos de fermentação impactam o paladar. Aprenda sobre os perfis que definem os sabores de estilos clássicos e como cervejas da mesma categoria de estilo são similares ou, às vezes, distintas. Adquira confiança em compreender e identificar os sabores independentemente de qual você esteja bebendo.

Eu adoro o sabor de cerveja, e o sabor foi a primeira coisa que me instigou e me deixou curioso para provar todas as cervejas que eu conseguia achar. Adoro como cada uma me presenteou com novas experiências aromáticas, seja o cítrico pungente de uma American IPA, a acolhedora familiaridade do malte de um pint de Dark Mild, ou a complexidade em camadas de uma Barley Wine envelhecida. A cerveja se tornou muito mais que uma bebida: ela se transformou em uma aventura em forma de sabores.

Quando comecei a descobrir o universo mais vasto da cerveja com cada estilo novo, encontrei coisas novas que me instigaram e fascinaram. Enquanto eu virava copos por aí na tentativa de entender a bebida, havia novos aromas, novos sabores e novas características, e, quanto mais eu bebia, mais curioso ficava.

Quando eu lia anotações sobre sabores, praticamente as conseguia saborear na minha imaginação, mas queria bebê-las de verdade. Queria provar mais, provar melhor, e me aprimorar como apreciador de cerveja. Sabia que isso significava uma coisa só: eu tinha que beber mais.

Conforme fui aprendendo e entendendo mais de cerveja, consegui vincular sabores a ingredientes e processos de fermentação, e assim também pude vincular sabores a uma apreciação mais ampla de regionalidade, história e culturas de degustação de cervejas.

À medida que fui estudando sabores, que passei a atuar no júri de competições cervejeiras e que comecei a dar aulas sobre a bebida, foi ficando claro como pode ser desafiador entender e identificar sabores, e como isso não era um desafio só para mim. Percebi que era uma questão de linguagem e confiança. Precisamos saber quais palavras usar e como usá-las no contexto da cerveja e ter a confiança para usá-las. Em *Sabores da Cerveja*, espero proporcionar a você as palavras e a confiança para apreciar os sabores da bebida, e também oferecer uma exploração mais detalhada de muitas das cervejas mais deliciosas do mundo.

QUANDO EU DAVA AULAS, FREQUENTEMENTE OUVIA "TEM GOSTO DE CERVEJA!"

O meu curso tem um método focado nos sabores. Analisamos suas especificidades, por que as cervejas têm um sabor específico, e como identificar e comunicá-lo. O objetivo deste livro é ajudar as pessoas a escolherem com mais propriedade as cervejas que desejam beber.

Todo mundo pode se tornar um bom degustador de cervejas, e a melhor maneira de fazer isso é simplesmente bebendo mais, além de comer alimentos variados e beber de modo mais reflexivo. Adoro como o sabor da cerveja pode evocar ou evadir, ser familiar ou desafiador, acolhedor ou instigante, complexo ou simples, e, vez ou outra, inesquecivelmente maravilhoso e ponto-final. Muitos anos após eu descobrir a alegria de beber cervejas diferentes, ainda tenho a mesma empolgação ao abrir toda cerveja que bebo, porque cada uma delas pode me oferecer uma nova experiência aromática.

SOBRE AS CERVEJAS NESTE LIVRO

As cervejas que selecionei para este livro representam seus estilos e estão amplamente disponíveis em termos regionais, nacionais ou internacionais. Há uma visão enviesada a favor das nações cervejeiras tradicionais e centros modernos de cerveja artesanal, porque é lá onde a maioria desses estilos teve origem. Este não é um livro sobre as cervejas mais raras ou mais bem avaliadas do mundo, e ele inclui grandes marcas internacionais e também cervejas de pequenas cervejarias independentes. A obra busca definir bases de sabores com cervejas consideradas genuínas ao seu estilo, independentemente do tamanho da cervejaria ou de seu proprietário. A maioria é bem famosa e frequente em muitos livros sobre cerveja, mas clássicos são clássicos por um motivo. Quando as conhecemos bem, podemos provar qualquer coisa dentro de seu contexto, o que nos permite fazer avaliações mais críticas e analíticas das bebidas.

O QUE É CERVEJA?

NESTA SEÇÃO analisamos as bases da cerveja, a fermentação e o ato de beber. O sabor é criado pelos ingredientes e processos, e é importante para nós, consumidores, compreendê-los. Os sentidos se aliam para criar a experiência do sabor, que é completamente pessoal. Analisaremos como identificar sabores, como avaliar cervejas e como nos aprimorar como degustadores. Depois, descobriremos os principais ingredientes da cerveja, como eles conferem diferentes qualidades à bebida, e como os processos na cervejaria influenciam sabores, alguns dos quais nem sempre são bons. Por fim, analisamos cervejas envelhecidas e frescas, e diferentes métodos de desfrutar de alimentos com a bebida.

A BASE DA CERVEJA

A cerveja é a bebida alcoólica mais popular do mundo. Há dezenas de estilos diferentes, e uma grande variedade em cada um deles.

O QUE É CERVEJA?

A cerveja é uma bebida fermentada, feita principalmente de água, grãos, lúpulo e levedura. No mundo, há dezenas de milhares de cervejarias, que vão desde megamarcas globais a pessoas fazendo produções de garagem, e, em pequena ou ampla escala, o processo de fermentação é basicamente o mesmo. A maioria das cervejas leva de duas a quatro semanas desde o primeiro dia da fermentação para poder ser tomada.

COMO A CERVEJA É FERMENTADA (VERSÃO RÁPIDA)

Cervejeiros misturam água morna e grãos e aquecem a mistura, extraindo açúcares fermentáveis e cor dos grãos. Extraem o líquido adocicado dos grãos, o colocam para ferver e acrescentam lúpulo para dar amargor, sabor e aroma. Em seguida, coam o líquido doce, o esfriam e o colocam em um novo tanque, onde acrescentam a levedura.

QUANTA CERVEJA!

Depois da água e do chá, a cerveja é a bebida mais consumida no mundo. Por ano, 185 bilhões de litros de cerveja são produzidos e bebidos. Cerca de 90% de toda a cerveja que as pessoas bebem são lagers claras e refrescantes.

A levedura fermenta o açúcar do grão em álcool. Após uma semana ou mais, a cerveja é resfriada e deixada para maturar até ficar pronta para beber — em geral, de uma a quatro semanas depois.

CERVEJAS ALES, LAGERS E WILD/SOURS

Há três categorias principais de cervejas: ales, lagers e wild/sours. Esses grupos usam leveduras notavelmente diferentes (e bactérias, no caso das sours) para produzi-las (ver p. 64-65). Dentro da ampla família das cervejas, há muitos tipos ou estilos, cada um com suas características típicas. Alguns desses estilos são tradicionais, e há décadas ou séculos vêm sendo produzidos, enquanto outros são contemporâneos e foram moldados por tendências modernas em constante mudança.

ALE
Fermentação quente com levedura ale

- Pale Ales e IPA
- Stout e Porter
- British Ales
- Hefeweizen
- Witbier
- Saison
- Belgian Dubbel, Tripel e Quadrupel
- Kölsch
- Altbier

LAGER
Fermentação fria com levedura lager

- Pilsner
- Helles
- Festbier
- Dunkel
- Schwarzbier
- Bock
- Doppelbock
- Hoppy Lager
- IPL

WILD/SOUR
Usa levedura selvagem e bactérias

- Lambic
- Gueuze
- Kriek
- Belgian Red-brown
- Wild Ale
- Berliner Weisse
- Gose

QUEM PRODUZ (E BEBE) MAIS?

A China produz mais cerveja do que qualquer outro país, e os EUA, o Brasil, o México e a Alemanha compõem os cinco primeiros lugares. Por consumo, quase um terço de toda a cerveja é bebida na Ásia, um terço nas Américas e um quarto na Europa. Os maiores consumidores do mundo per capita são os tchecos, seguidos pelos austríacos, poloneses, romenos e alemães. Os tchecos bebem em média 180 litros por ano, por pessoa, quase o dobro que a segunda colocada, a Áustria.

BEBENDO CERVEJA

A maioria das cervejas contêm álcool (etanol). O etanol é solúvel em água, e, quando o bebemos, ele passa pelo nosso sistema digestório. Um pouco entra pela corrente sanguínea do estômago, e o restante pelo intestino delgado — se comemos, a absorção pode ser mais lenta.

O álcool percorre o corpo, e logo começamos a sentir seus efeitos. Mesmo que os primeiros goles sejam prazerosos, o corpo trata o álcool como algo a ser partido e processado rapidamente, priorizando sua metabolização. Em outras palavras, o organismo quer se livrar dele.

Sobretudo por via hepática, o corpo pode processar cerca de uma bebida padrão por hora — digamos, um pint de cerveja com teor de 4% de álcool por volume. Se bebemos mais depressa do que o corpo é capaz de processar, o álcool vai se acumulando no organismo e começa a causar embriaguez. Quanto mais bebemos, e quanto mais rápido o fazemos, mais seremos afetados negativamente pelo álcool. Beba, mas com responsabilidade.

OS SABORES DAS CERVEJAS

O foco deste livro são os sabores das cervejas. Eles provêm de todos os ingredientes naturais e de diferentes processos na fermentação, além de interações entre os ingredientes. Estes são os termos aromáticos mais comuns usados para descrever cervejas e suas derivações.

LÚPULO	FLORAL (HERBAL E FRUTADO)	Herbal (fresco ou seco), folhas/bolotas/cones de lúpulo, flores/botões frescos, mel/marmelada
		Capim-limão/lima kaffir
	CÍTRICO	Limão/lima, laranja/tangerina, toranja
	FRUTAS TROPICAIS E AROMAS DOCES	Maracujá, abacaxi, manga, goiaba/mamão, coco
	FRUTAS DE CAROÇO, FRUTAS VERMELHAS E FRUTAS DE POMAR	Pêssego/damasco, cereja/ameixa, uva/lichia, groselha, cassis, mirtilo
	APIMENTADO	Anisado/misto de pimentas, pimenta-do-reino, cominho/curry
	PUNGENTE E VEGETAL	Frutas picantes, cebola/alho
		cannabis/úmido
	HERBAIS E AMADEIRADAS	Resina/pinha, cedro/amadeirado, ervas (alecrim, funcho), menta/mentol, terra/solo
MALTE, GRÃOS E AGREGADOS	SABOR A CEREAIS/MALTADO	Junco/grama, malte/rica em malte, cremosa/de aveia
		Massa fresca
	PÃO E PANIFICAÇÃO	Pão, biscoito, cereal matinal, biscoito salgado, torrada, nozes/nozes torradas
		Pão de fermentação natural
	FRUTADO E CARAMELIZADO	Cítrico leve, chá, frutos secos/bolo de chá, licor, marmelada/mel, fudge
		Melaço/xarope de bordo
	TORRADO	Chocolate/cacau, café (fresco/grãos), cevada torrada, defumado (madeira/carne/turfa)
ÁGUA	MOLE	Mais encorpada/mais doce
	DURA	Mais seca/mais torrada
LEVEDURA E FERMENTAÇÃO	ÉSTERES	Maçã doce/damasco, rosa/mel, banana, pêssego/tropical, baunilha/cremosa, anisada/frutas secas
	FENÓIS	Pimenta-do-reino preta/branca
		Cravo/defumada/medicinal
	BRETTANOMYCES	Celeiro/fazenda, abacaxi/frutas amargas
	BACTÉRIAS	Acética (vinagre), azeda (limão), lática (laticínios)
	ÁLCOOL	Leve frutado, vínico/sensação de aquecimento
CERVEJA ENVELHECIDA	CARACTERÍSTICAS GERAIS DE ENVELHECIMENTO	Frutas secas/xerez, nozes/amêndoas
		Molho de soja/umami
	CARACTERÍSTICAS DE ENVELHECIMENTO EM BARRIS	Carvalho/amadeirado, de álcool (vinho/uísque), coco/baunilha

13

A BASE DA CERVEJA

A HISTÓRIA DA CERVEJA

Há milhares de anos, a cerveja vem evoluindo com novas descobertas científicas, desenvolvimentos tecnológicos, avanços culturais e mudanças sociais.

AS ORIGENS

A cerveja tem sido uma constante na história da humanidade, e a crença ampla e geral é que a fermentação especializada data da Revolução Agrícola, ou Neolítica, há cerca de 10 mil anos. A cerveja se tornou uma bebida cotidiana, consumida por todos. Era fonte de hidratação e nutrição, além de ser uma bebida social compartilhada com outros.

Mesmo que os primeiros milênios do consumo de cerveja revelem ideias fascinantes sobre a vida, para os consumidores atuais a história passa a ser mais identificável a partir do século XVI.

ANTES DO SÉCULO XVI

A cerveja era um alimento básico no norte da Europa, e o lúpulo se tornou o principal ingrediente amargo da bebida; antes da levedura, era comum usar um misto de ervas. A cerveja era fermentada principalmente por mulheres para consumo doméstico, mas mansões e monastérios montavam cervejarias em maior escala. Tinas de brassagem, fermentadores e recipientes para servir eram feitos de madeira.

A fermentação ainda era um processo empírico, mas essas cervejarias criaram as bases da fermentação contemporânea.

Quase todas as cervejas eram ale, com muitas variedades locais e regionais. É provável que houvesse duas principais qualidades da bebida: cervejas claras à base de trigo, que provavelmente desenvolveram um sabor levemente azedo, e cervejas escuras, doces e, provavelmente, defumadas.

SÉCULOS XVI A XVIII

Fermentação e maltagem eram habilidades especializadas, e a cerveja era um produto comercial. A Grã-Bretanha era a nação cervejeira mais proeminente, e a colonização britânica levou a bebida mundo afora. No fim do século XVIII, a Revolução Industrial presenciou cervejarias crescendo em ampla escala na Grã-Bretanha, utilizando energia a vapor e outras tecnologias avançadas. O Porter se tornou o primeiro grande estilo de cerveja do mundo.

Na Europa central, a Baváira aplicava leis de fermentação para ajudar a controlar a qualidade, e, isso, aliado a seu processo exclusivo de armazenar cerveja em adegas subterrâneas frias, criou as cervejas lager. A fermentação era geralmente sazonal, feita só nos meses de inverno. A cerveja era armazenada para ser consumida durante o verão, e, no mais das vezes, seu consumo era local.

CERVEJARIA WHITBREAD
No século XVIII, as cervejarias na Grã-Bretanha dependiam, em sua maioria, da potência de cavalos. Nesta pintura de George Garrard de 1792, vemos a Cervejaria Whitbread, uma das mais bem-sucedidas entre as grandes cervejarias londrinas.

YUENGLING

Fundada em 1829 em Pottsville, Pensilvânia, a Yuengling Brewing Co. é a cervejaria mais antiga ainda em operação nos Estados Unidos.

SÉCULO XIX

Esse foi o século mais importante para o desenvolvimento da cerveja, e presenciou uma mudança tecnológica e científica nas velhas formas empíricas da fermentação. No início do século, a fermentação da ale britânica era o núcleo de atividade global, mas, no fim, a lager dominou.

Novos instrumentos para medir e controlar o processo, como o termômetro e o hidrômetro, que mede a doçura, ajudaram a aprimorar a qualidade da bebida, e a industrialização aumentou a escala.

Novas técnicas, como a maltagem para produzir maltes mais claros, mudaram os sabores de base da cerveja, e novos estilos específicos surgiram, como a Munich Lager, Vienna Lager e Pilsner. A fermentação passou a ser mais bem-compreendida e, portanto, mais controlável. A refrigeração artificial possibilitou o controle de temperatura e a produção de cerveja durante o ano todo, ou seja, a cerveja pôde ser produzida em mais países.

A madeira foi substituída por outros materiais na cervejaria, até o aço inoxidável acabar se tornando o material mais usado no século XXI.

Com o envase em larga escala e o transporte mais veloz, a cerveja passou de produto local (do tipo serviu-tomou) a produto nacional engarrafado.

Muitas centrais europeias emigraram e levaram consigo suas tradições de fermentação de lager. Essa importação foi mais marcante na América do Norte, que se tornou um novo polo de fermentação.

SÉCULO XX

Ales escuras mais doces e variadas se transformaram em Pale Ales e Lagers consistentes e refrescantes, mudança que transformou a cerveja de "pão líquido" nutritivo a uma bebida sobretudo social. A cerveja, especificamente a lager, era agora fermentada mundialmente.

Eventos importantes, como a Era da Proibição nos EUA (1920-1933) e as Guerras Mundiais (1914-1918 e 1939-1945) causaram enorme impacto na cerveja, levando a um novo desenvolvimento de estilos a partir dos anos 1950. Cervejas mais claras e menos impactantes se tornaram as mais comuns, embora muitos estilos clássicos e tradicionais tenham subsistido. O marketing começou a ter uma função importante no setor.

Nos anos 1960 e 1970, a Pale Lager era a bebida onipresente e a indústria da cerveja se consolidou, dominada por imensas companhias globais. A revolução das microcervejarias e de cervejarias artesanais começou para valer a partir de 1980.

SÉCULO XXI

A revolução das pequenas cervejarias tomou conta do mundo, com o objetivo de produzir excelência em sabores e diversas seleções para clientes locais. Nunca houve maior variedade de cervejas disponíveis, com estilos clássicos ao lado de inovações modernas. Nas mais comuns predominam aromas e sabores de lúpulo. Com interesse cada vez maior por cervejas artesanais, empresas globais de fermentação começaram a dominar cervejarias pequenas. Independentemente disso, aonde quer que você vá, pequenas cervejarias se tornaram um marco de comunidades locais.

COMO FUNCIONA O SABOR

Antes mesmo de abrirmos uma cerveja e pensarmos em sabor, é bom saber como nossos sentidos e o cérebro trabalham juntos para criar nossa experiência de degustação.

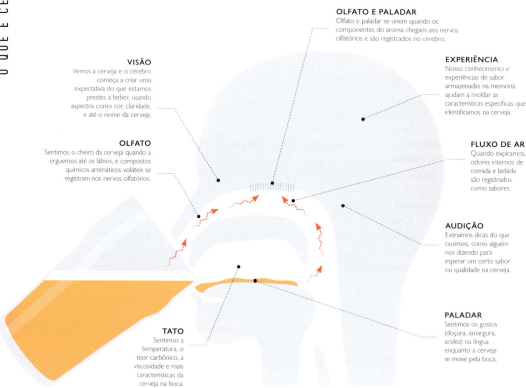

OLFATO E PALADAR
Olfato e paladar se unem quando os componentes do aroma chegam aos nervos olfatórios e são registrados no cérebro.

VISÃO
Vemos a cerveja e o cérebro começa a criar uma expectativa do que estamos prestes a beber, usando aspectos como cor, claridade, e até o nome da cerveja.

EXPERIÊNCIA
Nosso conhecimento e experiências de sabor armazenadas na memória ajudam a moldar as características específicas que identificamos na cerveja.

OLFATO
Sentimos o cheiro da cerveja quando a erguemos até os lábios, e compostos químicos aromáticos voláteis se registram nos nervos olfatórios.

FLUXO DE AR
Quando expiramos, odores internos de comida e bebida são registrados como sabores.

AUDIÇÃO
Extraímos dicas do que ouvimos, como alguém nos dizendo para esperar um certo sabor ou qualidade na cerveja.

TATO
Sentimos a temperatura, o teor carbônico, a viscosidade e mais características da cerveja na boca.

PALADAR
Sentimos os gostos (doçura, amargura, acidez) na língua enquanto a cerveja se move pela boca.

O SABOR É CRIADO NO CÉREBRO

Nossa experiência de sabor é exclusivamente pessoal, e é completamente formada dentro do cérebro como um construto de todos os sentidos — olfato, paladar, tato, visão e audição —, além do contexto, nosso estado de humor, expectativas e experiências anteriores. Qualquer que seja o sabor, ele corresponde à nossa experiência. Só porque alguém sente um gosto um pouco diferente, não quer dizer que estamos errados. Certas pessoas podem expressar melhor ou identificar sabores mais especificamente, mas suas opiniões sobre uma cerveja são válidas para você.

IDENTIFICANDO SABORES

Nossos sentidos, preferências e experiências nos ajudam a moldar as características específicas do sabor que identificamos na cerveja.

COMO FUNCIONA O OLFATO

O olfato nos ajuda a viver em segurança e a tomar decisões e apura os outros sentidos, que se unem para compreender o sabor. É o mais evocativo e o que nos proporciona os maiores prazeres. Também nos ajuda a avaliar se alimentos estão próprios para o consumo.

Ele funciona de duas maneiras distintas: ortonasal, o que cheiramos mundo afora quando inspiramos, que chamamos de aroma, e retronasal, o olfato vinculado ao processo de consumo, que ocorre quando expiramos, criando nossa impressão de sabor.

O CHEIRO DA CERVEJA

As cervejas contêm centenas de componentes aromáticos que, ao serem inalados, penetram o nariz e chegam aos receptores olfatórios, que enviam sinais para o bulbo olfatório. Quando bebemos uma cerveja e em seguida expiramos, mais componentes e aromas diferentes, que podem reagir com a saliva, também são enviados aos receptores olfatórios. O bulbo olfatório tenta identificar o cheiro antes de enviar informações a outras áreas do cérebro, especificamente as que lidam com memórias e emoções. Para ajudar o cérebro a tomar uma decisão em relação ao que acabamos de inspirar e degustar, ele usa pistas de todos os outros sentidos para nos apresentar uma rápida e básica impressão dessa cerveja.

Ao tentar analisar uma cerveja com consciência, vamos contra o instinto natural do cérebro de simplificar e o desafiamos a trabalhar de novas maneiras, conferindo prazer ao processo.

O SENTIDO DO PALADAR

Identificamos cinco sabores básicos: doce, amargo, azedo, salgado e umami. O paladar nos ajuda a consumir bons alimentos e a evitar os nocivos, e os gostos se conectam com os aromas para criar a impressão do sabor.

A doçura é sempre boa, já que significa uma fonte de calorias em forma de carboidratos. O amargor, no entanto, pode indicar uma comida envenenada, então ficamos alertas ao provar algo amargo. O paladar se combina ao olfato e outras informações para nos ajudar a tomar decisões.

Precisamos de sal para sobreviver, mas em excesso pode ser perigoso, portanto, a certo ponto ele se torna desagradável e difícil de engolir.

O azedume também é bom em pequenas doses, pois evoca frutos tirados do pé ou comidas fermentadas, mas em excesso pode ser sinal de alimentos estragados.

O umami muitas vezes nos lembra de proteínas cozidas, do sabor da fermentação ou apenas comidas deliciosas. Pesquisas em andamento analisam se a gordura, o outro macronutriente ao lado dos carboidratos e das proteínas, também é um sabor distinto.

UM ACERVO DE FRAGÂNCIAS

Para ajudar no processo da tomada de decisões, nos lembramos de forma inconsciente de quase tudo que já cheiramos antes, e há uma parte do cérebro que é como um grande acervo de fragâncias que podemos consultar a qualquer hora. Por conta da maneira como o cheiro é processado pela memória e pelas emoções, os cheiros armazenados durante uma emoção (uma comida de infância, o perfume de um ente querido) muitas vezes são rememorados de forma mais visceral. De modo consciente, podemos adicionar cheiros a esse acervo, que é parte do treinamento de sabores de cervejas. Quando pensamos conscientemente enquanto bebemos cerveja, nosso cérebro esquadrinha um sem-número de memórias olfativas, não só as relacionadas à cerveja. É por isso que, às vezes, nos lembramos de sabores inesperados, como cereal matinal ou doces. Nossas memórias são exclusivas, e é por isso que cheiros e sabores são experiências evocativas pessoais.

A CERVEJA FAZ SENTIDO

Todos os nossos sentidos se combinam a nossas experiências prévias de vida para criar a percepção do sabor em cada cerveja que tomamos. Veja como funciona.

VISÃO

A visão é mais apurada e matizada do que o olfato para a maioria das pessoas, e a aparência de uma cerveja pode exercer grande influência sobre nossas expectativas. Esperamos que a cor seja um indicativo do sabor. Se nos dão um refrigerante sabor cereja de cor laranja, talvez não saibamos identificar que é cereja. Presumimos que uma cerveja de cor amarelo-claro terá um sabor diferente do de uma marrom-escura. Se a cerveja parece ótima e é servida em um copo bonito com a quantidade certa de espuma, temos mais expectativas do que se ela for servida de qualquer jeito.

A marca ou o nome também pode influenciar a experiência do sabor. Muita gente escolhe cerveja pelo rótulo. Supomos que uma cerveja chamada Sonho de Manga seja muito diferente de uma que se chame Monstro do Café. Usar pistas visuais, como tabelas ou uma lista de termos, pode nos ajudar a identificar sabores.

OLFATO

O olfato é infinito, matizado e elegante. Podemos cheirar "paisagens odoríferas" com milhares de aromas diferentes, bem como compostos químicos únicos. Os matizes nos permitem sentir a diferença do cheiro entre limão e toranja, lúpulo Saaz e lúpulo Citra, e também nos permite cheirar uma cerveja e selecionar dezenas de descritivos diferentes.

Somos capazes de assimilar todo o aroma, mas também de direcionar a atenção a partes específicas da cerveja, indo além do aroma do lúpulo para elaborar o malte, ou ignorando os ésteres de levedura para tentar identificar a característica do lúpulo.

Das centenas de componentes químicos, nosso cérebro busca padrões de aromas que ele reconhece, e consegue se lembrar com muita precisão de cheiros. Quanto mais cheiros conhecemos, mais potencial temos de reconhecê-los na cerveja.

PALADAR

Quase toda cerveja tem pelo menos dois dos cinco sabores básicos – doce, amargo, ácido, salgado e umami –, mas algumas têm todos eles. O paladar se combina ao aroma para criar uma experiência matizada de sabores: o sabor do limão é percebido de forma diferente se a base da cerveja tem gosto amargo (casca de limão), doce (creme de limão) ou ácido (limão fresco).

Conseguimos distinguir entre volumes baixo, médio e alto de sabores, embora eles possam se equilibrar ou se combinar: percebemos amargura alta como baixa se a cerveja for muito doce. Há doçura em todas as cervejas em quantidades variadas, e a maioria delas têm sabor amargo, exceto as ácidas.

A acidez pode ser acídica/lática ou acética. Em pequenas quantidades pode ser agradável, mas intragável se muito elevada.

CADA LEMBRANÇA DE UMA ÓTIMA CERVEJA SE CONECTA COM A EXPERIÊNCIA, E NÃO SOMENTE AO SABOR DA CERVEJA

TATO

Podemos identificar características de uma cerveja pela sensação causada na boca. Notamos diferenças de temperatura até certo ponto, e a carbonatação pode ser não espumosa, efervescente ou cremosa. Algumas bolhas são pequenas e limitadas (como de champanhe), enquanto outras são grandes (como de refrigerante).

A viscosidade pode ser leve, como a de uma American Lager ou espessa, como uma Imperial Sout, assim como a diferença entre leite desnatado e creme de leite.

A adstringência (taninos) provoca sensação de secura, como cascas de uva, e pode aparecer em cervejas muito secas, muito amargas ou envelhecidas em carvalho.

Às vezes, em cervejas fortes, o álcool pode causar calor. Outras características detectáveis na boca são o picante da pimenta, a pungência de ingredientes como o gengibre e a qualidade refrescante da menta ou do mentol.

AUDIÇÃO

Pode parecer que a audição não influencia o sabor, mas ela pode causar efeitos importantes. O som de uma cerveja sendo aberta é uma dica para deixar você com sede, assim como o dela efervescendo no copo.

Mais relevante é o impacto da interação humana: se alguém lhe dá uma cerveja e diz: "Tem cheiro de chocolate trufado", provavelmente você sentirá cheiro de chocolate trufado. Se a pessoa lhe dá uma cerveja e diz: "Essa foi considerada a melhor cerveja do mundo", sua expectativa será mais alta do que se alguém perguntar: "Acha que o cheiro é estranho?"

EXPERIÊNCIA, EXPECTATIVA E AMBIENTE

Nosso conhecimento e experiência nos ajudam a moldar os sabores que descobrimos. Se temos ampla compreensão de diferentes alimentos e sabores, temos um acervo maior de aromas para lembrar e identificar nas cervejas.

Entender estilos diferentes pode significar que somos capazes de avaliar mais depressa uma cerveja. Se somos degustadores experientes, conseguimos identificar um leque mais amplo de características da bebida.

Beber uma cerveja que sabemos que é rara ou que recebeu uma classificação alta pode aumentar nossas expectativas, e talvez tenhamos uma tendência maior a fazer uma avaliação mais positiva.

O ambiente também é importante: beber um pint de cerveja fresca na cervejaria em que foi feita muitas vezes será uma experiência elevada, se comparada a beber a mesma cerveja em casa.

REFERÊNCIAS CULTURAIS

O sabor existe em espaços culturais com pontos de referência diferentes, portanto, é mais provável que sabores da infância sejam identificados nas cervejas. Cada país tem sabores diferentes específicos que ressoam, o que é relevante sobretudo com cervejas lupuladas, de aromas exóticos e frutados, e com cervejas mais fortes, em que muitos de seus pontos de referência são fruto de nostalgia, como os doces. Consumidores de Seul, Mumbai, Wellington, Milão e Denver conhecerão mistos diversos de sabor.

AVALIAÇÃO SENSORIAL DA CERVEJA

Aqui, analisamos técnicas de degustação e características que você deve considerar ao beber e avaliar uma cerveja.

COMO DEGUSTAR CERVEJA
Todos aprendemos maneiras que funcionam melhor para nós, mas certas técnicas podem ajudar.

1. Olhe para a cerveja. Como é sua cor e claridade? Há bastante espuma? Dá vontade de beber?

2. Gire a cerveja para liberar alguns dos componentes aromáticos voláteis. Consegue sentir algum cheiro à distância de um braço? Ao aproximá-la, consegue sentir cheiros diferentes? É frutada, maltada, apimentada ou outra coisa?

3. Cheire de novo, desta vez, inspirando profundamente. Em seguida, faça respirações mais curtas e marcadas (podemos detectar mais aromas com inspirações rápidas). Consegue distinguir algum aroma específico? Os aromas são delicados ou intensos?

4. Beberique ou tome um gole grande. Mova a cerveja pela boca e, se conseguir, inspire pela boca ao mesmo tempo — isso ajudará a agitar os componentes aromáticos e a cobrir sua língua com a bebida.

5. Engula e expire, tentando empurrar o ar pela boca e levá-lo até o nariz. Pense nos sabores, nos gostos, na sensação de boca, na finalização e na qualidade geral da cerveja.

CARACTERÍSTICAS-CHAVE

À medida que vamos ficando mais confiantes na degustação, podemos começar a aplicar críticas mais avaliativas, como comparar cervejas e entender se há algo que esperamos ou não, adicionar escala (doçura baixa, amargor elevado), identificar diferentes ingredientes e sabores, e considerar tudo isso em um contexto. Avalie em ordem, da aparência da cerveja às suas qualidades persistentes. Veja algumas coisas para levar em consideração.

APARÊNCIA E ESPUMA

- Cor, de palha a preta
- Brilhante, turva, opaca (há borras indesejadas?)
- Sem espuma a espuma persistente, e analise a cor da espuma (branca a marrom-claro)
- Parece boa?
- É apropriada ao estilo?

AROMA

- Leve, médio ou intenso
- A característica e a origem do aroma (lúpulo, malte, frutado, picante, levedura selvagem, envelhecido e assim por diante).
- A cerveja contém as características esperadas?
- Há algo negativo no aroma?

SABOR

- Qual o nível de doçura (seco a xarope)?
- O amargor é baixo, médio ou alto? Ele é imediato ou vai aumentando conforme você bebe?
- Se for relevante para a cerveja, você consegue distinguir entre amargor de lúpulo e de malte (pense em casca de toranja *versus* espresso)?
- Há alguma acidez, e ela é apropriada à cerveja? É apropriada ao estilo da cerveja?
- E quanto ao equilíbrio de sabores? É apropriado ao estilo da cerveja?

CARACTERÍSTICAS NA BOCA E AO BEBER

- Leve, média ou encorpada.
- De leve e seca a pesada/doce.
- Carbonatação: de baixa ou rasa, como água, a alta, como champanhe.
- Intensidade: de sutil/delicada a muito forte.
- Profundidade de sabor: muitas vezes, uma das principais qualidades de uma cerveja de primeira linha é uma profundidade maior da complexidade geral de sabores.
- Finalização: o sabor persiste ou some rápido? É bom? Quais são as características persistentes?

IMPRESSÃO GERAL

- A cerveja é boa, excelente ou deixa muito a desejar?

É APROPRIADA?

Comparar uma cerveja com o que esperamos de seu estilo é uma boa maneira de avaliar suas características. Uma Helles pode ter um ótimo aroma de frutas tropicais, por exemplo, mas não combina com o estilo.

TABELA DEGUSTATIVA

Use esta tabela degustativa como guia de características a serem levadas em conta quando for provar e avaliar uma cerveja. Comece com sabores e aromas, em seguida liste termos degustativos mais específicos na seção de comentários. Por exemplo, se você sentir algum cheiro de pão, tente identificar o que é.

APARÊNCIA			COR		
CLARA	TURVA	OPACA	PALHA	AMARELA	DOURADA

MALTE E ADJUNTOS	LÚPULOS	ÉSTERES
SABOR A CEREAIS	FLORAL/GRAMÍNEO	PERA/MAÇÃ
CREMOSA	FLORAL/FRUTADA	BANANA
PÃO	CÍTRICA	ANISADA
PANIFICAÇÃO	TROPICAL	FLORAL
TOSTADA	MELÃO	FRUTAS ESCURAS
FRUTADA	FRUTOS COM CAROÇO	VÍNICA
PICANTE	FRUTAS VERMELHAS	AQUECIMENTO
CARAMELIZADA/DOCE	AROMAS DOCES	BAUNILHA
TORRADA	PIMENTA	TROPICAL
DEFUMADA	PUNGENTE	FRUTOS COM CAROÇO
	HERBAL/AMADEIRADA	OUTRAS

EXPERIÊNCIA NA BOCA E AO BEBER

CARBONATAÇÃO	CORPO	AMARGOR
Nenhuma → Alta	Leve → Intenso	Baixo → Alto

EQUILÍBRIO

| APROPRIADO | INAPROPRIADO | POSSUI FALHAS | INSUFICIENTE |

AVALIAÇÃO SENSORIAL DA CERVEJA

				ESPUMA		COMENTÁRIOS GERAIS
LARANJA	ÂMBAR	MARROM	PRETA	NENHUMA	PERSISTENTE	

WILD/AZEDA/FENÓIS	OUTROS	FERMENTAÇÃO
LÁTICA/ACÍDICA	AMADEIRADA/CARVALHO	CLARA/NEUTRA
ACÉTICA	LICOROSA/ENVELHECIDA	FRUTADA
BRETT FRUTADA	AMENDOADA/ENVELHECIDA	PICANTE
BRETT FORTE	SABOR ADICIONADO	WILD/*BRETT*
FENÓLICA	ÁLCOOL	ÁCIDA

NEGATIVOS/INAPROPRIADO AO ESTILO

DIACETIL/AMANTEIGADA	OXIDADO
ACETALDEÍDO/MAÇÃ	FENÓLICO
DMS/MILHO	ÁCIDO
SULFUROSO	OUTRO

DOÇURA	INTENSIDADE	FINALIZAÇÃO
Baixa → Alta	Sutil → Intensa	Curta → Persistente

IMPRESSÃO GERAL

ADEQUADA	BOA	MUITO BOA	EXCELENTE

ENTENDENDO OS ESTILOS DE CERVEJAS

Os estilos categorizam as cervejas e nos ajudam a entendê-las. Eles (os estilos) têm um perfil esperado de sabor, orientando os consumidores à cerveja que desejam comprar e ajudando cervejeiros a elaborar suas receitas.

O QUE É UM ESTILO DE CERVEJA?

Alguns estilos são tradicionais, muitas vezes intimamente associados a um país, região ou cidade em particular, ou mesmo a uma única cervejaria. Historicamente, se desenvolveram por conta dos ingredientes locais e processos de fermentação, e se tornaram o gênero comum de cerveja nesses lugares.

À medida que o interesse pelo mundo da fermentação crescia, os estilos das cervejas passaram a ser formulados conforme diretrizes, categorizando e diferenciando os sabores, ingredientes e qualidades esperados — como teor de amargor, teor alcoólico, doçura. Esses guias de estilos criaram uma base para todos os tipos de cervejas, e ajudaram a estimular o entendimento mais amplo do mundo da bebida.

POR QUE ESTILOS DE CERVEJA?

Estilos definidos de cervejas foram desenvolvidos de forma mais teórica em livros sobre cerveja dos anos 1970 e 1980. Já que competições de cerveja se tornaram mais populares, esses estilos constituíram os pontos de referência comuns pelos quais comparar e avaliar cervejas, e comissões de especialistas estipularam parâmetros às características esperadas de versões clássicas de um estilo. Uma vez que cervejas artesanais se tornaram mais populares, estilos eram uma das maneiras mais importantes de diferenciar os perfis de sabores dessas bebidas. O estilo nos ajuda a decidir se queremos pedir uma Dubbel ou uma Double IPA, a Pilsner ou a Porter.

Guias de estilos de cervejas criam limites entre estilos com base em exemplos típicos, mas esses limites não

ENTENDENDO O PREFIXO OU O SUFIXO

Hoje em dia, muitos estilos clássicos de cerveja vêm com um prefixo ou um sufixo que nos ajudam a entender o que esperar.

SESSION OU TABLE

Versão menos alcoólica do estilo (Session IPA, Table Saison).

IMPERIAL OU DOUBLE

Versão mais alcoólica do estilo (Imperial Brown Ale, Double IPA).

são rígidos, e nenhum guia de estilo é totalmente rígido em sua definição: há uma sobreposição de sabores entre estilos.

A natureza da cerveja significa que cervejeiros estão sempre em busca de criar as próprias versões dos estilos típicos da bebida, fermentada à sua maneira. Eles podem usar a receita clássica como base para produzir algo novo, ao mesmo tempo proporcionando ao consumidor uma expectativa de características subjacentes da cerveja, como uma Belgian Blonde com lúpulos cítricos, por exemplo.

RECEITA E SABOR

Muito semelhante à culinária, cada cerveja é um produto de sua receita, incluindo ingredientes, processos, temperatura, equipamento e noção de lugar: um local específico e inspiração. Receitas clássicas permitem que os cervejeiros produzam versões autênticas de certos estilos ou tentem alterar uma receita de um jeito não tradicional.

CERVEJAS CONTEMPORÂNEAS E INOVADORAS

Novos estilos surgem o tempo todo, muitas vezes como uma evolução ou revolução de um já existente, enquanto outros estilos mudam e se transformam em novos subestilos. Alguns dos novos permanecem conosco e se tornam cada vez mais populares, como o Hazy IPA, enquanto outros viram tendência passageira. Mas toda cerveja vem com um contexto, seja um subestilo (IPA ácida) ou o uso de um prefixo (Imperial Pilsner). Estilos se tornam um ponto de referência, e, ainda que seja possível criar um tipo totalmente novo de cerveja, ela sempre dependerá de um estilo mais antigo como inspiração.

IPA OU INDIA
Usado em qualquer lugar para indicar lúpulos aromáticos (Red IPA, India Porter).

JUICY/HAZY/NEW ENGLAND
Uma cerveja fosca, com aroma de lúpulo (Juicy Pale, Hazy IPA).

AMERICAN
Uma cerveja com aroma de lúpulo que usa lúpulos americanos e muitas vezes é mais forte que uma versão típica (American Stout).

MAPA DOS SABORES DOS ESTILOS DAS CERVEJAS

Conhecer os estilos das cervejas nos ajuda a entender o que estamos bebendo. Estilos existem em um contínuo de sabores, em que cada um é uma combinação de sabores de lúpulo, grãos, fermentação e maturação. Este mapa de sabores e estilos mostra a posição dos estilos dentro do universo geral da cerveja. A escala tende ao impacto do sabor de um ingrediente e não à intensidade do sabor. Portanto, Mild e Imperial Stout podem ficar próximas graças a seu sabor puxado para o malte, mesmo em intensidades totalmente diferentes.

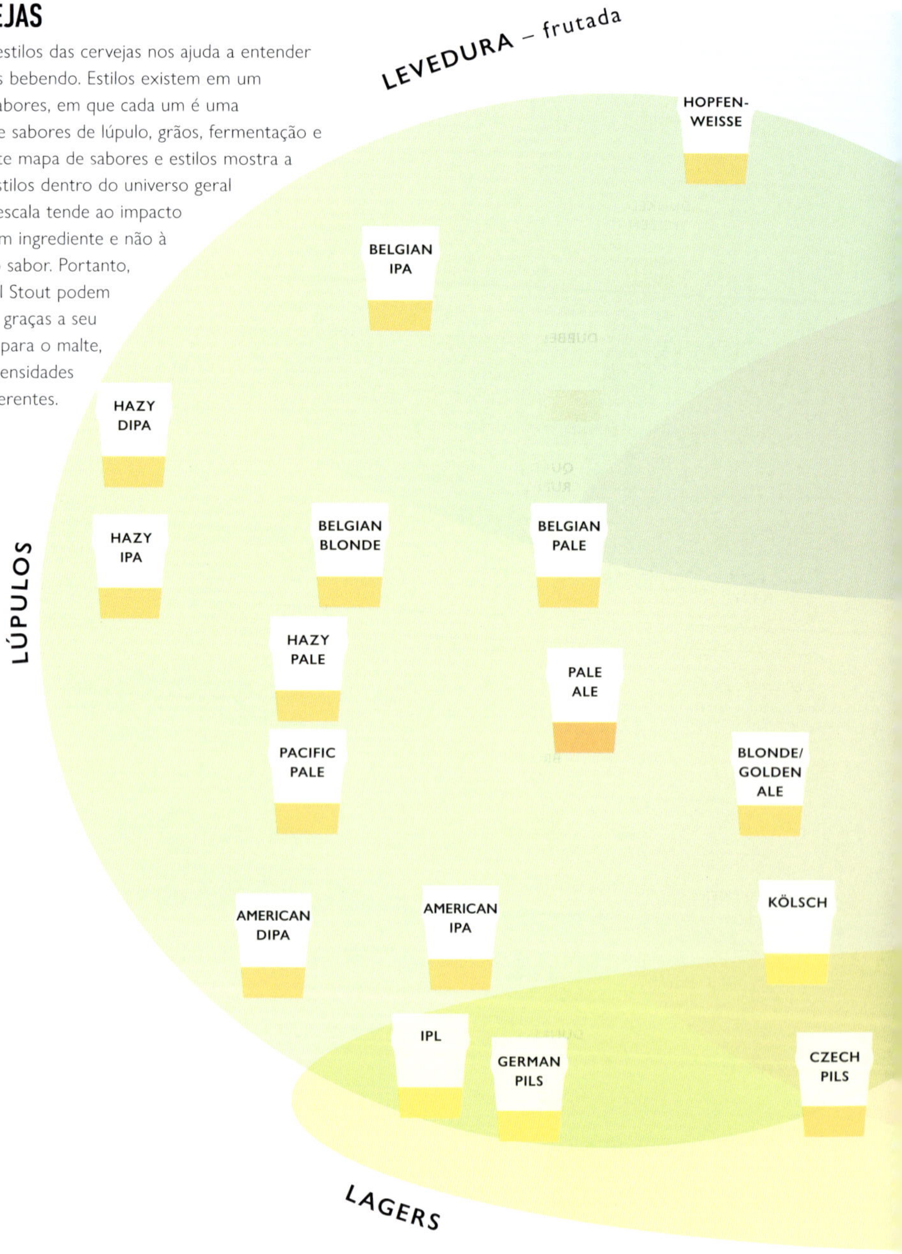

LEVEDURA – frutada

HOPFEN-WEISSE

BELGIAN IPA

HAZY DIPA

LÚPULOS

HAZY IPA

BELGIAN BLONDE

BELGIAN PALE

HAZY PALE

PALE ALE

PACIFIC PALE

BLONDE/ GOLDEN ALE

AMERICAN DIPA

AMERICAN IPA

KÖLSCH

IPL

GERMAN PILS

CZECH PILS

LAGERS

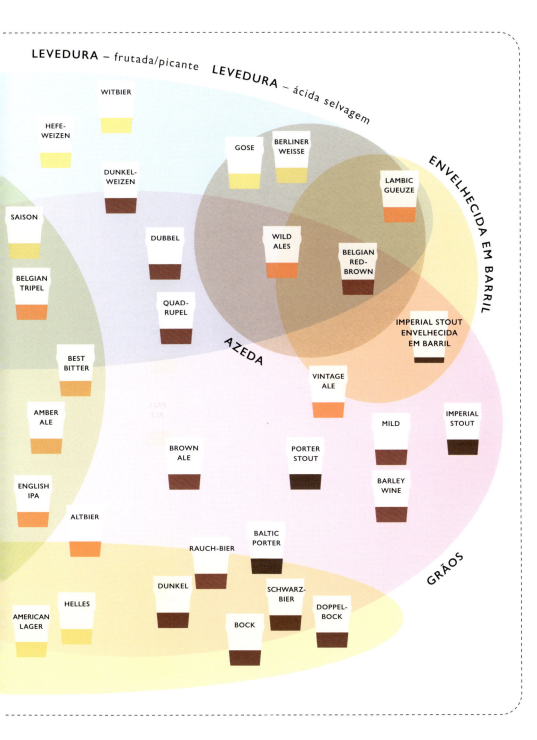

A ESPUMA DA CERVEJA

Quando uma cerveja é servida em um copo, bolhas de gás vão para o topo do recipiente, formando espuma. A espuma é uma das características mais distintas de uma cerveja, e, mesmo que muitas outras bebidas formem bolhas — como refrigerante, champanhe e sidra — nenhuma outra forma naturalmente uma espuma persistente quando servida.

MUDANÇA DE PRESSÃO

A cerveja dentro de uma lata ou garrafa é saturada de gás, geralmente dióxido de carbono (CO_2). Quando você abre a cerveja, a pressão dentro do recipiente muda e o gás começa a escapar (é o tsss que você ouve ao abri-la). Se você deixa aberta uma lata ou garrafa, o dióxido de carbono escapa aos poucos e a cerveja fica choca. Ao abrir uma cerveja para servi-la, é o ato de servir que estimula a formação de espuma.

O dióxido de carbono é eliminado da cerveja quando ela atinge o copo, mas ele não simplesmente estoura ou flutua para longe como balões liberados de uma rede. Dentro do copo há minúsculos pontos de nucleação: ligeiras imperfeições na superfície lisa, ou um padrão gravado na base do copo (ver página seguinte). O gás se acumula nesses pontos e forma bolhas, que são liberadas para dentro da bebida. Bolhas continuam a se formar nesses pontos de nucleação enquanto você bebe, e, quanto mais dióxido de carbono saturado na cerveja, mais bolhas haverá.

As bolhas vão subindo até atingirem a superfície. O que torna a cerveja especial é que as bolhas não estouram imediatamente na parte de cima; em vez disso, elas se transformam em espuma e grudam no copo. Mais cedo ou mais tarde elas vão estourar, mas um suprimento constante de bolhas novas subindo pela cerveja mantém a espuma.

OLHE OS PADRÕES EM FORMA DE RENDA

Ao entrar em um bar ou pub, não olhe os copos cheios, mas os vazios. Se conseguir ver espuma grudada no interior do copo formando um padrão semelhante a uma renda, você saberá que está em um lugar de qualidade. A espuma só vai grudar no vidro se a cerveja foi bem fermentada e bem servida em copos limpos. Também é possível dizer a velocidade com que uma pessoa tomou a cerveja com base na quantidade de anéis – quanto menos anéis, maiores as goladas que essa pessoa deu.

BOLHAS DE CERVEJA NÃO ESTOURAM
A proteína hidrofóbica da cevada — que não se encontra em champanhes, sidras ou refrigerantes — indica que as bolhas se transformam em espuma e grudam no copo.

AS BOLHAS VÃO SUBINDO PELA CERVEJA
As bolhas sobem pela cerveja até a superfície. Um suprimento de bolhas novas se formando na base do copo mantém a espuma.

COPO SUJO | COPO LIMPO

SEM ESPUMA
Em copos sujos, a cerveja terá pouca ou nenhuma espuma.

IMPERFEIÇÕES DENTRO DO COPO
Se o copo tiver pontos minúsculos de gordura, sujeira ou detergente, bolhas se agarrarão às laterais do vidro, arruinando a aparência da cerveja.

RENDAS
A espuma só forma rendas em copos limpos.

BOA RETENÇÃO DE ESPUMA
Cervejas que retêm uma boa camada de espuma indicam que o copo está limpo.

COPOS NUCLEADOS

Olhe a base de seu copo de cerveja vazio. Você vê um desenho gravado ali, como o logo da cervejaria, um padrão ou uma série de linhas? São marcas de nucleação, que ajudam a criar mais bolhas e manter uma boa espuma.

Logo nucleado da cervejaria

Linhas de nucleação

CERVEJA EM COPOS LIMPOS

Você já viu bolhas no interior do seu copo? Elas não são um bom sinal. Essas bolhas se prendem a minúsculos pontos de sujeira, detergente ou gordura, que afetarão a aparência (ficam horríveis), e a cerveja não terá uma boa espuma. Mesmo um copo que sai direto da lava-louças pode não estar cem por cento limpo. Em casa, antes de servir cerveja, é uma boa ideia lavar bem o copo com água quente e sabão, enxaguar em água fria e, depois, servir a cerveja no copo molhado.

POR QUE A ESPUMA É IMPORTANTE

A espuma da cerveja é uma mistura de cerveja e dióxido de carbono. Se você serve uma cerveja com muita espuma, a parte líquida sempre volta para a bebida. A espuma é importante porque consegue reter compostos aromáticos, especialmente de lúpulo e levedura, conferindo uma boa experiência de beber com textura, sobretudo com cervejas nitrogenadas (ver p. 30) ou uma lager tcheca adequada.

SERVINDO A CERVEJA PERFEITA

Sirva-se sempre do copo perfeito de cerveja. Para a maioria das cervejas, basta começar a servir com o copo virado a 45 graus, mas as acondicionadas em garrafas e as naturalmente turvas exigem uma abordagem ligeiramente distinta.

CERVEJAS ACONDICIONADAS EM GARRAFAS

Muitas ales britânicas e belgas são engarrafadas (ver p. 69), ou seja, um pequeno depósito de levedura permanece na base da garrafa. Para evitar servir a levedura, guarde a garrafa na vertical na geladeira por pelo menos 24 horas antes de abri-la. Sirva em um único movimento para não revolver o depósito, deixando uma pequena quantidade de cerveja na base da garrafa.

NITRO STOUT

Imagine um pint de Guinness. Essa é uma cerveja infundida de gás nitrogênio e dióxido de carbono, e é o nitrogênio, e a maneira como a cerveja é servida, que confere à Guinness sua espuma característica.

O nitrogênio é bastante insolúvel em líquido, mas é mantido dentro da cerveja pela pressão da lata, da garrafa ou do barril. Quando a bebida é servida, o nitrogênio sai da solução, criando a aparência de cascata. Para ajudá-lo a sair, o gás precisa ser expulso com um pouco de força. Cervejas com nitrogênio enlatadas, como a Guinness, geralmente contêm um "dispositivo", uma pequena bola de plástico infundida de nitrogênio, e isso quebra as bolhas da solução, ao mesmo tempo agitando as bolhas conforme a cerveja é servida. No chope com nitrogênio, há uma placa restritora na torneira, bem semelhante a um chuveiro cheio de buracos, que agita a saída do gás da solução.

Em casa, você pode servir cervejas nitro como um bartender serviria uma Guinness — pare de servir perto do topo, deixe a espuma assentar e depois encha o copo —, mas não é essencial.

SERVINDO COM PERFEIÇÃO

Para a maioria das cervejas, inclusive Pale Ales, Lagers e Dark Ales, abra a cerveja e segure um copo limpo e molhado a 45 graus. Sirva a cerveja com certo vigor no interior do copo, deixando a espuma se formar enquanto você continua derramando a bebida no interior do recipiente. Quando a cerveja encher o copo e a espuma se formar, endireite o copo e vá servindo até ficar cheio.

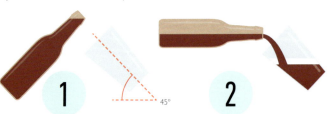

1 INCLINE O COPO
Comece com um copo limpo e molhado inclinado a um ângulo de cerca de 45 graus.

2 SIRVA COM VIGOR
A espuma deve se formar enquanto você serve vigorosamente a cerveja no interior do copo.

3 ENDIREITE
Quando a cerveja encher o copo e a espuma se formar, endireite o copo e vá servindo até ficar cheio.

HEFEWEIZEN E WITBIER

Essas cervejas são naturalmente turvas, e essa característica, composta de proteínas dos grãos e levedura, devem permanecer no copo.

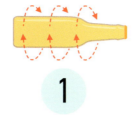

1

2

ROLE A GARRAFA
Role delicadamente a garrafa antes de abri-la para liberar a levedura.

INCLINE O COPO
Segure o copo em um ângulo de cerca de 45 graus e sirva a cerveja.

3

Rotacione a garrafa para misturar a levedura

4

5

ENDIREITE
Endireite o copo quando ele estiver três-quartos cheio.

GIRE A GARRAFA
Quando copo estiver quase cheio, gire a garrafa para misturar a levedura

COMPLETE
Complete o copo para que haja uma espuma completa e uma aparência ligeiramente esfumada.

MELHOR TEMPERATURA PARA SERVIR

Em que temperatura servir uma cerveja? Alguns especialistas preferem servir todas as cervejas geladas, direto da geladeira (4°–7°C). Outros podem sugerir temperaturas para certos estilos (ver à direita). Cervejas claras e leves são frequentemente servidas mais geladas que cervejas encorpadas e escuras porque, quanto mais gelada uma cerveja é servida, mais embotados podem ficar os sabores, portanto, se a cerveja for mais rica e complexa, talvez seja bom não a tomar estupidamente gelada. Contudo, o melhor é servir a cerveja em sua temperatura favorita. E lembre-se: se estiver gelada demais, ela vai esquentar no copo, mas não é fácil gelá-la se ela estiver quente demais.

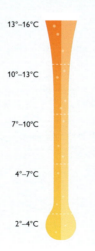

13°–16°C — **FRESCA**
Barley Wine, Imperial Stout, Belgian Quadrupel e Strong Ale, Doppelbock, Eisbock, Old Ale

10°–13°C — **TEMPERATURA DE ADEGA**
Belgian Ales, Sour Ale, Lambic, Gueuze, Bock, English Bitter e Mild, Scottish ales, cervejas trapistas

7°–10°C — **LEVEMENTE GELADAS**
IPA, American Pale Ale, Altbier, Porter, a maioria das Stouts

4°–7°C — **GELADAS**
Pilsners tchecas e alemãs, Munich Helles, cervejas de trigo, Kölsch

2°–4°C — **MUITO GELADAS**
Lagers leves de produção em massa

O COPO É IMPORTANTE?

Copos do mundo todo têm características diferentes, mas diferenças de formato afetam o sabor ou se trata apenas de preferências pessoais?

COPOS DIFERENTES

A resposta simples a essa pergunta é sim, o formato do copo pode fazer diferença na aparência, no aroma, no sabor e na experiência da degustação de uma cerveja:

- Uma tulipa ou uma taça de vidro vão intensificar o aroma, portanto, esses formatos combinam com cervejas complexas e mais encorpadas que você queira ficar girando e apreciando.
- Copos de boca larga, como um Krug, um shaker ou um pint, são feitos para facilitar o ato de beber, portanto, são melhores para cervejas de pub, como lagers, ales padrão e IPAs.
- Uma pequena conicidade no topo de um copo é bom para IPAs, concentrando o aroma de lúpulo sem torná-lo tão intenso.

GOSTO PESSOAL

Ao mesmo tempo, entretanto, é importante beber em um copo de que se goste. Se você prefere beber cerveja em uma taça de vinho porque gosta do formato, da sensação e da consistência que ela confere à experiência degustativa, nenhum problema. Se, por outro lado, você só quer abrir uma cerveja, servi-la e beber sem pensar, o copo Willibecher tradicional é uma boa opção.

Entretanto, mais do que qualquer conselho sobre copos, o mais importante é garantir que o recipiente esteja cem por cento limpo e na temperatura certa para a cerveja que você está bebendo (ver p. 31).

EM UM COPO TODO SEU

A Bélgica é famosa por cada cerveja ter um copo especificamente desenhado só para si. Cada recipiente celebra os melhores aspectos da cerveja em particular, portanto, combiná-la ao copo cria uma experiência elevada de degustação.

STEINS E CANECAS

Um revestimento grosso garante que a cerveja permaneça gelada, enquanto as alças tornam o copo mais largo mais fácil de segurar. Esse tipo de copo é particularmente popular para ales britânicas tradicionais e lagers alemãs e tchecas.

CANECA ONDULADA/MASS
Helles, Dunkel, Festibier

STEINKRUG
Lagers alemãs

CANECA
Czech Pilsner, ales britânicas

WEIZENS E LAGERS

O formato levemente curvado, com um topo ligeiramente mais estreito que o das canecas mais tradicionais, permite que a cerveja continue carbonatada. Assim, é perfeito para uma lager, Pale Ale, Blonde ou uma cerveja de trigo. O formato alto deixa visíveis as bolhas que sobem, e há espaço suficiente na abertura para a espuma.

WEIZEN
Weissbier

FLAUTA ALTA
Pilsners

WILLIBECHER
Lagers alemãs, ales britânicas, Pale Ales

COPOS DO DIA A DIA

Esses copos são feitos para cervejas do dia a dia. Eles são simples e funcionam com uma ampla variedade de estilos, embora não sejam necessariamente a primeira escolha se você quiser avaliar adequadamente o sabor de uma cerveja.

TUMBLER BELGA
Saison, cervejas Sours, Witbier

PINT IMPERIAL
Ales britânicas, Stouts, Pale Ales, IPAs

SHAKER
American Lagers, Pale Ales, IPAs

CÁLICES E TAÇAS

A base curva desses pequenos copos destaca o sabor e o aroma da cerveja. Assim como as taças de vinho, a haste permite que os consumidores girem a bebida, intensificando os aromas e a experiência geral do processo de beber. Esse formato é perfeito para cervejas mais fortes e complexas.

TAÇA DE VINHO SEM HASTE/TUMBLER
Qualquer estilo de cerveja

TAÇA COM HASTE
Qualquer estilo de cerveja

SNIFTER
Ales fortes, Barley Wine, Imperial Stouts

CÁLICE
Ales belgas

COMO É FEITA A CERVEJA?

Há várias etapas distintas no processo de fabricação da cerveja (fermentação), desde colher os ingredientes puros até a bebida finalizada. A seguir, uma visão panorâmica básica da fermentação de uma ale ou lager típica.

LADO QUENTE

Antes de iniciar a produção da cerveja, a água é aquecida até aproximadamente 70°C (158°F) no tanque de água quente. Os grãos são pesados e moídos (triturados), como na moagem de grãos inteiros de café.

- **Brassagem** A água quente se junta aos grãos moídos na tina de brassagem. A água extrai cor, sabor, açúcares fermentáveis e outros componentes dos grãos. Temperaturas e processos específicos têm impacto importante no sabor (ver p. 42-43). O líquido doce produzido se chama mosto.
- **Clarificação e Lavagem dos Grãos** O mosto é separado dos grãos, ou em uma tina de clarificação, com o mosto e os cereais transferidos e depois separados, ou o mosto é extraído da tina de brassagem para o próximo tanque, a tina de fervura, deixando os grãos para trás. As cascas dos grãos criam um filtro natural à medida que o mosto flui através dele, e mais água quente é aspergida (polvilhada) por cima para extrair a maior quantidade possível de açúcar fermentável. Os grãos gastos são removidos.
- **Tina de Fervura** O mosto é transferido para a tina de fervura, onde é levado para ferver de 60 a 90 minutos. Lúpulos são adicionados dentro da tina de fervura; os acréscimos no início da fervura conferem o amargor, enquanto os últimos dão sabor e aroma (ver p. 56-57).
- **Whirlpool** O mosto lupulado flui através de um whirlpool ou hopback para remover matéria vegetal de lúpulo e outras partículas indesejadas, conhecidas como trub. Aqui, cervejeiros também podem incluir lúpulos adicionais.

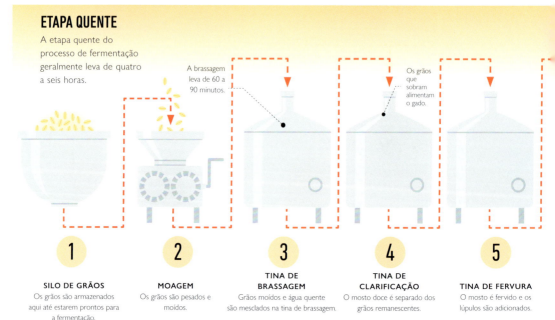

ETAPA QUENTE

A etapa quente do processo de fermentação geralmente leva de quatro a seis horas.

A brassagem leva de 60 a 90 minutos.

Os grãos que sobram alimentam o gado.

1 SILO DE GRÃOS
Os grãos são armazenados aqui até estarem prontos para a fermentação.

2 MOAGEM
Os grãos são pesados e moídos.

3 TINA DE BRASSAGEM
Grãos moídos e água quente são mesclados na tina de brassagem.

4 TINA DE CLARIFICAÇÃO
O mosto doce é separado dos grãos remanescentes.

5 TINA DE FERVURA
O mosto é fervido e os lúpulos são adicionados.

COMO É FEITA A CERVEJA?

LADO FRIO

- **Resfriamento** O mashout lupulado quente flui através de uma troca de calor ao lado da água fria, enquanto esfria até a temperatura da fermentação (10°– 20°C) a caminho de um fermentador.
- **Fermentação** Adiciona-se levedura ao fermentador. A levedura transforma os açúcares dos grãos em álcool, dióxido de carbono e numerosos compostos aromáticos. A temperatura de fermentação e a quantidade de tempo vão variar com base na levedura (ver p. 65), mas a maioria das fermentações primárias leva de dois a nove dias. Ela acaba quando a quantidade desejada de açúcar foi convertida ao teor alcoólico desejado.
- **Maturação e condicionamento** A cerveja é resfriada um pouco mais, geralmente a cerca de 0°–2°C durante um processo de alguns dias. Durante esse período, a cerveja pode ser submetida a *dry hopping* (ver p. 56) e deixada maturando e acondicionando, desenvolvendo seu perfil aromático final. Esse processo pode levar de alguns dias a meses (ver p. 68-69).
- **Filtragem ou centrífuga** Algumas cervejas terão a levedura removida ou reduzida por um filtro ou centrífuga a caminho de um tanque de armazenamento ou um tanque de cerveja brilhante: "brilhante" é uma antiga referência à cerveja "que cai brilhando" (clara e sem levedura).
- **Armazenamento** A cerveja finalizada é guardada em latas, garrafas, barris ou vasilhames. Ela pode ser pasteurizada durante o processo de armazenamento, que aquece a cerveja — com frequência, dentro das latas ou garrafas — para matar qualquer potencial microbiota que a possa deteriorar e manter a cerveja estável por mais tempo (ver p. 69). Pode-se deixar a bebida acondicionada por mais tempo, como as cervejas acondicionadas em garrafas, antes que ela chegue aos bares e lojas.

CARBONATAÇÃO

A cerveja pode ser naturalmente carbonatada no tanque de acondicionamento; pode ser carbonatada à força, ou seja, o dióxido de carbono é inserido na cerveja dentro de um tanque pressurizado; ou pode ser carbonatada e acondicionada dentro da garrafa ou vasilhame (ver p. 68-69).

ETAPA FRIA

A etapa fria do processo de fermentação leva de duas a seis semanas ou mais.

A levedura é acrescentada aqui para dar início à fermentação.

6 RESFRIAMENTO
O mosto lupulado é resfriado à temperatura de fermentação.

7 FERMENTADOR
A levedura fermenta grãos de açúcar em álcool e dióxido de carbono.

8 TANQUE DE ACONDICIONAMENTO
A cerveja é resfriada e deixada para maturar até ficar pronta.

9 FILTRO
A levedura é removida da cerveja. Nem todas as cervejas passam por esse processo.

10 ARMAZENAMENTO
A cerveja é colocada em garrafas, latas, barris ou vasilhames.

ÁGUA NA CERVEJA

Um copo de cerveja tem cerca de 90% de água, e, quando se trata de cerveja, água não é só água: ela pode causar grande impacto nas características da bebida.

ÁGUA NA FERMENTAÇÃO

Cerveja é basicamente água saborizada e fermentada. A água que entra na tina de brassagem de um fermentador e no misturador de drenagem sairá como uma deliciosa cerveja algumas semanas depois. Nesse meio-tempo, ela foi misturada a grãos, aquecida, coada, fervida com lúpulo, coada de novo, e então resfriada, fermentada e deixada acondicionando. A única constante é a água, que agora carrega todo o sabor e o álcool.

Cada fonte de água é ligeiramente diferente em conteúdo mineral, e esses minerais afetam as características da bebida, com diferentes estilos necessitando de composições de água sutilmente distintas. Cervejeiros podem ajustar a água para que ela combine com a cerveja que estiverem fermentando.

A CIÊNCIA DA FERMENTAÇÃO DA ÁGUA

Alguns minerais afetam o pH do mashout, o que por sua vez influencia a qualidade da cerveja, enquanto outros minerais podem ter impacto mais significativo nas características da bebida. O pH de brassagem ideal para fermentar uma cerveja não ácida é de 5,1 a 5,5. Cervejas claras precisam ser mais acidificadas (pH mais baixo), e cervejas escuras, mais alcalinas (pH mais alto) — a água e as etapas no processo de brassagem influenciam isso. Acertar o pH é importante para garantir que as enzimas do malte sejam ativadas na brassagem (ver p. 42-43). Se o pH for alto demais, os sabores podem ficar fracos, e, se baixo demais, pode estimular a formação de bactérias.

O cálcio é o mineral mais importante na cerveja, já que abaixa o pH, ajuda na clareza e estabilidade da bebida e é um nutriente para a levedura. O magnésio ajuda a baixar o pH da brassagem e também alimenta a levedura. O carbono e o bicarbonato aumentam o pH, portanto, funcionam bem em ales mais escuras, ao mesmo tempo realçando sabores provenientes do malte. O sódio pode contribuir para uma sensação mais plena na boca e doçura mais rica, mas não afeta o pH. O sulfato e o cloreto são importantes em dupla: o primeiro pode acentuar o amargor do lúpulo e conferir uma qualidade mais seca e refrescante, enquanto o segundo pode deixar a bebida mais encorpada ou mais doce; a busca dos cervejeiros é um equilíbrio entre esses dois minerais em todas as cervejas.

COMPOSIÇÃO DA CERVEJA

Numa cerveja padrão de teor alcoólico de 5%, a água constitui mais de 90% da composição total. O restante é composto de álcool, dióxido de carbono (CO_2) e minerais e extratos, que incluem todos os compostos aromáticos.

CO_2 – 0,5%
Álcool – 5%
Água – 90,2%

Minerais e extratos – 4,3%
Carboidratos 2,7%–3,25%
Proteínas 0,25%–0,5%
Compostos aromatizantes 0,2%–0,5%

COMPOSTOS DE SABOR
Embora constituam uma porcentagem ínfima de cada cerveja, centenas de compostos químicos conferem à bebida sua cor, seu sabor e aroma.

NÍVEIS HISTÓRICOS DE MINERAIS NA ÁGUA DE FERMENTAÇÃO

Todos os estilos clássicos de cerveja do mundo vêm de um lugar em particular, com frequência cidades específicas: as Pilsners são de Pilsen, as Dunkel Lagers, de Munique, as Porters e Bitters, de Londres, as India Pale Ales (IPAs), de Burton, e as Stouts, de Dublin. O motivo não é que os consumidores simplesmente tinham preferência por esses tipos de cerveja; é que a fonte de água natural disponível aos cervejeiros só lhes permitia fermentar certos tipos de bebida. Os dados desta tabela são da metade do século XIX. Números mais altos indicam água mais dura.

A água bastante mole de Pilsen confere um amargor de lúpulo mais brando e permite que o sabor de malte predomine.

A água de Munique é relativamente equilibrada, mas pende para dura com alcalinidade mais alta dos carbonatos, que equilibra maltes mais escuros, enquanto os baixos sulfatos aumentam o sabor do malte.

Os maltes escuros das Porters e Bitters londrinas são equilibrados pelos altos carbonatos da água, enquanto o cloreto e o sódio conferem a essas cervejas mais escuras um sabor mais rico de malte.

A água na IPA de Burton tem sulfatos elevados (especialmente sulfato de cálcio ou gipsita) para realçar o amargor do lúpulo e conferir à cerveja uma finalização seca.

Em Dublin, a água tem bicarbonatos elevados, conferindo uma água rica em minerais e alcalina que é essencial para baixar o pH do malte escuro torrado na brassagem.

MINERAL	Pilsen Pilsner	Munique Dunkel	Londres Porter/ Bitter	Burton India Pale Ale	Dublin Dry Stout
CÁLCIO Reduz o pH da brassagem, ajuda na estabilidade da cerveja, importante nutriente de levedura.	10	109	52	352	118
MAGNÉSIO Reduz o pH do mashout, ajuda na estabilidade da cerveja, importante nutriente da levedura (menos que o cálcio).	3	21	32	24	4
CARBONATO/ BICARBONATO Aumenta o pH e pode realçar sabores do malte e a doçura residual.	3	171	104	320	319
SÓDIO Não faz efeito no pH, mas confere uma sensação mais plena/ mais suave na boca e sabores de malte.	3	2	86	44	12
SULFATO Acentua o amargor do lúpulo, confere uma característica mais crocante e seca.	4	79	32	820	54
CLORETO Deixa a cerveja mais encorpada e de sabor mais doce.	4	36	34	16	19

TRATAMENTO DA ÁGUA

Quando os cervejeiros entenderam a ciência da água e como manipulá-la, conseguiram fermentar estilos de cervejas em qualquer lugar do mundo, o que mudou o futuro da fermentação. A maioria dos cervejeiros obtém água do sistema de rede, embora alguns tenham uma fonte natural. De qualquer modo, quase sempre a água passa por tratamento na cervejaria para purificá-la, removendo traços de minerais, íons e partículas. Cervejeiros podem adicionar minerais extras para ajustar o perfil da água para sua especificação exata, dependendo da cerveja.

GRÃOS E MALTAGEM

Os grãos conferem cor e sabor à cerveja, além dos açúcares que fermentam em álcool. Sua jornada dos campos à cervejaria acontece em várias etapas.

AS GRAMÍNEAS DA FERMENTAÇÃO

A cevada é o principal grão da fermentação. Ao lado dela, cervejeiros muitas vezes usam trigo, aveia, milho e arroz, e, com menor frequência, centeio, espelta e grãos sem glúten, como trigo-sarraceno e sorgo. Cada grão confere qualidades diferentes à cerveja. A cevada é o grão principal porque contém, naturalmente, enzimas que convertem seus amidos não fermentáveis em açúcares fermentáveis durante o processo de fermentação. Para ativar essas enzimas, primeiro o grão deve ser transformado em malte através do processo de maltagem.

MALTES DEFUMADOS

Os maltes defumados seguem o mesmo processo de maceração e germinação que os outros maltes, mas são secos em fornos de queima direta sobre fogueiras de lenha, onde absorvem os aromas da fumaça.

O PROCESSO DE MALTAGEM

O malte é um grão que foi colhido e depois deixado para germinar antes de ser seco (aquecido em forno) e, às vezes, torrado. Todos os grãos principais de fermentação podem ser maltados, mas são necessários processos diferentes para o milho e o arroz. A ilustração mostra o processo da cevada.

1
COLHEITA
A cevada é colhida, verificada, limpa e depois armazenada em silos até estar pronta para iniciar o processo de maltagem. Nesta etapa, ela é basicamente uma semente latente.

2
MACERAÇÃO
A cevada fica mergulhada em água (12°–15°C) por cerca de dois dias, onde hidrata partindo de uma umidade de 12% até 45%. As enzimas do grão ganham vida.

3
GERMINAÇÃO
A cevada é transferida a um compartimento úmido de germinação a 13°–18°C. Ao longo dos quatro a seis dias seguintes, o revestimento do grão começa a se soltar, enzimas degradadas são liberadas e a cevada passa a brotar. O grão é regularmente virado (arranjado) durante essa etapa.

ALÉM DA CEVADA

Cervejeiros podem adicionar ingredientes suplementares ou adjuntos à brassagem, alguns acrescentando corpo e doçura, outros criando uma cerveja seca e outros ainda fornecendo sabor.

O açúcar-cândi (claro ou escuro) é comum em ales belgas fortes. Açúcares escuros liberam um sabor de frutos secos e açúcar mascavo. Mel, melaço e xarope de bordo fornecem açúcares fermentáveis e sabor. A dextrose (glicose) é altamente fermentável, e pode conferir um corpo mais leve e uma finalização mais seca. Alguns cervejeiros usam glicose para substituir um pouco do malte em marcas lager mais baratas. A lactose (açúcar do leite) não é fermentável, portanto, ela mantém uma doçura suave e cremosa. Arroz e milho originam cervejas claras, leves e frescas.

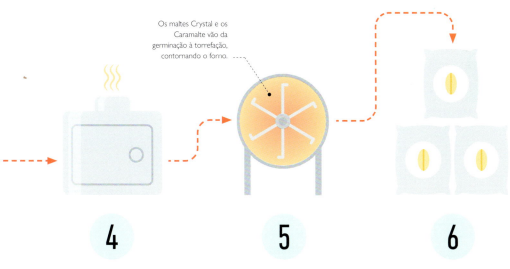

Os maltes Crystal e os Caramalte vão da germinação à torrefação, contornando o forno.

4
SECAGEM
A germinação é interrompida movendo-se a cevada para um forno e passando-se ar quente através dele. Ela seca de 3% a 6% de umidade, o que pode levar cerca de 24 horas. A temperatura e o tempo dependem do malte sendo produzido. Isso cria maltes base, como o malte Pilsner, o Pale Ale e o Munich.

5
TORREFAÇÃO
Maltes mais escuros, como âmbar e chocolate, são torrados após passarem pelo forno, adicionando novos sabores e uma cor diferente. Tempo e temperatura variam de cerca de 100°C por vinte minutos, para maltes de âmbar levemente torrados, a mais de 200°C para duas horas de malte de chocolate. A cevada torrada é a cevada não maltada que passou por torrefação.

6
EMBALAGEM
O malte é ensacado ou armazenado em silos antes de ser enviado às cervejarias.

TIPOS DE MALTE

A ampla variedade de maltes que os cervejeiros podem usar conferem um leque de diferentes sabores e cores às cervejas.

MALTE	TIPO	ADICIONAIS	SABORES
PILSNER	Malte base	Cor fraca, açúcares fermentáveis	Palha/feno, herbal, pão
PALE ALE	Malte base	Cor fraca, açúcares fermentáveis	Leve sabor maltado, pão, biscoito
MARIS OTTER	Malte base/característico	Cor fraca, açúcares fermentáveis, rico sabor maltado	Biscoito, rico sabor maltado, torra leve
VIENNA	Malte base mais escuro	Cor âmbar, açúcares fermentáveis, rico sabor maltado	Malte torrado, nozes torradas, caramelo claro
MUNICH	Malte base mais escuro	Cor âmbar, açúcares fermentáveis, rico sabor maltado	Malte torrado, torra leve a escura, pão torrado
AMBER/BISCUIT	Malte levemente tostado/de cor	Ricos sabores de grãos, mais textura, cor mais escura	Nozes torradas, torrada, biscoito
CRISTAL/CARAMALTE	Cristal/caramalte	Textura, sabores caramelizados	Cereal maltado, frutos secos, caramelo
CHOCOLATE	Malte torrado	Cor escura, sabor torrado	Chocolate amargo, cacau, café
CEVADA TORRADA	Malte torrado	Cor escura, sabor torrado	Amargo, espresso, torrada queimada
DESCASCADO	Malte torrado	Cor escura, sabor torrado suave	Torra leve, usada sobretudo para dar cor
DEFUMADO	Defumado	Aroma e sabor defumados	Carne defumada, madeira defumada, fumaça de turfa
MALTODEXTRINA	Cristal/caramalte	Textura, espuma	Sabor leve, apenas uma leve doçura de nozes
ARROZ/MILHO	Adjunto	Diminui corpo, adiciona frescor	Arroz, milho, cremes
TRIGO	Malte base	Mais proteína para textura, bruma, espuma	Cremoso, massa, cereal, pão
AVEIA	Malte base	Mais proteína para textura, bruma, espuma	Aveia cremosa, cereal, pão
CENTEIO/ESPELTA	Malte base/característico	Diferentes sabores de malte em fornos	Nozes, torradas, levemente picante

TIPOS DE MALTES

- **Maltes bases** são maltes claros e ligeiramente queimados, como o Pilsner e o Pale Ale. Eles constituem a maioria dos grãos, e proporcionam a maior parte dos açúcares fermentáveis.
- **Maltes característicos** são como os maltes básicos, mas muitas vezes de variedades específicas, como Maris Otter e Chevallier, que compõem um sabor mais distinto. Também podem ser maltes aromatizados, como centeio ou espelta.
- **Maltes levemente tostados** são de cor mais escura, como Dark Munich. Correspondem a uma pequena porcentagem dos grãos, adicionando cor e um rico sabor maltado.
- **Cristal/caramalte** são maltes cristalizados que adicionam características de caramelo, frutos secos e de pão de malte, além de textura mais plena.
- **Maltes torrados** incluem cevada preta e torrada. São usados em pequenos volumes. Eles dão cor e sabor, mas nenhuma enzima fermentadora, e de pouco a nenhum açúcar.

CORES DE CERVEJAS

A cor é mensurada de três maneiras: a European Brewing Convention (EBC) e o Standard Reference Method (SRM) são representações númericas, em que, quanto mais alto o número, mais escura é a cerveja. A outra medida é tão somente o nome da cor. Para quase todas as pessoas, o nome é suficiente. Frutas podem adicionar cor, de rosa a roxo-escuro.

NOMEIE A COR

O mais comum é usar cores já definidas, como palha, dourado, âmbar, marrom e preto, com modificadores como pale e dark.

PALHA
SRM 2
EBC 4

AMARELO
SRM 4
EBC 8

DOURADO
SRM 6
EBC 12

LARANJA
SRM 9
EBC 18

ÂMBAR CLARO
SRM 14
EBC 28

ÂMBAR ESCURO
SRM 17
EBC 33

MARROM-AVERMELHADO
SRM 20
EBC 39

MARROM
SRM 32
EBC 63

PRETA
SRM 40
EBC 80

GRÃOS NA CERVEJARIA

Por meio de uma série de técnicas e processos diferentes, cervejeiros transformam água e grãos nos variados tipos de cervejas.

A CIÊNCIA DA BRASSAGEM

A cevada é uma semente complexa, com muitas enzimas diferentes atuando de diversas formas e a temperaturas específicas — se ficarem abaixo de sua variação própria de temperatura, elas não funcionam e, além disso, se degeneram (são "mortas"). Durante a brassagem, quando os grãos triturados e água quente se misturam na tina de brassagem, compostos insolúveis, como féculas não fermentáveis e cadeias de aminoácidos (proteínas), são quebrados por diferentes enzimas para se tornarem solúveis. Uma brassagem bem-sucedida usa a temperatura para liberar enzimas, que convertem essas féculas em açúcares fermentáveis, como maltose (cerca de 50% do conteúdo açucarado do mashout), glicose, frutose, sacarose e maltotriose.

Toda atividade enzimática é dependente das condições específicas da brassagem, inclusive pH e densidade/gravidade, mas a temperatura é o mais importante.

ENZIMAS NA CERVEJA

Se o mosto for mantido a uma determinada temperatura, enzimas são quebradas e se tornam solúveis. Se os cervejeiros acertam todas as temperaturas, eles maximizam as enzimas produzidas e geram um bom mosto.

A fitase é útil em lagers claras para ajudar a baixar o pH da brassagem (conhecido como descanso ácido). A betaglucanase ajuda a dissolver as féculas, tornando a próxima etapa mais eficiente, embora não seja tão importante com maltes modernos. O restante da proteína decompõe proteínas, mas muitos cervejeiros preferem pular essa etapa, já que querem proteína para formar espuma e turvação.

As enzimas mais importantes são a beta e a alfa-amilase, já que são responsáveis pela maioria da conversão de féculas de malte em açúcares. Cervejeiros executam um descanso (ou descansos) de sacarificação para otimizar o processo. A variação de temperatura de 62°–72°C lhes confere certo controle sobre a fermentabilidade de sua cerveja e suas características finais: temperaturas mais baixas resultam numa bebida mais fermentável, fresca e seca, e temperaturas mais altas conferem uma cerveja de corpo mais pleno, com doçura mais residual. É comum atingir 62°– 67°C como um ponto mediano entre beta e alfa. Alguns cervejeiros podem fazer um repouso de temperatura de mashout, interrompendo qualquer atividade enzimática extra.

Aumento de temperatura

30°–52°C
Fitase (descanso ácido)

45°–53°C
Protease, peptidase (descanso proteico)

62°–67°C
Beta-amilase (descanso de sacarificação)

75°C
Descanso de mashout

40°–45°C
Betaglucanase (descanso de glucano)

50°–59°C
Proteinase (descanso proteico)

71°–72°C
Alfa-amilase (descanso de sacarificação)

ENZIMAS-ALVO
Cada cerveja terá metas específicas para sua atividade enzimática.

DIFERENTES TÉCNICAS DE BRASSAGEM

Há três técnicas principais de brassagem: infusion (mash capping), brassagem por rampas e decocção. As duas primeiras são usadas para ales e lagers. Decocção, em geral, só é usada para lagers e algumas Weissbiers.

A técnica mais simples de brassagem é a de infusão. É preciso "arriar" a água na brassagem numa temperatura um pouco acima da desejada. Depois, manter na temperatura correta durante toda a brassagem, que geralmente leva 60 minutos. A temperatura ideal é 66°–67°C, o que permite que a beta e a alfa-amilase convertam os amidos do malte em açúcares.

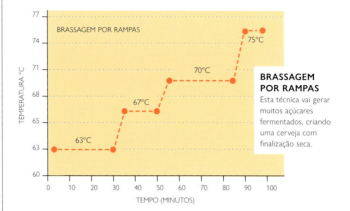

BRASSAGEM POR RAMPAS
Esta técnica vai gerar muitos açúcares fermentados, criando uma cerveja com finalização seca.

BRASSAGEM POR RAMPAS

Essa técnica requer etapas de descanso e aumento de temperatura para maximizar diferentes atividades enzimáticas na brassagem Em geral, haverá de duas a quatro etapas diferentes (ver acima), correlacionadas à atividade enzimática abordadas na página anterior. Essa brassagem pode levar de 60 a 90 minutos.

A BRASSAGEM POR DECOCÇÃO

A brassagem por decocção é um processo tradicional alemão. Funciona de maneira similar à brassagem por rampas, mas envolve remover uma porção da brassagem (grãos e mosto) e fervê-la, devolvendo-a em seguida para a mistura geral da brassagem, resultando em um salto na temperatura e na criação de novos compostos aromáticos. Isso se deve à fervura e à reação de Maillard (a última confere características mais torradas e caramelizadas). Cervejeiros podem fazer decocção única, dupla ou tripla (ver à direita). Essa brassagem exige mais tempo que os outros métodos e pode levar várias horas.

Alguns cervejeiros podem acrescentar malte melanoidina, uma vez que ele confere um sabor maltado mais forte e qualidades Maillard reminiscentes das proporcionadas por uma brassagem por decocção.

DECOCÇÃO TRIPLA
Uma decocção tripla pode levar mais de cinco horas para finalizar. Aqui, um descanso de mashout é feito a 75°C.

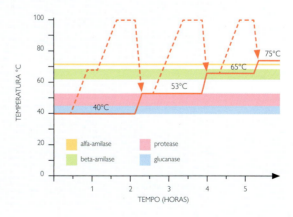

OS SABORES DO MALTE

Maltes, grãos e outros amidos ou açúcares proporcionam um leque de sabores às cervejas, reminiscentes de produtos à base de grãos, alimentos assados, e características caramelizadas e torradas.

SABORES DO MALTE

Em cervejas maltadas, sabores de malte são mais proeminentes que os do lúpulo e da levedura. Alguns sabores se sobrepõem entre os grupos diferentes mostrados aqui.

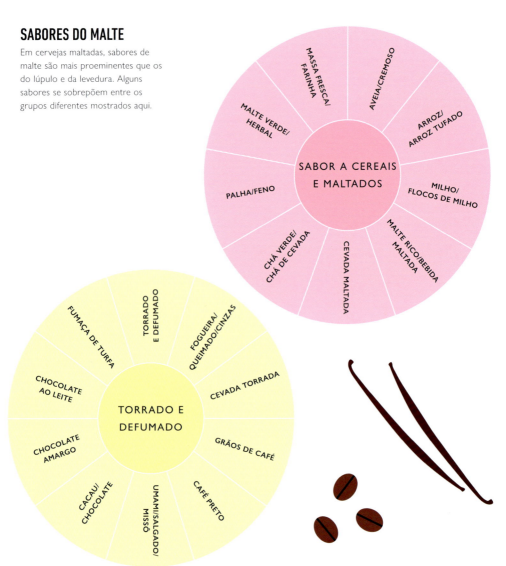

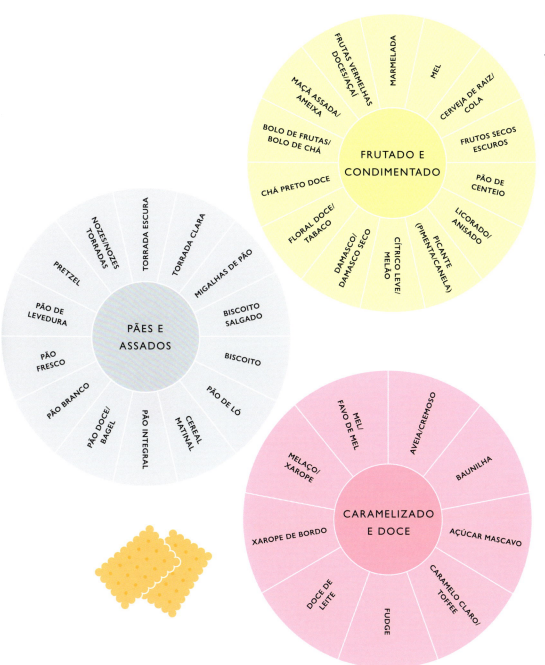

OS SABORES DO MALTE

RECEITAS DE CERVEJA

Toda cerveja é feita de uma receita, com diferentes combinações de ingredientes, processos, temperaturas e tempo para produzir a bebida final. Veja algumas receitas típicas de estilos de cerveja populares.

ESTILO	AMERICAN LAGER	CZECH PILSNER	DUNKEL
ABV/IBU MÉDIO	5% de ABV, 15 IBU	4,5% de ABV, 35 IBU	5% de ABV, 25 IBU
GRÃOS	80% malte Pilsner, 20% arroz/milho	100% malte Pilsner	80% malte Munich, 20% malte Pilsner
LÚPULO DE AMARGOR	Baixo amargor, lúpulos alemães	Amargor alto, lúpulos Saaz	Amargor médio, lúpulos bávaros
LÚPULO DE AROMA	Nenhum	Saaz, fervura tardia	Nenhum/baixo
EQUILÍBRIO	Baixo malte, baixo lúpulo	Agridoce	Maltado
LEVEDURA E FERMENTAÇÃO	Levedura Lager, fermentação fria 8°–12°C, ésteres baixos a médios	Levedura Lager, fermentação fria 8°–12°C, ésteres baixos	Levedura Lager, fermentação fria 8°–12°C, ésteres baixos
TEMPO	De 2 a 4 semanas	De 4 a 6 semanas	De 4 a 6 semanas
OUTRAS INFORMAÇÕES	Adicionais milho/arroz, secura característica	Brassagem por decocção, maturação longa e fria, água muito suave	Brassagem por decocção, maturação fria e longa

RECEITAS DE CERVEJA

DOPPELBOCK	BEST BITTER	PORTER	IMPERIAL STOUT
7% de ABV, 25 IBU	4,5% de ABV, 35 IBU	5% de ABV, 25 IBU	10% de ABV, 75 IBU
70% malte Munich, 30% malte Pilsner	90% malte Pale Ale, 6% malte cristal, 4% aveia/milho/âmbar/Vienna	85% malte Pale Ale, 5% caramalte, 5% malte marrom, 5% malte chocolate	85% malte Pale Ale, 8% malte cristal, 5% malte chocolate, 2% cevada torrada
Amargor médio, lúpulos bávaros	Amargor médio, lúpulos ingleses	amargor médio, lúpulos ingleses	Amargor alto, qualquer lúpulo
Nenhum/baixo	Lúpulo tardio e lúpulo seco leve	Pode ter lúpulos tardios	Nenhum/baixo
Maltado	Mais amargo, com malte equilibrado	Maltado	Malte forte com amargor profundo
Levedura Lager, fermentação fria a 8°–12°C, ésteres médios	Levedura Ale, fermentação quente a 16°–18°C, ésteres médios	Levedura Ale, fermentação quente a 16°–18°C, ésteres médios	Levedura Ale, fermentação quente a 16°–18°C, ésteres médios, álcool mais elevado
De 6 a 12 semanas	2 semanas	De 2 a 3 semanas	De 4 a 10 semanas
Maturação mais longa que a maioria das lagers, para suavizar o perfil do sabor	Tradicionalmente, menos CO_2 que outros estilos	Não deve ser tão torrada quanto uma Stout	Pode ficar mais tempo no tanque para se misturar a sabores mais fortes; muitas vezes, adicionam-se ingredientes extras

ESTILO	AMERICAN PALE ALE	AMERICAN IPA	HAZY DIPA
ABV/IBU MÉDIO	5% de ABV, 40 IBU	6,5% de ABV, 60 IBU	8% de ABV, 40 IBU
GRÃOS	92% malte Pale Ale, 8% malte cristal	93% malte Pale Ale, 4% malte cristal leve, 3% malte Carapils	75% malte Pale Ale, 10% aveia, 10% trigo, 5% dextrina
LÚPULO AMARGO	Amargor médio, lúpulos dos EUA	Alto amargor, lúpulos dos EUA ou extrato de lúpulo	Amargor médio, lúpulos dos EUA ou extrato de lúpulo
LÚPULO AROMÁTICO	Fervura tardia e lúpulo seco, com variedades dos EUA	Fervura tardia e dry hop, com variedades dos EUA	Fervura tardia, whirlpool e dry hop
EQUILÍBRIO	Bastante aroma com equilíbrio de malte	Bastante aroma com malte leve, mas equilibrado, amargor forte	Bastante aroma, textura plena, baixo amargor
LEVEDURA E FERMENTAÇÃO	Levedura Ale, fermentação quente a 16°–20°C, ésteres baixos	Levedura Ale, fermentação quente a 16°–20°C, ésteres baixos	Levedura Ale, fermentação quente de 16°–20°C, ésteres frutados médios a altos
TEMPO	De 2 a 3 semanas	De 2 a 3 semanas	De 2 a 3 semanas
OUTRAS INFORMAÇÕES	Lúpulos Cascade, Centennial, Simcoe e Amarillo frequentemente usados	Deve ser seco e amargor, com bastante aroma de variedades lupulares cítricos dos EUA	Aveia e trigo conferem plenitude à textura, deve ter aromas tropicais e frutados

WITBIER	HEFEWEIZEN	QUADRUPEL	WILD ALE
5% de ABV, 10 IBU	5% de ABV, 15 IBU	10% de ABV, 25 IBU	5% de ABV, 5 IBU
45% trigo, 45% malte Pilsner, 10% aveia	50% trigo, 50% malte Pilsner	80% malte Pilsner, 10% malte cristal, 10% açúcar-cândi escuro	60% malte Pilsner, 40% trigo
Amargor baixo, lúpulos alemães	Amargor baixo, lúpulos alemães	Amargor médio, lúpulos alemães/ingleses	Amargor baixo com lúpulos envelhecidos
Nenhum/baixo	Nenhum	Nenhum/baixo	Nenhum
Amargor baixo com textura plena e levedura aromática	Trigo rico e sabor maltado, levedura aromática, finalização seca	Rico sabor maltado com finalização seca	Seco e azedo, mas não em excesso
Levedura Witbier, fermentação quente de 20°–22°C, ésteres e fenóis de médios a altos	Levedura Hefeweizen, fermentação quente de 20°–22°C, ésteres e fenóis médios a altos	Levedura Ale, fermentação quente 20°–22°C, ésteres médios a altos	Fermentação mista de levedura selvagem e bactérias, bastante aroma
De 2 a 3 semanas	De 2 a 3 semanas	De 4 a 6 semanas	12 semanas ou mais
Sementes de coentro e casca de laranja seca adicionadas no whirlpool, deve ter aroma e sabor de levedura	Aroma de levedura distintivo de banana e textura totalmente encorpada	O açúcar ajuda a manter seca uma cerveja com potência alcoólica elevada	Tipicamente maturada em barris por meses, para desenvolver acidez e sabor

A FUNÇÃO DOS LÚPULOS

O lúpulo é um ingrediente versátil que desempenha um papel essencial no processo de fermentação da maioria das variedades de cerveja hoje, conferindo à bebida seu amargor e aromas característicos.

ANATOMIA DE UM LÚPULO

A parte externa folhosa de uma flor de lúpulo (as pétalas ou brácteas) protege uma substância amarela pegajosa que contém as glândulas lupulinas (o pólen, que fica dentro das bractéolas). Dentro dessas glândulas há um misto complexo de componentes que conferem à cerveja a maior parte de seu amargor e aroma. Os componentes mais importantes são os alfa ácidos e óleos essenciais.

ALFA ÁCIDOS DO LÚPULO

Os alfa ácidos conferem à cerveja seu amargor. O conteúdo de alfa ácido de um lúpulo vai variar de muito baixo (2%) a muito alto (mais de 20%). Com base na porcentagem, cervejeiros testam quantos lúpulos são necessários para atingir o nível desejado de amargor. Os principais alfa ácidos são humulona, cohumulona e adhumulona, e cada variedade de lúpulo tem quantidades diferentes de cada ácido. Alguns lúpulos são especificamente valorizados por suas características amargas.

LÚPULOS NOBRES

O Saaz tcheco e os alemães Hallertau, Tettnang e Spalt são considerados os lúpulos nobres. Eles são muito apreciados por seus aromas elegantes e distintos. Vários outros lúpulos tradicionais locais — os que crescem naturalmente em sua área e antecedem a reprodução — também podem ser considerados "nobres": Golding e Fuggle da Inglaterra, Strisselspalt da França, e Cluster da América do Norte.

RAQUIS
É no pedúnculo da flor que a maioria dos taninos estão localizados.

BRACTÉOLA
As folhas internas do cone de lúpulo lançam lupulina das glândulas que retêm.

GLÂNDULAS LUPULINAS
O pólen contém resina e óleos essenciais.

BRÁCTEA
As pétalas constituem a estrutura externa protetora do lúpulo.

DENTRO DE UM LÚPULO
O corte seccional mostra as partes componentes de um lúpulo. Lúpulos atuam como agentes que conferem amargor, sabor e estabilidade na cerveja.

ALFA ÁCIDO ELEVADO

POLARIS (18%–21%)
PAHTO (18%–20%)
APOLLO (17%–21%)
BRAVO (15%–18%)
HERKULES (14%–17%)

ESCALA DE AMARGOR DO LÚPULO
Os lúpulos com alfas mais altos incluem os criados especificamente para maior amargor, portanto, os cervejeiros podem adicionar menos lúpulos para atingir o mesmo nível geral de amargor. Historicamente, os lúpulos com alfa mais baixos passaram a ser conhecidos como lúpulos aromáticos, mas ainda são usados para amargar as cervejas.

GOLDING (3%–6%)
FUGGLE (3%–6%)
SPALT (2%–6%), TETTNANG (2%–5%), & SAAZ (2%–5%)

ALFA ÁCIDO BAIXO

ÓLEOS E AROMAS DO LÚPULO

Cada variedade de lúpulo contém sua própria mistura única de óleos essenciais aromáticos e de sabor, que também são encontrados em vários outros ingredientes. Estes são os óleos de lúpulo mais comuns.

ÓLEO DE LÚPULO	CARACTERÍSTICAS	IN NATURA	EM LÚPULOS
MIRCENO	Resinoso, picante, "lupulado"	Pinheiros, cannabis, folhas de louro, capim-limão, tangerina, manga	Citra, Centennial, Mosaic, Cascade
HUMULENO	Pinheiro, amadeirado, herbal, cítrico leve	Semente de aipo, sálvia, cannabis, pimenta-do-reino, cravo, ginseng, tabaco	Admiral, Golding, Hallertau
PINENO	Pinheiro, picante, cítrico	Junípero, pimenta-do-reino, alecrim, casca de laranja, cannabis	Centennial, Columbus, Simcoe, Mosaic
CARIOFILENO	Amadeirado, picante, floral, pimenta	Pimenta-do-reino, canela, cravo, manjericão, orégano, lavanda	Saaz, Tettnang, Admiral, Golding
FARNESENO	Floral	Tomilho-limão, maçã, camomila, perila	Tettnang, Northern, Brewer, Saaz
LINALOL	Floral, laranja	Semente e folha de coentro, mamão, suco de laranja, lichia, chá preto, gengibre	Amarillo, Centennial, Citra, Crystal, Loral
GERANIOL	Floral, limão	Casca de limão, capim-limão, bergamota, pêssego, gerânio, rosa	Cascade, Centennial, Chinook, Ekuanot
LIMONENO	Cítrico, laranja, limão	Limão, casca de laranja, lima, toranja, endro, sumagre, pinha	Citra, Simcoe

TIÓIS E ÉSTERES DO LÚPULO

Tióis são compostos que contêm enxofre e baixo sabor limiar: só podemos senti-lo quando há uma pequena quantidade presente. Aromas tropicais pronunciados e picantes, como toranja, maracujá, cassis e groselha, são característicos dos tióis.

Outros compostos sulfurosos do lúpulo, que podem conferir aromas de cebola, alho-francês ou alho, podem suprimir ou mascarar alguns dos aromas cítricos mais marcantes. Esses aromas de alho, muitas vezes, são chamados eufemisticamente de "salgados".

Lúpulos também contêm vários ésteres de sabor frutado, que são transformados e revelados através da fermentação. Eles são distintos dos aromas produzidos de leveduras ou de lúpulos. Lúpulos com o maior conteúdo de ésteres incluem o Ekuanot, Citra, Loral, Simcoe e Centennial. Lúpulos adicionados em cervejas fermentando produzirão um leque de aromas que não são encontrados quando a fermentação está completa. Essa interação da levedura com o lúpulo confere uma seleção mais ampla de ésteres e aromas frutados, e é conhecida como biotransformação lupular.

CULTIVANDO LÚPULOS

Lúpulos são plantas perenes que precisam de condições climáticas sazonais específicas e preferem invernos frios, primaveras sem geada e verões ensolarados.

REPRODUÇÃO DO LÚPULO

Plantas de lúpulo são machos ou fêmeas, e cada planta reproduz o próprio sexo. Produtores cultivam lúpulos há mais de cem anos, e eles cruzam variedades machos e fêmeas.

Através da reprodução cruzada, eles objetivam cultivar novas mudas que tenham as qualidades desejadas de cada "pai". O processo é longo — mais de dez anos — desde o cruzamento inicial até o lúpulo estar comercialmente disponível.

Geralmente, lúpulos machos crescem bem e possuem boa resistência a doenças, enquanto fêmeas conferem sabor. Somente os lúpulos fêmeas são cultivados para fermentação.

O CULTIVO ANUAL DO LÚPULO

O lúpulo cresce em estruturas altas (até 7 metros), enrolando-se à medida que cresce durante a primavera. Em seguida, cresce para fora e floresce durante o verão. No hemisfério norte, o ano do cultivo do lúpulo começa em março, com colheita no fim de agosto e setembro. No hemisfério sul, o cultivo do lúpulo começa em setembro, e a colheita acontece nos meses de março e abril.

MARÇO

O primeiro trabalho do ano de cultivo é amarrar os ramos de lúpulo com barbante biodegradável.

OUTUBRO-FEVEREIRO

O lúpulo é reduzido ao seu enxerto, e agora ficará dormente por alguns meses. As plantações de lúpulo passam por reparos ou reconstruções.

APÓS A COLHEITA, OS PRODUTORES CORTAM A PLANTA PARA FAZER ENXERTOS PARA A PRODUÇÃO DO ANO SEGUINTE.

ABRIL-JUNHO

Na primavera, a planta de lúpulo começa a crescer do enxerto, e os primeiros brotos de lúpulo aparecem. Quando os brotos já estão grandes o bastante, os produtores atam (amarram) dois ou três brotos em sentido horário ao redor de cada ramo. Os lúpulos continuam crescendo para cima até por volta do dia mais longo do ano.

JULHO-AGOSTO

As plantas de lúpulo atingem altura máxima em julho, e então começam a crescer para fora. Primeiro elas entram em "rebarba", com crescimentos semelhantes a botões, que em seguida se transformam em flores de lúpulo (cones).

FIM DE AGOSTO-SETEMBRO

As flores de lúpulo atingem a maturidade e estão prontas para a colheita. Produtores cortam todas as fileiras de plantas altas, e uma máquina de colheita separa os cones de lúpulo. Os cones então passam por uma secagem de 80% a 10% de umidade, antes de serem embalados em sacos grandes. Após a colheita, os produtores voltam a fazer enxertos das plantas, preparando-as para crescer de novo dali a alguns meses.

TIPOS DE LÚPULOS

Depois que as flores do lúpulo foram colhidas, elas podem ser usadas in natura, secas, granuladas ou mais processadas. Há várias maneiras de usá-lo fresco ou processado na cervejaria.

PELLETS DE LÚPULO

Pellets de lúpulo são o formato de lúpulo mais comum usado hoje em dia. Comparados com as flores, os pellets conferem sabor mais intenso, possuem maior eficiência de sabor, tendem a ficar frescos por mais tempo, e são mais eficientes para fermentação e armazenagem.

Os pellets são feitos amassando-se as flores inteiras e pressionando-as com firmeza. Boa parte da flor de lúpulo é apenas matéria vegetal que não fornece ácidos ou óleos (amargor ou sabor). Há dois tipos principais: T90 e T45. Em pellets T90, a matéria vegetal permanece. Em pellets T45, os lúpulos inteiros são congelados a -20°C e cortados, permitindo que a lupulina seja separada da matéria vegetal, com 45% dessa matéria adicionada de volta à lupulina. Em geral, o T45 é mais concentrado.

LÚPULOS DE FLORES INTEIRAS

Colhidas, ressecadas depressa e pressionadas dentro de sacas, essa é a maneira tradicional de usar lúpulos. Lúpulos de flores inteiras podem conferir aromas mais elegantes e florais comparados com outros tipos de lúpulos, uma vez que retêm mais óleos voláteis, mas adicionar muitas flores também pode deixar sabores vegetais e marcantes, especialmente se usados em grandes quantidades para amargor. Em geral, flores são mais caras do que pellets.

LÚPULO EM PÓ É MAIS CARO QUE OS OUTROS FORMATOS, MAS É POTENTE E O DESPERDÍCIO É MENOR.

TIPOS DE LÚPULOS

EXTRATO DE LÚPULO

Ácidos e óleos extraídos de lúpulos podem ser transformados em líquidos. Alfa ácidos extraídos conferem um amargor claro sem a necessidade de adicionar muita matéria vegetal. Cervejeiros podem usar óleos aromáticos para adicionar ou corrigir o aroma do lúpulo.

LÚPULOS FRESCOS/VERDES/ÚMIDOS

Transportados diretamente à cervejaria sem ser ressecados, lúpulos frescos geram algumas das únicas cervejas de fato sazonais. Os sabores tendem a ser mais leves, mais frescos e mais delicados, como o sabor de um tomate fresco em comparação com um assado.

LÚPULO EM PÓ

Ao submeter o lúpulo a temperaturas muito baixas usando-se nitrogênio líquido, a lupulina pode ser separada da matéria vegetal, deixando um pó concentrado de puro aroma e sabor de lúpulo. Conhecido como pó de lupulina ou cryo hop, ele é duas vezes mais forte que o equivalente em grânulos e sem a matéria vegetal. O pó é mais caro, mas é potente e desperdiça menos.

LÚPULOS NA CERVEJARIA

Para obter o amargor, o sabor e o aroma desejados, cervejeiros possuem marcações de tempo e métodos diferentes para adicionar lúpulos na cervejaria.

DUPLO DRY HOPPING

Duplo dry hopping (DDH) pode significar adicionar duas vezes a quantidade típica de lúpulos secos ou incluir duas ou mais adições dry-hop. Esse processo produz cervejas particularmente aromáticas, como Hazy IPAs.

LÚPULOS PARA AMARGOR

O lúpulo geralmente é adicionado na tina de fervura quando o mosto está fervendo. Lúpulos contêm alfa ácidos, que conferem amargor à cerveja, e óleos essenciais, que proporcionam aroma e sabor. Os alfa ácidos são majoritariamente compostos insolúveis, mas, quando aquecidos, eles isomerizam e se tornam solúveis em água (iso-alfa-ácidos). Quanto mais eles fervem, melhor são utilizados e maior amargor vão conferir. Os lúpulos precisam ferver por 60 minutos ou mais para um amargor otimizado.

Lúpulos ricos em alfa são tipicamente favorecidos para o amargor, já que são necessários menos lúpulos para atingir o mesmo nível de amargura — para obter a mesma quantidade de amargor, um cervejeiro precisaria adicionar mais de um lúpulo alfa com 4% do que um com 12%, por exemplo.

DRY HOPPING EM HAZY IPAS

Cada cervejaria faz dry hopping de um jeito em suas cervejas. Este é um exemplo da fermentação e da maturação de uma Hazy IPA, inclusive quando ela passaria por um processo de dry hopping.

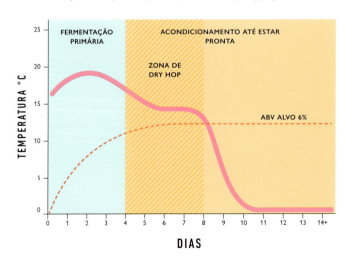

DRY HOPPING

Cervejeiros usam dry hopping para aumentar o aroma e o sabor do lúpulo. O processo envolve adicionar lúpulos do lado frio da fermentação, em geral quando a cerveja está perto do fim da fermentação ativa e as temperaturas ainda estão quentes (13°–18°C): essas temperaturas estimulam mais aromas de lúpulo e biotransformação lupular. Os lúpulos são misturados na cerveja e deixados lá de um a quatro dias. Quando a cerveja é resfriada, os lúpulos saem da solução e podem ser removidos por uma abertura na base do tanque, ou a cerveja pode ser transferida para outro tanque para acondicionamento até estar pronta para ser embalada.

USO DO LÚPULO: AMARGOR X DRY HOP

Assim como os sabores das cervejas mudam, a forma com que os cervejeiros adicionam lúpulos também muda. As primeiras India Pale Ales de Burton on Trent, na Inglaterra, eram de alto amargor, com um dry hop relativamente pequeno. Conforme as IPAs cresceram em popularidade nos anos 2000, elas ficaram muito amargas com um dry hop moderado, enquanto as Hazy IPAs diminuíram em amargor, mas aumentaram significativamente em aromas. No gráfico abaixo, as linhas verticais em cada ponto plotado mostram a faixa em Unidades Internacionais de Amargor (IBUs; verde) e volume de dry-hop (laranja), respectivamente.

ACRESCENTANDO LÚPULOS EM HAZY IPAS

A tendência moderna para Hazy e Hoppy IPAs revolucionou a prática tradicional de acrescentar lúpulos ao longo da fervura. Para maximizar o aroma e o sabor do lúpulo, alguns cervejeiros adicionam à caldeira uma quantidade pequena de lúpulos, para atingir um amargor reduzido e ajudar na retenção da espuma. Eles acrescentam a maioria do lúpulo restante no whirlpool e depois mais uma vez, na etapa de dry hopping.

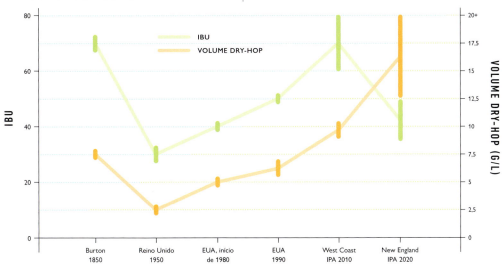

MEDINDO O AMARGOR

O amargor da cerveja é medido em Unidades Internacionais de Amargor (IBUs, na sigla em inglês). É uma medida das partes por milhão de iso-alfa-ácidos na cerveja, e é calculada fatorando-se o alfa ácido do lúpulo, a quantidade de lúpulos adicionados e sua utilização — determinada por quando eles são adicionados, com adições utilizadas mais no início — e a gravidade (doçura) do mosto. Não há limite máximo para o IBU de uma cerveja, mas é efetivamente uma escala de 0 a 100 já que quase nenhuma cerveja vai além dessa faixa.

Embora o IBU forneça uma estimativa de valor quantificável, esse número sozinho não nos informa a percepção de amargura e o equilíbrio geral da cerveja. É importante considerar a doçura ao lado do amargor: uma Golden Ale de ABV 4% com 40 IBUs, por exemplo, será mais amarga que uma IPA de ABV 7% com 40 IBUs, pois a doçura residual equilibra o amargor.

AMARGO ATÉ QUE PONTO?

A ciência nos informa que, para adquirir amargura em uma cerveja, os lúpulos devem ser fervidos por um tempo prolongado. No entanto, mesmo lúpulos adicionados no whirlpool contribuirão com algum amargor para a cerveja.

REGIÕES PRODUTORAS DE LÚPULOS E PRINCIPAIS VARIEDADES

O clima local, o solo e outras condições de cultivo combinam com diversas variedades de lúpulos para produzir o amplo leque de características lupulares. Estas são as principais regiões de cultivo de lúpulo e algumas variedades importantes.

OS LÚPULOS PRINCIPAIS

Os três lúpulos mais cultivados no mundo são o alemão Herkules, o americano Citra e o tcheco Saaz. Nos EUA, os cinco principais são Citra, Mosaic, CTZ, Cascade e Simcoe.

INGLATERRA

Bramling Cross	cassis, picante, baunilha
Bullion	cassis, limão, pimenta
Challenger	sidra, chá verde, pimenta
Golding/EKG	mel, limão, curry
Fuggle	menta, amadeirado, herbal
Jester®/Olicana®	maracujá, toranja, ervas
Target	ervas secas, marmelada, tangerina

RESTANTE DA EUROPA

Saaz (República Tcheca)	palha, tabaco, ervas
Styrian Golding (Eslovênia)	chá verde, ervas, limão
Strisselspalt (França)	ervas, toranja, gramado

ALEMANHA

Hallertau Blanc	uva, capim-limão, tropical
Herkules	pimenta, picante, amargo
Hersbruck	gramado, tabaco, bergamota
Hüll Melon	melão, morango, baunilha
Magnum	sidra, pimenta, resinoso
Mandarina Bavaria	tangerina, limão, toranja
Mittelfrüh	gramado, floral, limão
Perle	floral, chá, pimenta
Saphir	capim-limão, floral, junípero
Spalt	amadeirado, chá, picante
Spalter Select	limão, floral, amadeirado
Tettnang	pimenta, chá preto, floral
Tradition	gramado, floral, limão

INGLATERRA

Plantados pela primeira vez por agricultores flamengos, lúpulos são cultivados para fermentação na Inglaterra desde o século XVI. Eles foram cultivados primeiro no sudoeste e se difundiram para as Midlands, que permanecem as principais áreas de cultivo hoje em dia.

A maioria das variedades possuem um caráter terroso subjacente, como folhas de outono ou cercas-vivas. Os sabores e aromas são de flores frescas, especiarias (cominho, pimenta), menta, cassis, mel, frutos de pomar, cítricos leves e frutas secas de caroço. Variedades modernas têm uma ligeira qualidade tropical. Geralmente são usadas em estilos britânicos clássicos, como Best Bitter, Pale Ale, Golden Ale, Mild, Stout e Porter, e algumas Belgian Ales.

EUROPA

Há milênios lúpulos são cultivados em muitas regiões da Europa. Eles são encontrados na Bélgica, França, Alemanha, República Tcheca, Polônia e Eslovênia, além de outros bolsões como a Espanha, onde se cultivam muitas variedades americanas. A Alemanha é o segundo maior produtor de lúpulo do mundo, e as principais regiões de cultivo são Hallertau e Tettnang.

Qualidades clássicas incluem sabores gramados, picantes, herbais, botânicos, florais e cítricos leves ou secos, muitas vezes usadas em lagers a fim de conferir um amargor fresco. Variedades modernas podem ser mais comuns em cervejas lupuladas, e possuem qualidades mais tropicais, cítricas e de melão.

REGIÕES DE CULTIVO DO LÚPULO
No mundo todo, o lúpulo cresce melhor entre 35 e 55 graus latitude norte e sul.

35°–55°N

35°–55°S

EUA

Amarillo®	toranja, pêssego, resinoso
Azacca®	manga, mamão, laranja
Cascade	toranja, floral, pinha
Centennial	botão, laranja, resina
Chinook	toranja, pinha, pimenta
Citra®	cítrico, manga, melão
CTZ	úmido, pimenta, amargo
Ekuanot®	tangerina, melão, manga
El Dorado®	damasco, tropical, cítrico
Idaho 7®	abacaxi, pinha, frutas vermelhas
Mosaic®	manga, frutas vermelhas, frutas com caroço
Sabro®	cítrico, coco, tropical
Simcoe®	pinha, toranja, frutas vermelhas

NOVA ZELÂNDIA

Kohatu®	tropical, pinha, floral
Motueka™	tropical, lima, limão
Nelson Sauvin™	groselha, uva, maracujá
Pacific Gem	frutas vermelhas, carvalho, pimenta
Rakau™	damasco, resina, frutos secos
Riwaka™	toranja, maracujá, lima
Wai-iti™	pêssego, lima, damasco
Waimea™	pomelo, pinha, herbal

AUSTRÁLIA

Aus Cascade	toranja, frutas vermelhas, floral
Eclipse®	tangerina, casca de limão, pinha
Ella™	floral, anis, pêssego
Enigma®	uva, frutas vermelhas, melão
Galaxy®	maracujá, pêssego, cítricos
Topaz™	lichia, tropical, resinoso
Vic Secret™	maracujá, resinoso, abacaxi

AMÉRICA DO NORTE

Responsáveis por cerca de 40% dos lúpulos do mundo, os EUA são o principal produtor mundial. A maioria é cultivada no estado de Washington, enquanto grande parte do restante fica em Idaho e no Oregon. Lúpulos são cultivados na costa leste desde o século XVII, e chegaram à costa oeste nos anos 1850. Com o tempo, todo o cultivo foi para o oeste.

Há maiores intensidades de aroma, sabor e amargor comparados aos lúpulos europeus. Os sabores são cítricos, tropicais e de frutas de caroço, melão, pinha, cebola/alho, úmido/cannabis, coco e frutas doces. Eles se expressam melhor em Pale Ales, IPAs, Double IPAs e qualquer estilo lupulado.

HEMISFÉRIO SUL

Lúpulos vêm sendo cultivados na Austrália e na Nova Zelândia desde o século XIX. Programas de cultivo ajudaram a desenvolver novas variedades, muitas vezes cruzadas com plantas americanas ou britânicas. A maioria dos lúpulos australianos crescem na Tasmânia e em Victoria. Os lúpulos da Nova Zelândia crescem na região de Nelson no sul da ilha. Lúpulos também são cultivados na África do Sul e em partes do norte da Patagônia.

Esses lúpulos tendem a ter qualidades vibrantes de frutas tropicais, como maracujá, manga, abacaxi, uva, groselha, toranja, lima, laranja e frutas de caroço. Eles são normalmente usados em estilos lupulados, e são aromantizantes importantes em Pacific Pale Ales e IPAs.

SABORES DO LÚPULO

Os lúpulos nos dão alguns dos aromas e sabores mais vibrantes nas cervejas que tomamos, mas conseguir descrever esses sabores é um desafio frequente. Vamos analisar algumas maneiras de ajudar a refinar nossa linguagem de sabores.

DESCREVENDO SABORES

Ao tentarmos descrever o sabor em uma cerveja lupulada, muitas vezes percorremos uma variedade de aromas diferentes, como frutas cítricas, frutas tropicais e notas herbais e picantes. O desafio é refiná-las a aromas individuais diferentes, lançando mão da maior especificidade possível enquanto garantimos, ao mesmo tempo, que os sabores identificados realmente significam algo para nós. Se nunca provamos uma goiaba, não podemos dizer de fato que a saboreamos em uma cerveja, ainda que outras pessoas descubram esse sabor.

Tomando como exemplo sabores de frutas, há um método sistemático para seguir. Todos temos memórias e experiências olfativas diferentes, e não existem sabores incorretos: se você sentir o cheiro ou o sabor de algo, ele está na cerveja, não importa o quanto esteja escondido.

1
QUAL A FAMÍLIA DA FRUTA?
São frutas cítricas, tropicais, de caroço, de pomar, melão ou frutas vermelhas? Você consegue limitá-las a uma fruta específica, como toranja ou pêssego?

2
QUAL A VARIEDADE DA FRUTA?
Se possível, você consegue ir adiante e nomear uma variedade específica da fruta — toranja vermelha, pêssego branco, manga-espada ou cereja ácida?

3
QUAL A PARTE DA FRUTA?
Em seguida, especifique ainda mais: é uma parte específica da fruta, como a casca, o bagaço, a polpa ou o suco?

4
QUAL A CONDIÇÃO DA FRUTA?
A fruta está muito madura, madura, verde, seca ou fermentada?

5
A FRUTA FOI COZIDA OU PROCESSADA?
Ela é uma combinação de outros ingredientes ou processos, como abacaxi grelhado, marmelada torrada, lassi de manga, refrigerante de laranja ou bolo de limão?

LÚPULO E MALTE JUNTOS

O sabor do malte pode mudar o sabor dos lúpulos. Imagine quatro cervejas com 5% de teor alcoólico, cada uma identicamente lupulada com Citra e Cascade para ter aroma de uma Pale Ale. Em cada uma delas, o sabor do malte mudará como esses lúpulos se apresentam.

PALE LAGER

LEVE/FRUTADA

Os sabores do malte são claros, levemente torrados e secos. Os sabores do lúpulo são abacaxi, toranja, ervas leves e laranja.

HAZY PALE ALE

MAIS DOCE/ TROPICAL

O malte é mais doce e totalmente encorpado. Os sabores do lúpulo são frutas tropicais suculentas, tangerina doce, toranja e pinha.

RED ALE

ESCURA/COZIDA

Os sabores do malte são caramelizados, de torrada escura e frutas vermelhas. Os lúpulos são toranja grelhada e licor de ervas (Campari).

BLACK IPA

AMARGA/ TORRADA

Os sabores do malte são torrados e de chocolate amargo. Os lúpulos são de bagaço de toranja, marmelada em torrada e abacaxi assado.

SABORES ÚNICOS OU COMBINADOS?

Digamos que você sinta um cheiro de marmelada com torrada em sua cerveja. Isso corresponde a sabores de laranjas cozidas agridoces, casca de laranja, açúcar e pão torrado. Aqui, devemos considerar se é melhor descrever os sabores individuais ou a combinação deles. Geralmente, isso vai de cada um: torrada com marmelada é uma boa descrição evocativa para notas de sabor, enquanto a abordagem individual será mais útil para quadros de sabores em cervejarias.

AROMAS LUPULADOS TROPICAIS E DE FRUTAS DE CAROÇO

Alguns dos aromas de lúpulos mais comuns são o de frutas tropicais e o de frutas de caroço. Sabores frutados podem ser descritos como únicos ou combinados (ver p. 61).

Sabores únicos são os ingredientes frescos, incluindo a parte específica do fruto e o nível de maturação (manga verde versus manga madura). Sabores combinados são um misto de ingredientes diferentes ou ingredientes que foram processados ou cozidos, como coquetel de marguerita ou abacaxi assado.

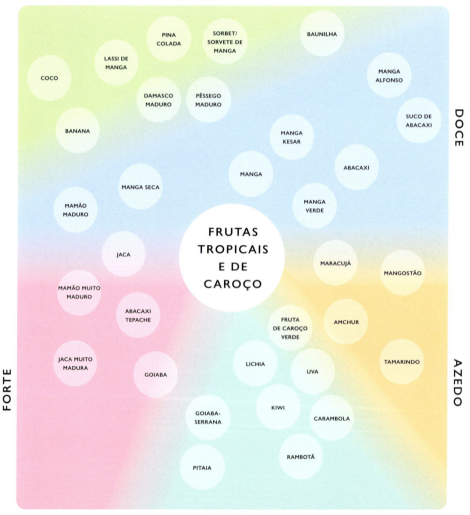

AROMAS DE LÚPULOS DE FRUTOS CÍTRICOS

Frutos cítricos são outra categoria de aromas comuns de lúpulos, variando de frescos e complexos a florais e herbais, e cozidos e combinados. Frutos cítricos, especificamente, prestam-se a descrições de sabores cozidos ou combinados, como bolo de laranja ou limão tostado. Eles também incluem aromas como gengibre, semente de coentro, bergamota e gin e tônica.

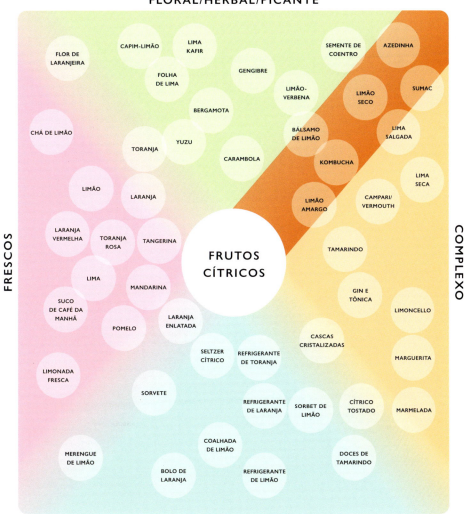

SABORES DO LÚPULO

LEVEDURA E FERMENTAÇÃO

Sem levedura, não há álcool. O álcool e muitos dos componentes subjacentes dos sabores da cerveja são criados durante a fermentação.

> **CERVEJA, PÃO, VINHO E UÍSQUE**
>
> A levedura S. cerevisiae também é usada para fermentar pão, vinho e cachaça, embora os padeiros, enólogos e destiladores usem cepas diferentes das utilizadas pelos cervejeiros.

FERMENTAÇÃO

Fermentação é o processo em que a levedura converte açúcares em álcool. O processo é complexo, portanto, este é um panorama simplificado.

A levedura de cerveja é adicionada (inserida) ao mosto doce no tanque de fermentação. Primeiro, o fermento absorve oxigênio no mosto, o que lhe permite crescer e se multiplicar. Em seguida, ele consome os açúcares, começando pelo mais básico (glicose), depois pelo restante, inclusive a maltose. Conforme a levedura metaboliza os açúcares, ela gera álcool, dióxido de carbono e vários componentes diferentes ativados pelos sabores, e ainda libera calor.

Mesmo que os cervejeiros precisem adicionar a quantidade certa de levedura para permitir a fermentação mais saudável, há muitas variáveis no processo de fermentação, como a cepa da levedura, temperaturas, gravidade original (ver p. 67) e a geometria do tanque.

LEVEDURA CERVEJEIRA

A levedura é um micro-organismo unicelular, e dentro da célula há muitas enzimas diferentes que catalisam uma variedade de reações químicas diferentes. Como organismo vivo, a levedura consome açúcares para energia e, como parte de sua metabolização, produz álcool.

Cervejeiros usam espécies e cepas diferentes de levedura para fabricar cerveja. As duas principais espécies de levedura de cerveja são a *Saccharomyces cerevisiae*, que produz ales, e a *Saccharomyces pastorianus*, que faz lagers. Além disso, cervejas mistas são fermentadas com *Brettanomyces*.

Há diferentes cepas em cada uma dessas espécies. Cada cepa funciona melhor em ambientes particulares e confere características diferentes que se adaptarão a certos estilos de cerveja. Geralmente, uma levedura terá sido cultivada e produzida para fazer um certo estilo de cerveja, como uma Hefeweizen ou uma Hazy IPA.

UMA FERMENTAÇÃO TÍPICA

Tanto para ales quanto para lagers, a temperatura sobe e depois reduz. Isso é realizado por alguns dias para descansar o diacetil, depois ela cai para 0°C para maturar e acondicionar até a cerveja estar pronta para ser embalada.

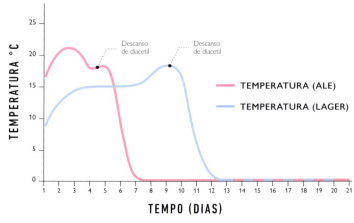

FERMENTAÇÃO ALE X FERMENTAÇÃO LAGER

Ale e lager são fermentadas com espécies diferentes de levedura, que têm excelente desempenho em condições distintas. Trocando em miúdos, a levedura ale gosta de calor, e a levedura lager, de frio, e a temperatura impacta o tempo que a fermentação leva. Cervejeiros ainda usam os termos "fermentação no topo e na base", que se referem ao local onde eles coletaram levedura do tanque mais próximo ao fim da fermentação: levedura ale coletada no topo e levedura lager depositada na base. Hoje em dia, muitas cervejarias usam tanques cônicos selados com controle de temperatura, então todas tendem a coletar a levedura da base do recipiente.

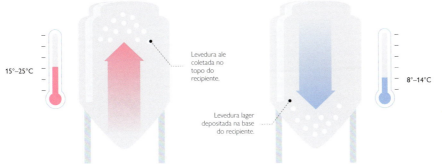

FERMENTAÇÃO ALE
Em geral, a fermentação ale ocorre a 15°–20°C. Estilos com sabor de levedura mais marcante, como Hefeweizen, Witbier, Saison e outras Belgian ales fermentam a até 25°C. A fermentação típica leva de dois a cinco dias.

FERMENTAÇÃO LAGER
A fermentação lager será na temperatura típica de 8°–14°C. Temperaturas mais frias criam um perfil mais limpo de fermentação, com menos aroma de levedura. A fermentação típica leva de sete a dez dias.

PRODUZINDO WILD E SOUR BEER

Há três tipos diferentes de sour beers: cervejas lambic (ver p. 182-183), de fermentação mista (ver p. 190-191), e "sour jovens", como Berliner Weisse e Gose (ver p. 192-193).

A fermentação mista e selvagem inclui a levedura selvagem *Brettanomyces* na fermentação primária ou na secundária, geralmente ao lado de levedura ale regular e bactérias diferentes (*Lactobacillus* e *Pediococcus*). A fermentação é consistente com uma ale regular, em que a fermentação e a maturação levam muito mais tempo para desenvolver os perfis complexos de sabores dessas cervejas. "Cervejas azedas jovens" são fermentadas e vendidas em poucas semanas, em comparação com os meses ou os anos necessários para as "cervejas azedas envelhecidas", como a Gueuze e a Wild Ale.

Todas essas cervejas são azedadas com bactérias láticas ou ácido lático. Os métodos mais comuns são o sour mash e o kettle sour. Para ambos, a cerveja base passa pela brassagem para ter corpo leve e baixo pH. Em seguida, os cervejeiros podem adicionar Lactobacillus direto ao mosto na brassagem (já frio), ou transferir o mosto para a tina de fervura e então adicionar aí os Lactobacillus. Se estiverem usando o método da kettle sour, pode-se ferver o mosto antes de adicionar as bactérias, o que pode ajudar a controlar o processo de azedamento e eliminar quaisquer bactérias indesejadas. Em todos os processos, as bactérias vão acidificar a cerveja de 12 a 48 horas, fermentando açúcares e criando ácido lático. Quando satisfeitos com o nível de acidez, os cervejeiros fervem a bebida com uma pequena quantidade de lúpulos, então a transferem para um fermentador e a fermentam com levedura comum.

Também há um atalho para esse processo para azedas mais adocicadas e a Gose tradicional, que envolve o acréscimo de ácido lático à cerveja fermentada, simplificando o processo e conferindo mais controle aos cervejeiros.

OS SABORES DA FERMENTAÇÃO

O processo da fermentação cria um amplo leque de compostos químicos geradores de sabores, incluindo ésteres, fenóis e álcoois.

ÉSTERES

Ésteres são compostos orgânicos e um subproduto natural da fermentação. São parte integrante do sabor de qualquer estilo de cerveja, fornecendo um sabor frutado subjacente e o sabor distintivo da fermentação.

Leveduras criam álcool, sobretudo etanol, mas também outros álcoois mais "altos". Quando o álcool e ácidos orgânicos da levedura se combinam, formam-se os ésteres. O ácido acético é um ácido comum, e, quando ele reage com o etanol, produz acetato de etila, que é o éster mais comum e responsável por um leve aroma frutado.

Todas as cervejas contêm um misto complexo de ésteres diferentes, com cada éster presente em volumes diferentes: alguns abaixo do limiar aromático e outros, acima. Às vezes, uma cerveja é muito distinta com um único éster, como a Hefeweizen, com seu aroma semelhante a banana do éster acetato de isoamila; outras vezes, há uma mistura frutada de aromas. Ésteres também agem em sinergia para produzir perfis de sabores totalmente novos e podem se combinar com compostos lupulados para produzir aromas inovadores.

Algumas leveduras produzem mais ésteres do que outras. Uma levedura ale clássica da Califórnia, usada para American Pale Ales, é baixa em ésteres. Muitas leveduras ale britânicas contêm em si um caráter frutado. Leveduras ale belgas possuem perfis expressivos de ésteres e, às vezes, alguns fenóis. As leveduras usadas em Hazy IPAs produzem um amplo leque de ésteres frutados, como frutas de caroço, baunilha e frutas tropicais, que muitas vezes são parte significativa do perfil aromático.

Vários fatores influenciam a produção de ésteres, inclusive a cepa específica da levedura, a temperatura de fermentação, a gravidade (doçura) do mashout e até o formato ou tipo de fermentador: fermentadores rasos e largos produzem mais ésteres, e são mais frequentes em cervejarias ale tradicionais belgas e britânicas.

ÉSTERES COMUNS

Alguns aromas comuns de ésteres são maçã vermelha, bala de maçã verde, ameixa, anis, banana, morango, frutas tropicais, pera, chiclete, baunilha, rosa, mel e mais.

ACETATO DE ISOAMILA
Banana, doces de banana

ACETATO DE FENILETILA
Rosa, floral, mel

ACETATO DE ETILA
O éster mais comum da cerveja, mas não necessariamente o de sabor mais ativo: levemente frutado, solvente

BUTIRATO DE ETILA
Frutas tropicais, abacaxi, frutas suculentas

MENSURANDO O CONTEÚDO ALCOÓLICO

Em cervejas, gravidade é uma medida de conteúdo de açúcar dissolvido em solução. Quanto maior o número, mais densa é a doçura. Cervejeiros mensuram a gravidade do mosto antes de a fermentação começar (a gravidade original) e, mais uma vez, no fim da fermentação (gravidade final). Eles podem usar esses números para calcular o conteúdo alcoólico.

A água é mensurada a 1.000. Cervejas de força média possuem gravidade original de 1.048-1.052. Sua gravidade final, ou a doçura que fica após a fermentação, é de 1.008-1.020, dependendo da doçura da cerveja: toda cerveja possui um pouco de doçura residual.

O teor alcoólico (ABV) mostra a percentagem de álcool: 5% de ABV significa que 5% do líquido é álcool. Cervejeiros da Europa central muitas vezes usam graus Plato (°P) para mensurar o conteúdo alcoólico. É uma medida de porcentagem de açúcar na água, em que a água contém 0°P e o açúcar, 100°P. Assim, uma cerveja de 10°P é 10% açúcar e 90% água — essa é uma medida da gravidade original; a gravidade final pode ser de 2°P.

FENÓIS

Certas cepas de levedura produzem fenóis naturalmente, que têm cheiro e sabor de cravo, remédios, estuque ou uísque defumado. Em alguns estilos, como Witbier e Wild Ales, eles podem ser partes importantes do perfil aromático. Os principais fenóis são o 4-vinil-guaiacol (cravo), frequentemente na Witbier, o 4-etilfenol (medicinal, de celeiros) e o 4-etilguaiacol (fumaça e cravo), ambos em cervejas Wild e *Brett*.

ÁLCOOL, ALDEÍDOS, CETONAS E DIÓXIDO DE ENXOFRE

Álcoois têm seus próprios sabores, muitas vezes um toque frutado e ocasionalmente uma qualidade vínica, mas, em altos volumes, podem ser ácidos e cheirar a acetona ou, simplesmente, álcool puro: quanto mais forte a cerveja, mais comum é encontrar álcoois mais elevados. Aldeídos, sobretudo acetaldeídos, são produzidos nas primeiras etapas de fermentação. Seu aroma lembra o de torta de maçã verde, muitas vezes considerado um defeito se presente em altos volumes. Cetonas, sobretudo diacetílicos, podem ter um sabor de manteiga ou de caramelo. Aldeídos e cetonas são fornecidos pela levedura e reabsorvidos, e quebrados posteriormente por ela se houver tempo. O dióxido de enxofre está em todas as cervejas, mas é mais proeminente em lagers.

HEXANOATO DE ETILA
Maçã vermelha, anis

CAPRILATO DE ETILA
Maçã verde

LÚPULO OU LEVEDURA?

Em geral, ésteres possuem um sabor frutado, mas os lúpulos também. A melhor maneira de identificar um éster é pensar que ele tem um sabor de bala ou frutas artificiais ou lembram solvente (pense em canetas marca-textos). O acetato de isoamila cheira a doce de banana, mas não exatamente a uma banana fresca e madura. Muitas vezes identificamos pastilhas de pera ou chiclete nos aromas de ésteres: sabores de bala. Em altas quantidades, podem ser intragáveis, enquanto o caráter frutado dos lúpulos, que se apresentam como um toque frutado mais natural, pode continuar delicioso em volumes muito elevados.

MATURAÇÃO E FINALIZAÇÃO DA CERVEJA

Toda cerveja passa por um período de maturação para desenvolver seu sabor e qualidades finais antes de ser embalada.

MATURAÇÃO E ACONDICIONAMENTO

Quando a fermentação acaba, a cerveja é resfriada a cerca de 0°C. Ela pode ficar assim por alguns dias ou mesmo meses, dependendo da variedade. Isso ajuda a destacar os sabores, permite que qualquer levedura residual seja liberada e que a bebida desenvolva sua carbonatação.

Cervejas mistas e envelhecidas em barris funcionam um pouco diferente, e em geral são armazenadas a temperaturas ambientes por meses, ou até anos, enquanto o sabor evolui. Mais dessas cervejas passarão pelos próprios processos de "finalização", como barris de mistura e finalização da carbonatação.

CERVEJAS BRILHANTES OU TURVAS

Antes de uma cerveja ser embalada, cervejeiros precisam decidir se ela será brilhante ou turva. Há várias maneiras para remover a turbidez.

A filtração remove a levedura e outras partículas, deixando a cerveja clara. Ao remover a levedura, a cerveja se torna mais refrescante, mas também tende a levar consigo um pouco do sabor e da textura. Cervejas filtradas não necessariamente são ruins, e algumas ficam muito melhor assim. Com os filtros, passa-se a cerveja por uma bandeja ou chapa fina filtradora, que apanha os sólidos e deixa o líquido claro atravessar.

CERVEJA FRIA É CERVEJA CARBONATADA

Quanto mais fria uma cerveja, mais ela absorverá e reterá sua carbonatação. Conforme uma cerveja esquenta, mais CO_2 escapa da bebida, que fica choca.

Uma centrífuga gira depressa a cerveja, deixando suspensas partículas mais densas de levedura. Pode ser uma maneira mais tranquila para criar uma cerveja clara, ao mesmo tempo retendo mais características. Centrífugas também podem garantir um nível de turvação consistente em cervejas intencionalmente espessa.

Auxiliares de processamento, como clarificadores, podem ser adicionados à cerveja no tanque. Essencialmente, eles funcionam apanhando a matéria sólida e empurrando-a até a base do recipiente, deixando uma cerveja clara. Há tipos diferentes de clarificadores, inclusive derivados de animais, como ictiocola (peixes) e gelatina (vaca ou porco), além de outras, veganas.

CARBONATAÇÃO

Toda cerveja produz bolhas. Às vezes, o nível de carbonatação é baixo, como em ales britânicas de barris, enquanto outras possuem uma carbonatação muito alta, como a Belgian Tripel. O dióxido de carbono (CO_2) é a bolha principal da cerveja, embora o nitrogênio também seja usado. Há várias maneiras de fazer uma cerveja borbulhar.

Cervejeiros medem e ajustam o nível final de carbonatação.

CARBONATADA NATURALMENTE EM TANQUE

Quando a cerveja é resfriada para acondicionamento e maturação, ainda há levedura ativa no tanque e ela ainda está produzindo CO_2. Se o tanque estiver selado e sob pressão, as bolhas serão absorvidas na cerveja e criarão a carbonatação.

CARBONATAÇÃO FORÇADA

Em vez de deixar o CO_2 carbonatar naturalmente a cerveja, cervejeiros podem forçá-lo cerveja adentro quando ela está no tanque ou no fim do acondicionamento ou após a filtração e antes do envase.

PASTEURIZAÇÃO

A pasteurização destrói qualquer bactéria existente em uma cerveja. Ela é usada sobretudo por cervejarias grandes ou cervejeiros de climas quentes para garantir estabilidade e consistência de sabor. Funciona aquecendo-se a cerveja, geralmente no ato ou depois do envase, o que mata as bactérias e interrompe mais atividades de leveduras. Em geral, ela é feita entre 60° e 72°C. Algumas cervejas muito boas são pasteurizadas, portanto, isso não é necessariamente ruim, embora o processo mascare os sabores e não seja comum em cervejarias pequenas.

60°–72°C

O QUE É A TURVAÇÃO NA CERVEJA?

Diferentes tipos de turvação ocorrem na cerveja. A turvação permanente (ou "coloidal"), encontrada em Hazy IPAs e cervejas de trigo, provém do uso de grãos altamente proteicos, como trigo e aveia, e de polifenóis em lúpulos (especialmente se a cerveja é altamente dry hopped). A turvação vem da levedura residual em uma cerveja, que, se for deixada parada por tempo suficiente, a levedura cairá em suspensão. Algumas turvações são conhecidas como "turvações frias", que ocorrem quando uma cerveja esfria muito e as proteínas dos grãos grudam nos polifenóis dos lúpulos. À medida que a cerveja esquenta, essa turvação desaparece.

NÍVEIS DE CARBONATAÇÃO NA CERVEJA

A carbonatação de uma cerveja é medida por cervejeiros em volumes de CO_2, e é uma medida específica. Se um pint de cerveja tem dois volumes de CO_2, isso significa que há dois pints de CO_2 no pint da cerveja. Estilos diferentes têm volumes esperados diferentes, e conhecer o nível específico na cerveja servida é importante para pubs e bares garantirem que estão servindo a bebida adequadamente.

ESTILO	VOLUMES DE CO_2
Lambic	0,5–1,5
Ale de barril	1–1,5
Imperial Stout	1,5–2,3
Kellerbier	1,7–2,2
American IPA	2–2,5
Hazy IPA	1,8–2,3
Maioria das ales	1,5–2,5
Maioria das lagers	2,2–2,7
Hefeweizen	3,5–4,5
Dubbel/Tripel/Quad	3–4
Gueuze	3–4,5
Refrigerante	3–4
Champanhe	4–6

VOLUMES ESPERADOS
Algumas cervejas, como a Lambic, contêm pouca carbonatação, enquanto outras, como a Gueuze, contêm tanto quanto a champanhe.

MATURAÇÃO E FINALIZAÇÃO DA CERVEJA

ENVASE
Cervejas não carbonatadas e não filtradas são colocadas em garrafas, e, conforme a levedura consome alguma doçura residual, ela produz CO_2, que é absorvido na bebida. Pode levar algumas semanas ou meses até a cerveja estar adequadamente carbonatada.

ACONDICIONAMENTO EM BARRIL
Muito semelhante ao acondicionamento em garrafas, cervejas chocas são colocadas em barris selados, para que passem por uma segunda fermentação e produzam um nível baixo de carbonatação, o que muitas vezes é confundido com "cerveja choca".

CERVEJAS COM NITROGÊNIO
O gás nitrogênio é dissolvido na cerveja em tanque até o nível desejado. Também há CO_2, em um nível mais baixo. Bolhas de nitrogênio são menores que as de CO_2, e elas parecem formar uma cascata no topo do copo quando a cerveja é servida (ver p. 83).

ENVELHECIMENTO EM BARRIL E OUTROS INGREDIENTES

Além dos principais processos e ingredientes usados para fermentar cerveja, muitas cervejas hoje em dia são envelhecidas em barris, e outras contêm uma ampla variedade de ingredientes adicionais.

QUAL MADEIRA?

Ainda que barris que anteriormente continham uísque e vinho sejam os mais comuns nas cervejarias, madeiras que também envelheceram toda sorte de bebidas diferentes, como rum, xerez, conhaque, tequila, gin ou aguardentes regionais, como a cachaça no Brasil, são igualmente usadas.

UMA HISTÓRIA DA CERVEJA E DA MADEIRA

Durante ao menos 2 mil anos, a cerveja esteve em contato com a madeira em cada etapa de produção. Centenas de anos atrás, em uma cervejaria típica ela era fermentada em recipientes de madeira abertos no topo, depois, armazenada em grandes barris antes de ser colocada em barris menores para transporte e serviço. O carvalho era o mais comum, e durante quase todo esse período o sabor derivado do barril era considerado um atributo negativo.

A partir do século XIX, a madeira começou a ser substituída por materiais diferentes (tanques de vidro e esmaltados, concreto, aço, alumínio), antes que o aço inoxidável se tornasse o padrão da indústria a partir dos anos 1960.

BARRIS PARA SABOR

O primeiro uso dos barris para conferir novas características à cerveja é muitas vezes atribuído à Goose Island Beer Company, nos EUA, e sua Bourbon County Stout. Fermentada em 1992, a intenção era que ela fosse uma Stout forte envelhecida em barris de bourbon, assumindo características e sabores da madeira e do uísque que havia amadurecido anteriormente no barril.

Nos anos 2000, o envelhecimento em barris de bourbon passou a ser cada vez mais comum para cervejas fortes, enquanto cervejarias escocesas começaram a usar barris de uísque locais. A intenção é que cervejas de barris bourbon e de uísque escocês sejam "limpas", e não azedas. Os principais sabores dos tonéis de uísque são baunilha, coco, caramelo, madeira, carvão, especiarias doces, fumaça e sal (no uísque escocês), um calor alcoólico e taninos de carvalho.

Barris de vinho se tornaram comuns em regiões vinícolas, especialmente a Califórnia, onde cervejeiros os usavam para tornar azedas, intencionalmente, as suas cervejas e extrair um caráter semelhante ao vinho dos barris, ao mesmo tempo utilizando bactérias e microfloras presentes.

A CIÊNCIA DO ENVELHECIMENTO EM BARRIL

Os barris são ligeiramente porosos, para poderem "respirar". Conforme a temperatura ambiente aumenta, os barris se expandem e a cerveja é absorvida nos talhos da madeira. À medida que a madeira esfria e se contrai, a cerveja é contraída de novo, levando consigo sabores e taninos. Cada barril envelhece de um modo diferente e assume diferentes qualidades, portanto, muitas vezes os barris são misturados para criar a melhor cerveja finalizada. Cervejas podem passar de dois meses a dois anos em barris.

SABORES ENVELHECIDOS EM BARRIS

Do álcool (vinho, uísque)
Carvalho/amadeirado
Tanino (secura)
Anisado/cravo
Frutado (limão/frutas vermelhas/ frutas de caroço)
Coco/coco assado
Baunilha/vanilina
Caramelo/toffee
Fumaça (madeira ou turfa)
Umami/molho de soja (autólise positiva)

OUTROS INGREDIENTES DA CERVEJA

Além de água, grãos, lúpulo e levedura, a cerveja pode ser fermentada com praticamente qualquer outro ingrediente. Às vezes, esses ingredientes conferem um sabor sutil e complementar, como toranja em uma IPA; outras, são de um sabor dominante, especialmente em Fruit Sours modernas e em Pastry Stouts.

FRUTAS E VEGETAIS

As frutas mais comumente usadas são cerejas e framboesas, adicionadas em Lambic, e hoje em dia outras frutas vermelhas também são populares. Toranja e outras frutas cítricas são muitas vezes usadas em IPAs; frutas tropicais, como manga, goiaba e maracujá são comuns em cervejas azedas mais adocicadas; uvas podem dar sabor ou seu suco pode entrar como cofermentador em certas cervejas; melancia e pepino conferem um ligeiro frescor a cervejas com baixo teor de álcool. Frutas podem ser adicionadas de várias formas, inclusive frescas, como purê, secas, em cascas, sucos ou xaropes. Cervejeiros podem adicioná-las do lado quente da fermentação ou infundi-las durante ou após esse processo.

Cerveja de abóbora é uma das principais produções sazonais, especialmente na América do Norte. A abóbora pode ser adicionada na brassagem ou na fervura como purê ou pedaços cozidos. É frequentemente usada ao lado de especiarias como canela e noz-moscada.

ERVAS E ESPECIARIAS

Sementes de coentro são uma especiaria clássica em Witbier e Gose. Outras especiarias frequentemente usadas são: pimenta-do-reino, pimenta-da-guiné, canela, cardamomo, noz-moscada e gengibre. Em geral, elas são adicionadas na íntegra na tina de brassagem ou no whirlpool, ou salpicadas como chá durante o acondicionamento. Pimentas-malagueta são comuns, variando em ardência, de um frutado leve e picante até uma profunda queimação dos lábios. Sementes de baunilha ou cumarus são acréscimos populares em um leque de estilos, acrescentando uma cremosidade exuberante. Ervas frescas e flores, como zimbro, alecrim, folhas de louro, hibisco, flor de sabugueiro e chás podem ser usados como lúpulos para infundir sabor.

CHOCOLATE E CAFÉ

O café pode ser adicionado em qualquer etapa, como grãos ou espresso. O melhor sabor de café muitas vezes provém da adição de muito espresso fresco e resfriado. O chocolate pode ser adicionado como cacau ou chocolate em pó, pedaços, extrato, essência ou em barra. Às vezes, é acrescentado como sabor adicional após a fermentação ou pode fazer parte da brassagem ou da fervura.

NOZES

O coco é muito comum em cerveja, muitas vezes seco e torrado. Nozes como amendoim (e pasta de amendoim), avelã, pecã e amêndoa também são usadas. A gordura pode reduzir a espuma de uma cerveja, portanto, às vezes nozes são utilizadas em pó ou extrato.

AÇÚCARES

A lactose (açúcar do leite) é geralmente adicionada perto do fim da brassagem ou da fervura, e confere uma qualidade suave, doce e cremosa. Açúcar mascavo, açúcar refinado, açúcar-cândi, melaços, xarope de bordo e mel conferem açúcares fermentados e sabor. Às vezes, bolos e doces são adicionados para conferir sabor e açúcar.

CERVEJA FRESCA X ENVELHECIDA

A maioria das cervejas é feita para ser bebida poucos meses depois de envasada, especialmente as de estilo lupulado, mas algumas podem melhorar como vinho se deixadas para maturar.

POR QUE AS FRESCAS (GERALMENTE) SÃO MELHORES

Muitos sabores de cervejas são delicados e voláteis, portanto, eles mudam com o tempo. Quando uma cerveja é envasada e vendida, geralmente está pronta para beber logo antes de essas mudanças acontecerem. Isso vale sobretudo para cervejas com altos aromas de lúpulo, que podem diminuir dentro de poucas semanas.

Toda cerveja tem uma janela de frescor, que varia de acordo com o estilo e a maneira como é servida — a maioria das ales de barril britânicas, por exemplos, tem que ser consumida mais jovem que uma garrafa de Belgian Quadrupel. A maioria das cervejas continuará fresca por um mês ou dois antes de ser envasada, após o que elas talvez comecem a sofrer mudanças negativas.

Há certas cervejas que podem ser deixadas meses ou anos, e, inclusive, ficar melhores com a idade. Pouquíssimas cervejas melhoram genuinamente além de um a três anos, embora haja algumas exceções (ver à direita).

COMO ARMAZENAR CERVEJA

Os inimigos da cerveja são oxigênio, calor e luz. O oxigênio pode deixá-la rançosa, o calor pode acelerar o processo de envelhecimento e a luz pode mudar o sabor (sobre cervejas lightstruck, ver p. 80). Com sorte, a cervejaria tomou precauções para manter o oxigênio fora, mas os consumidores podem controlar a luz e o calor.

A temperatura pode causar grande impacto sobre o frescor. A temperatura ideal para armazenar cerveja é fria, de 10°C–12°C. Nem todo mundo pode se dar ao luxo de ter uma adega para armazenar cerveja, portanto, um lugar escuro e frio, com temperaturas constantes, como a geladeira ou o fundo de um armário na parte mais fria da casa, são boas opções. Cervejas armazenadas acima da temperatura ambiente (20°C) durante três semanas podem ter um sabor de seis meses de idade, enquanto uma cerveja guardada na geladeira pelo mesmo período pode ter o sabor de uma que recém saiu da cervejaria.

RETA E EM PÉ
Diferente do vinho, a cerveja deve ser armazenada em pé. É possível deitar as com rolhas, mas, antes de abrir, deixe-as em pé por um dia ou dois para que a levedura decante no fundo da garrafa.

BELGIAN QUADRUPEL
Belgian Quadrupels em geral são acondicionadas em garrafas, portanto, são boas opções para envelhecimento, mas depois de um ano ou dois elas geralmente ficam chocas.

IMPERIAL STOUT
Imperial Stouts podem ser "quentes" quando liberadas (de álcool intenso, e não muito bem equilibradas), portanto, alguns meses ou um pouco mais devem funcionar. Versões envelhecidas em barris são melhor consumidas mais cedo. As melhores para envelhecer foram fermentadas e envasadas para maturação, e ficam acondicionadas em garrafas.

BARLEY WINE E VINTAGE ALE
São ricas em álcool, malte e lúpulo, e essas características podem se misturar e maturar bem para se desenvolver em cervejas similares às suas versões frescas mas que, ao mesmo tempo, tenham sabores novos e distintos.

GUEUZE
Alguns consumidores adoram que este estilo dure muitos anos, enquanto outros preferem bebê-la logo após ser lançada — lembre-se de que esta cerveja já passou anos maturando na cervejaria. Ela é acondicionada em garrafas, portanto, pode se desenvolver dentro delas.

AS MELHORES CERVEJAS PARA ENVELHECER

As melhores cervejas para envelhecer são fortes (ABV de 7% ou mais), escuras — embora algumas cervejas pale também envelheçam bem — e acondicionadas em garrafas.

CERVEJA FRESCA X ENVELHECIDA

Sabores bons:
Sabor de malte mais interessante, mais complexidade de grãos e leveduras, mais notas de figo ou damasco, menor amargor e picância, maior expressão de sabor e profundidade com caráter de levedura mais interessante e textura mais suave em geral.

1–3 ANOS

Sabores ruins:
Menos corpo, baixa carbonatação, caráter de xerez excessivo, aspecto enlameado, em vez de um perfil vibrante de sabores.

Sabores bons:
Maltes mais ricos no meio, um equilíbrio mais adoçicado com menos torra e mais chocolate, álcool integrado e desenvolvimento de novos sabores de levedura.

1–5 ANOS

Sabores ruins:
Autólise intensa/molho de soja, doce demais e sem equilíbrio, menos corpo e sabores de xerez.

Sabores bons:
Maltes amplificados, frutos secos saborosos (figo, damasco, porto) e notas de xerez desenvolvidas, aumento da complexidade, amargor se mesclando e aroma de lúpulo integrando mais sabor à cerveja.

1–10 ANOS

Sabores ruins:
A carbonatação diminui, há notas oxidadas e o molho de soja autolítico aumenta, além de ela perder expressividade de sabor e ficar menos encorpada.

Sabores bons:
Mantém a acidez e a clareza de sabor, alguns maltes adoçicados acrescentam fartura, mais complexidade cresce dentro da cerveja, e mais aromas frutados, com as leveduras de cheiro forte diminuindo.

1–15+ ANOS

Sabores ruins:
Ausência de carbonatação e sabor excessivo de xerez doce, em vez de acidez mais brilhante.

PRAZOS DE VALIDADE

A maioria das cervejarias artesanais põem prazos de validade de 6 a 12 meses. Na realidade, a maioria das cervejas deve ser bebida em três meses. Datas de envase podem ser mais úteis, já que se sabe com exatidão qual a idade da cerveja.

ALGUMAS LATAS OU GARRAFAS PODEM CONTER UM AVISO DIZENDO: "CONSERVE EM GELADEIRA! LÚPULOS ENFRAQUECEM RÁPIDO!" É UM BOM CONSELHO: A TEMPERATURA FRIA AJUDA A PRESERVAR O SABOR DO LÚPULO POR MAIS TEMPO.

O SABOR DA CERVEJA ENVELHECIDA

Qual é o sabor de uma ótima cerveja envelhecida? Em geral, deve haver alguns sabores de oxidação positiva, como xerez ou frutos secos, que estão em equilíbrio geral com a cerveja, que adicionam complexidade e não deixam parecer que está faltando algum sabor.

- Sabores lupulados tendem a se tornar mais integrados, com muita perda ou mudança de aromas, enquanto o amargor reduz. A presença do lúpulo pode ser mais como marmelada, cítricos oleosos, amadeirados ou resinosos.

- Cervejas claras podem desenvolver mais sabores de nozes, brioches ou mel, com mais sabor de levedura remanescente.
- Um sabor de malte mais rico e suave se desenvolve, enquanto a torra fica mais achocolatada, caramelizada, ou com mais sabores de nozes ou de vinho.
- O sabor do álcool pode ser ácido e notável em cervejas jovens e fortes. Com a idade, no entanto, o sabor do álcool fica mais fraco e integrado, adicionando mais complexidade e certa doçura percebida.

- Uma levedura expressiva, como a das British Barley Wine ou de uma Belgian Ale forte, muitas vezes vai perder um pouco de sua característica frutada ou picante fresca, mas vai desenvolver mais complexidade com notas de baunilha, chá e vinho.
- A acidez pode durar muito tempo, mas, após vários anos, ela pode reduzir, enquanto notas de xerez podem aumentar, e a acidez se torna mais vínica.
- Cervejas envelhecidas em barris podem se tornar mais integradas em geral, mas cuidado com a autólise, que tem sabor de molho de soja.

PROVANDO CERVEJAS VELHAS QUE *NÃO DEVEM* TER GOSTO DE VELHAS

É bom provar cervejas velhas para entender do que se trata de fato, portanto, olhe no fundo do armário ou procure cervejas vencidas nas prateleiras dos supermercados. Quando souber o que analisar, perceberá que, o sabor é distintivo.

- **Cervejas velhas lupuladas** têm gosto de goma de caramelo, uva-passa, frutas vermelhas e frutos cítricos, além de terem perdido seu aroma fresco lupulado e conferirem uma qualidade de secura ao paladar.
- **Lagers velhas** têm sabor de mel ou xerez, além de uma qualidade seca, semelhante a lamber papel ou papelão.
- **Dark ales velhas** tendem a ficar mais doces, mas também mais finas, como se um pouco do gosto tivesse sumido, com sabores de uva-passa ou xerez se desenvolvendo e sabores torrados diminuindo.
- **Cervejas claras** podem mudar de cor e escurecer quando oxidam, semelhante a uma maçã ou banana comidas pela metade e que vão ficando marrom.

O QUE REALMENTE ACONTECE COM A CERVEJA QUE ENVELHECE?

O oxigênio vai mudando a cerveja aos poucos, e os componentes se quebram e se transformam em novos. São produzidos alguns bons sabores e outros não tão bons assim. A levedura pode sintetizar os novos compostos aromáticos, mas com o tempo ela também pode conferir características negativas, como um sabor de molho de soja autolisado.

MINHA CERVEJA ESTÁ MUITO VELHA?

Sinais de que uma cerveja passou da data de validade incluem um sabor forte de xerez ou uva-passa, uma sensação de secura na boca, uma característica em que parece que está faltando um pouco do sabor, um sabor marcante de molho de soja e falta de acondicionamento e de carbonatação.

E SE MINHA CERVEJA VELHA TIVER GOSTO RUIM?

Que azar! Não tem como saber se uma cerveja — mesmo que ela seja famosa por envelhecer bem — terá um gosto bom após alguns anos na garrafa, e ela não vai envelhecer de nenhum modo previsível. O risco de envelhecer uma cerveja de forma deliberada é saber que, às vezes, o gosto não será bom. Mas sempre se pode usá-la em um bolo ou num guisado.

CERVEJAS VELHAS PODEM ME DEIXAR DOENTE?

Não, não há nada na cerveja que fará algum mal a você, exceto o álcool ou o resultado de um erro extremamente raro na fermentação. Uma lager que esteja alguns anos no fundo do armário pode não ter um sabor ótimo, mas é segura de beber, além de uma boa maneira de saber qual é o gosto verdadeiro de uma cerveja velha.

A MUDANÇA DE TEMPERATURA IMPORTA?

Se você compra uma cerveja do refrigerador da loja e ela esquenta a caminho de casa antes de você a colocar novamente para gelar, provavelmente isso não vai afetar o sabor, a não ser que a bebida esquente muito. Flutuações constantes de temperaturas altas para baixas podem causar certo impacto.

MINHA CERVEJA JORROU POR TODOS OS LADOS E ESTÁ AZEDA!

Era para ela ser azeda? Se não, a bebida pegou uma infecção bacteriana em algum lugar e, provavelmente, está intragável. Se ela deve ser azeda, mas ainda assim jorrou, a cervejaria não a embalou da maneira adequada. De qualquer modo, você poderia enviar uma mensagem privada e educada à cervejaria para avisar.

DEFEITOS EM CERVEJAS

Nem toda cerveja tem ótimo sabor. Aqui, não estamos falando de estilos que você talvez não goste, mas apresentamos compostos químicos específicos que nem sempre são considerados bons.

TEM ALGUMA COISA MEIO ESTRANHA

Por mais que desejemos aclamar a cerveja como uma bebida maravilhosa e deliciosa, a verdade é que uma quantidade considerável de cervejas apresenta o que chamamos de defeitos (ver p. 78-81). Às vezes, são apenas falhas pequenas ou em níveis tão baixos que só um detetive poderia detectá-las, mas há vezes em que eles (os defeitos) podem ser desagradáveis e tornar uma cerveja intragável. Na maioria das vezes, no entanto, não percebemos que há algo estranho; apenas sentimos que a cerveja não é lá tão boa, sem saber por quê. Se você bebe uma cerveja que acredita estar meio estranha e sem equilíbrio, mas não tem certeza do porquê, provavelmente a falha é da bebida.

Aqui, há algumas coisas a considerar. Alguns sabores são negativos em certos estilos, mas positivos em outros (ver abaixo). Muitos desses compostos químicos existem na maioria das cervejas em níveis baixos, e só se tornam negativos quando acima de um certo limiar de sabor. Podemos ter o "olfato cego" para alguns desses componentes, sendo incapazes de cheirá-los a não ser que estejam presentes em grandes volumes. E certas pessoas podem ser extrassensíveis a certos aromas, sobretudo diacetilas e cravo/fenóis.

O QUE FAZER COM CERVEJAS RUINS?

Se você não se importa com sabores falhos em uma cerveja, vá em frente e beba-a. Se se importa, talvez você queira deixá-la de lado e abrir outra coisa. Sempre é possível enviar mensagens privadas e educadas à cervejaria para avisar o pessoal, ou devolver a cerveja se você estiver em um pub ou num bar. É melhor devolver uma cerveja apenas se houver certeza de defeito associado ao local, como azedume não intencional, o que poderia ser um sinal de que os tubos estão sujos ou de que a cerveja ficou guardada por tempo demais.

Cervejas que azedaram, oxidaram ou tenham sabores incomuns não são nocivas à saúde — a não ser que a cervejaria tenha cometido um erro crasso —, apenas não são tão deliciosas como deveriam ser.

SABORES NEGATIVOS E POSITIVOS

A maioria dos sabores de cervejas têm um nível de propriedade, dependendo do tipo da cerveja. Um sabor pode ser positivo em um estilo e negativo em outro.

FENÓIS
Fenóis de levedura são ótimos em uma Witbier, mas deixariam um gosto ácido em contraste com os lúpulos em uma IPA.

OXIDAÇÃO
A oxidação pode adicionar complexidade em uma Barley Wine, mas tirar o sabor do lúpulo em uma Pale Ale.

ACETATO DE ISOAMILA
Um aroma semelhante ao da banana é ótimo em uma Hefeweizen, mas tiraria o equilíbrio do amargor nítido de uma Pilsner.

TREINE O PALADAR

É possível aprender a detectar sabores específicos em cervejas, e, quanto mais praticamos, mais ficamos craques em identificá-los.

TREINAMENTO PARA DETECTAR DEFEITOS

A melhor maneira de aprender sobre defeitos é participar de treinamentos para detectar defeitos — pode ser caro, mas vale a pena. Você será apresentado a várias amostras de cerveja enriquecidas com diferentes compostos químicos, e aprenderá com exatidão qual o sabor desses compostos, facilitando demais detectá-los na sua cerveja. É somente quando experienciamos defeitos que podemos treinar para reconhecer esses compostos exatos.

Você pode replicar a experiência em casa provando cervejas conhecidas por terem compostos de sabores específicos: tente, por exemplo, uma Hefeweizen alemã para acetato de isoamila, uma Witbier belga para fenóis, uma Pilsner tcheca (como a Pilsner Urquell) com características amanteigadas eventuais, uma lager em garrafa verde atingida pela luz (ver p. 80); cervejas fora do prazo de validade poderão estar oxidadas.

TREINAMENTO PARA SABORES BONS

Treinar para detectar sabores negativos específicos é útil, mas cervejas contêm muito mais aromas e componentes de sabores positivos, e ser capaz de identificá-los é uma experiência muito gratificante — também é um desafio surpreendente fazer um teste cego com aromas comuns de comida. A melhor maneira de se tornar um detetive de sabores é, simplesmente, ter mais curiosidade em relação a alimentos: cheire tudo adequadamente; sempre que usar uma especiaria ao cozinhar, cheire-a; sempre que comer uma fruta, cheire a casca e a polpa, e prove ambas; compre frutas que você nunca provou antes.

Outra ideia é usar uma venda e fazer alguém colocar pedaços de frutas em copos diferentes, e então ver se você consegue identificá-las pelo cheiro: é um desafio e tanto. Ao cheirar e provar mais alimentos e pensar de forma consciente neles, podemos nos tornar degustadores de cerveja muito melhores.

DEFEITOS COMUNS

Pode haver vários motivos para uma cerveja ter gosto estranho ou desequilibrado. Estes são alguns dos defeitos mais comuns em cervejas.

DEFEITO	DIACETIL	ACETALDEÍDO
TEM CHEIRO/ SABOR DE	**Manteiga, doce amanteigado, margarina, pipoca amanteigada.** Pode ter sensação escorregadia e gordurosa na boca. Em níveis baixos, é aceitável em algumas ales inglesas e lagers tchecas, mas não em Pale Ales e IPAs, em que afetará negativamente o equilíbrio geral.	**Doces de maçã, aroma químico de maçã, sidra, abóbora, emulsão/tinta látex.** Pode ser aceitável em níveis baixos e acrescentar um toque frutado, mas logo passa de frutado a desagradável se presente em volumes altos.
POR QUÊ?	O diacetil é produzida pelas leveduras durante a fermentação, mas a levedura logo irá reabsorver se tiver as condições certas e tempo suficiente. Ela pode estar presente se o cervejeiro apressou o feitio da bebida ou não executou um "descanso diacetílico" (aumentando ligeiramente a temperatura da cerveja rumo ao fim da fermentação, o que reativa a levedura e a incentiva a absorver o diacetil). Também pode ser um subproduto da fermentação lática ou sinal de canos sujos.	O acetaldeído é um subproduto natural da fermentação e um composto criado quando os açúcares do malte se convertem em álcool (também é o composto metabolizado pelos nossos corpos a partir do álcool enquanto ele é processado dentro de nós, e muitas vezes pensa-se que é o culpado pelas ressacas). É um sinal de que a cerveja está muito fresca ou imatura, ou que se deu destaque à levedura na produção. É mais comum encontrar isto em ales inglesas em barril, e você pode achá-lo junto da diacetila.

DEFEITOS EM CERVEJAS

DIMETILSULFETO (DMS)	DIÓXIDO DE ENXOFRE	CERVEJA OXIDADA OU VELHA
Pipoca doce, creme de milho, flocos de milho, repolho cozido, geleia de morango ou tomates cozidos. Pode acrescentar uma complexidade agradável em volumes baixos, mas pode ser desagradável em altas quantias. Em geral, só é encontrado em lagers ou Pale Ales muito sui generis.	**Ovos, fósforo riscado, borracha queimada, vegetais cozidos, jato de gambá**. O dióxido de enxofre pode conferir notas minerais e até frescas em algumas lagers e ales, que nem sempre é um ponto negativo. Todos os elementos sulfurosos tendem a ser voláteis, portanto, se estiverem presentes, evaporam depressa.	**Xerez, mel antigo, frutos secos, caramelos não doces,** uma qualidade de secura, como lamber **papel** ou **papelão**. Muitas vezes vem com uma sensação menos encorpada na boca e de que está faltando algum sabor na cerveja.
O DMS provém de um composto encontrado no malte. Quando o malte é seco, tipicamente o composto não está presente, portanto, ele é encontrado com maior frequência em maltes de pale lager. Ele é retirado durante o processo de brassagem, depois, fervido na caldeira. Se estiver na cerveja, pode ser um sinal de que a fervura não foi potente ou duradoura o bastante.	O sulfeto de hidrogênio que lembra ovo geralmente é produzido ou durante a fermentação ou em cervejas fermentadas com alto conteúdo de minerais na água, em especial sulfato de cálcio. É associado às águas duras de Burton on Trent, conferindo um caráter sulfuroso conhecido como o "Burton snatch", mas não é encontrado com muita frequência. O dióxido sulfúrico lembra fósforo riscado, e você encontrará essa qualidade sulfatada em leveduras lager. Pode ter um aroma fresco, até doce, em pequenas quantidades.	Cervejas oxidadas são rançosas e, muitas vezes, velhas. O oxigênio cria novos compostos de sabores e muda o equilíbrio, frequentemente passando a impressão de que a cerveja perdeu sua complexidade, profundidade ou frescor. Cervejas lupuladas velhas podem ficar mais caramelizadas, com um caráter lupulado muito reduzido, muitas vezes desenvolvendo notas de cassis ou de frutas cítricas velhas no lugar das de lúpulo fresco. Uma pequena quantidade de oxidação pode adicionar caráter e complexidade em algumas cervejas envelhecidas (ver p. 74).

O QUE É CERVEJA?

DEFEITO	CERVEJA AZEDA NÃO INTENCIONAL	CERVEJA LIGHSTRUCK OU "COM CHEIRO DE GAMBÁ"
TEM CHEIRO/ SABOR DE	**Leite azedo** ou **iogurte** (semelhante ao de leite de cabra ou "transpirado"), **cítrico, limão, sidra, vinagre** (de malte ou balsâmico). Esse sabor azedo pode vir com ésteres extras inesperados ou outros componentes aromáticos.	Já abriu uma garrafa de lager ou bebeu um pint ao ar livre num dia ensolarado e sentiu um cheiro de **vegetais podres, alho, cannabis** ou, mesmo, de **jato de gambá**? Era uma cerveja lighstruck, também popularmente conhecida como "cerveja com cheiro de gambá".
POR QUÊ?	Um sabor azedo pode significar que a cerveja sofreu contaminação bacteriana, muitas vezes das mesmas bactérias que conferiram acidez a cervejas intencionalmente azedas. À medida que a cerveja envelhece, o azedo se torna mais proeminente. Isso também pode ter sido causado por canos sujos em um pub ou bar, e aqui a solução é o local limpar os canos adequadamente antes de servir mais cerveja através deles.	Raios ultravioleta (UV) quebram algumas moléculas de lúpulo, criando uma reação sulfurosa e produzindo produtos químicos que são o mesmo que um jato de gambá (3-metil-2-buteno-1-tiol, ou MBT). Uma cerveja nunca deveria ter cheiro de lighstruck, mas muitos consumidores se acostumaram com isso como parte do sabor de lagers engarrafadas. Garrafas marrons podem bloquear melhor os raios UV do que recipientes transparentes ou verdes. A cerveja pode ficar lightstruck muito depressa, portanto, deixe seu pint na sombra se estiver bebendo ao ar livre.

FENÓIS	ÉSTERES	E O RESTANTE...
Cravo, pimenta, cardamomo preto, fumaça, remédios, estuque, baunilha, uísque defumado, até **aromas semelhantes a animais** muitas vezes descritos como "cobertor de cavalo".	Sabores frutados, como um toque frutado químico, artificial ou adocicado: **banana, pera, pastilha de pera, maçã, anis, mel, rosa, morango, ameixa, abacaxi, baunilha, uva, chiclete**.	**Molho de soja, extrato de levedura, pneus queimados, crosta de queijo azul**. É provável que a levedura autolisou (morreu e se rompeu). Uma pequena quantidade talvez confira complexidade a cervejas envelhecidas, mas em excesso pode ser intragável.

Álcool, acetona. Há muitos álcoois mais elevados nas cervejas.

Meias suadas, pegajosas. Provavelmente a cervejaria usou lúpulos velhos.

Coisas metálicas, como **papel-alumínio**, **moedas** ou **sangue**. Geralmente devido a um problema com a água ou uma contaminação nos recipientes da cervejaria. Se você beber direto da lata e sentir gosto de metal, o sabor é da própria lata, não uma nota metálica na cerveja: todas as latas são recobertas por dentro, para que a cerveja não toque o alumínio. |
| Fenóis se desenvolvem com a fermentação. Se não forem intencionais, são considerados compostos negativos, muitas vezes devido a um controle deficiente de temperatura durante a fermentação ou a uma infecção bacteriana. Eles são intencionais em Hefeweizen, Witbiers, Belgian Ales e algumas cervejas *Brettanomyces*, mas podem ser desagradáveis em grandes volumes. Certos consumidores são extremamente sensíveis a esse sabor (como certas pessoas não apreciam coentro fresco). | Esses compostos aromáticos derivados da levedura são um sabor subjacente em toda cerveja, e são fundamentais para os perfis de muitos estilos diferentes dessa bebida (ver p. 66-67), mas podem ficar desagradáveis em grandes volumes ou se forem inapropriados ao estilo da cerveja. Eles são subproduto da fermentação e, em geral, quanto mais quente a fermentação, mais ésteres haverá. | |

DEFEITOS EM CERVEJAS

CERVEJA NO BAR

Quando você pede uma cerveja no pub ou no bar, a maneira como ela é servida no copo depende do seu pedido: uma ale de barril, uma lager de barril ou um pint de Stout com nitrogênio cremosa.

O QUE É ALE DE BARRIL?

Ale de barril, ou ale real, é uma tradição britânica, e beber um pint recém-servido e em perfeito estado é uma experiência maravilhosa. Ale de barril é um formato para servir cerveja, e qualquer estilo dessa bebida pode ser servido assim. Historicamente, todas as cervejas eram entregues aos pubs em barris de madeira, e ela era servida diretamente deles. Hoje em dia, os barris são de aço inoxidável e geralmente ficam armazenados na adega do pub, onde se conectam com uma manivela no bar.

Uma cerveja fermentada para barris finaliza sua fermentação primária e, em seguida, tem poucos dias de maturação em tanque antes de ser disposta (preenchida) dentro de barris ao lado de um clarificante — atrair a levedura para o fundo do barril — e, possivelmente, um misto de levedura e açúcar de priming. A cerveja passa por uma segunda fermentação dentro do barril e desenvolve uma carbonatação leve. Toda ale de barril depende do pub ou do bar para armazená-la e servi-la adequadamente, a fim de que o sabor seja o certo.

SERVINDO O PINT PERFEITO

Conforme a manivela se move, a cerveja do barril é puxada para dentro de um cilindro hermético, onde é mantida por uma válvula de via única. Mais puxões da manivela liberam cerveja para o copo.

PREPARANDO O BARRIL PARA SERVIR

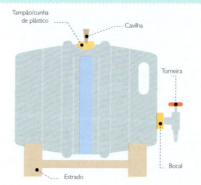

Uma vez cheio de cerveja, o barril é selado por um tampão. Em poucos dias, o barril chega à adega de um pub, onde é colocada em cima de uma estrutura (estrado). Aqui, ela passa por uma segunda fermentação (período de acondicionamento) por alguns dias, quando a levedura converte açúcares residuais da cerveja em dióxido de carbono, conferindo à cerveja uma suave carbonatação. Leveduras ou sedimentos vão para o fundo do barril, gerando uma cerveja brilhante.

Quando a cerveja está quase pronta, uma cavilha é colocada no tampão, batendo uma cunha de plástico no barril e liberando o excesso de pressão. Uma cavilha macia e porosa é colocada no tampão, ventilando o barril, e a torneira é inserida através do bocal. Então, a cerveja descansa por 24 horas, e após esse período é verificada e provada. Se estiver pronta, a cavilha macia é substituída por uma dura (para manter a carbonatação), e o barril é conectado ao cano que puxa a cerveja até o bar. Pode haver entrada de oxigênio no barril quando se abre a torneira, portanto, é importante servir a cerveja em poucos dias, para evitar que azede ou fique rançosa.

CHOPE

O tipo mais comum de cerveja de pressão possui uma configuração bastante complicada. Há várias maneiras de servir um chope, mas todas têm gás, geralmente dióxido de carbono (CO_2), em um dos limites, e um tubo de gás conectando-o ao barril por meio de um conector. O tubo de gás puxa o CO_2 para dentro do barril, enquanto o duto de cerveja tira a bebida do barril, com o gás preenchendo o espaço deixado pela cerveja e evitando oxidação. O duto da cerveja passa por uma unidade de resfriamento, que esfria a cerveja ali, a caminho da torneira no outro lado do duto.

A velocidade com que a cerveja é servida pode ser controlada pela torneira, e válvulas de regulagem anexas ao gás ajudam a controlar a pressão do fluxo. A chave de qualquer sistema de pressão é equilibrar a temperatura da cerveja com a pressão do gás: a pressão aumenta com temperaturas mais quentes. Criar esse equilíbrio exige um entendimento complexo da temperatura, da pressão e do comprimento e do diâmetro do duto da cerveja. Uma adega de um bar de cervejas artesanais pode ter mais de vinte barris acoplados, e cada um precisa ser individualmente equilibrado com base na própria carbonatação.

SERVINDO CHOPE

A maioria dos sistemas para servir cerveja de barril inclui um cilindro de gás e um duto, um duto para a cerveja e um equipamento de resfriamento.

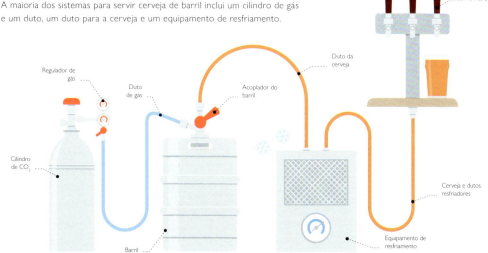

CERVEJA COM NITROGÊNIO

Um pint perfeito de Guinness tem bolhas que sobem em cascata e uma espuma cremosa característica. Ao contrário de cervejas comuns, ela é infundida de nitrogênio. Na cervejaria, a cerveja fica em um tanque pressurizado com um baixo nível de CO_2, e o nitrogênio é dissolvido dentro do tanque. O nitrogênio não dissolve bem na cerveja, então ele tenta escapar quando a bebida é servida, carregando consigo o CO_2 e criando a tal cascata de bolhas. Cervejas com nitrogênio são servidas através de um bocal da torneira com pequenos furos que ajudam a tirar mais gás da suspensão. Barris de nitrogênio são conectados a uma mistura gasosa (nitrogênio e CO_2) na adega.

CERVEJA E COMIDA

Quer você queira entender com quais alimentos a cerveja tem melhor sabor e quais evitar, quer esteja planejando um festival da cerveja, um método focado em sabores pode ajudá-lo a encontrar uma boa harmonização.

POR QUE CERVEJA E COMIDA?

Enquanto o vinho é considerado a opção mais elegante para jantares mais chiques, a cerveja se tornou a parceira informal de pizzas e hambúrgueres. Isso não é necessariamente ruim, e há muitas combinações incríveis e simples que podem ser feitas. Entretanto, tudo o que o vinho pode fazer, a cerveja também pode, e, pelo fato de ela ter características importantes que ajudam a ter um ótimo sabor junto com a comida, podemos inclusive argumentar que a cerveja pode fazer ainda mais. Aqui, tentamos simplificar a união da cerveja com a comida e nos concentrar em descobrir excelentes harmonizações de sabores. Seguem alguns motivos por que a cerveja e os alimentos podem atuar tão bem em conjunto.

CARBONATAÇÃO

A carbonatação é refrescante com alimentos mais pesados ou ricos em gordura (Dubbel com costeletas de porco), enquanto o amargor pode refrescar e equilibrar comidas muito salgadas, motivo pelo qual batata frita e cerveja são tão saborosos juntos.

SABORES DE MALTE E GRÃOS

O sabor do malte pale é uma qualidade subjacente cozida e semelhante a pães, o que naturalmente se alinha com a maioria dos alimentos, como pão como complemento.

Alguns grãos que conferem cor âmbar ou marrom à cerveja contêm caramelização Maillard, o que os torna boas combinações para comidas grelhadas e caramelizadas — como uma Amber Lager com cachorro-quente com cebolas grelhadas por cima.

SABORES TORRADOS

A maioria das cervejas escuras têm um sabor de torra que dá certo com outros sabores torrados, como Stout e bisteca.

FERMENTAÇÃO E ACIDEZ

O perfil de fermentação da cerveja naturalmente a faz combinar bem com todos os tipos de comidas fermentadas, especialmente pães, vegetais em conserva, linguiças, queijos e chocolates.

Algumas cervejas têm acidez refrescante, portanto, possuem qualidade de dar água na boca similar à do vinho.

LÚPULOS AROMÁTICOS

Lúpulos aromáticos combinam mais com o aroma ou notas superiores de um prato, como temperos frescos, ervas, cítricos ou mesmo o molho usado, portanto, pense neles além dos sabores de comida subjacentes.

ENCONTRANDO EQUILÍBRIO

Cervejas harmonizadas com os pratos certos podem ser reveladoras, mas isso não significa que a combinação sempre será incrível. Na maioria das vezes, queremos descobrir um equilíbrio simples de sabores, mas ocasionalmente certas cervejas e alimentos não combinam e ponto.

Harmonizações de sabores são pessoais, e a única maneira de descobrir do que você gosta é testar várias comidas diferentes com cervejas variadas. Quanto mais você faz isso, mais verá como diferentes gostos, intensidades e características interagem. Não se preocupe com descobrir harmonizações perfeitas. Simplifique e foque o sabor.

BEBA COMO OS LOCAIS

O mundo sabe como combinar alimentos e cervejas, e moradores de algumas regiões comem certas comidas enquanto bebem. Na Alemanha, o pessoal come schnitzels com lagers maltadas. Na Grã-Bretanha, Austrália e Nova Zelândia, são pints de ale com comidas de pub: tortas, assados e sanduíches. Na América do Norte, hambúrgueres, asinhas e tacos. No sudeste da Ásia, lagers refrescantes acompanham macarrão, e, no Brasil, comida frita de boteco.

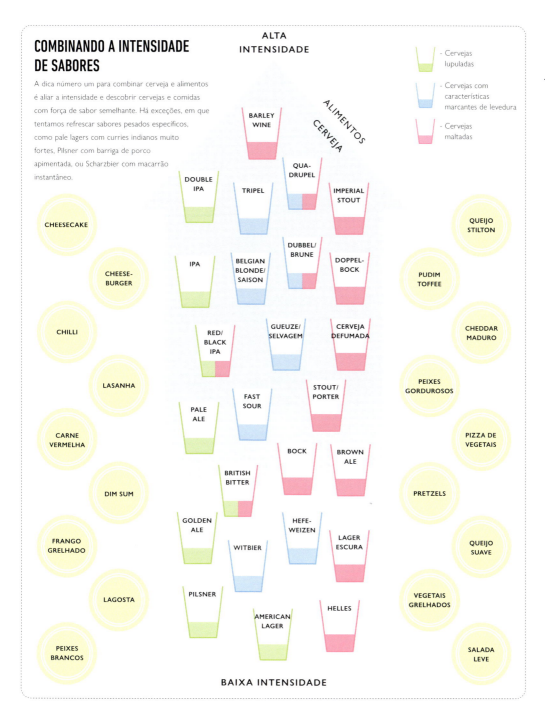

DIFERENTES ABORDAGENS QUANTO A CERVEJA E ALIMENTOS

Não há maneira única de pensar em cerveja e alimentos, e há muitas abordagens diferentes para descobrir as melhores combinações de sabores.

DESCUBRA SABORES E TEXTURAS COMPARTILHADOS

Queremos descobrir características semelhantes entre alimentos e cervejas, e muitas vezes isso valerá para todas as harmonizações. Se existe um sabor compartilhado, naturalmente criamos uma ponte entre a comida e a cerveja, e isso pode se dar combinando diversos aspectos da cerveja e do alimento ou escolhendo uma qualidade compartilhada específica.

Primeiro, identifique as características do lúpulo, do malte ou da levedura da cerveja, e então combine-as com os alimentos que vão bem com essas características.

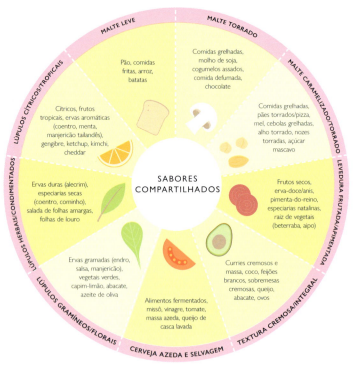

TÉCNICAS DE HARMONIZAÇÃO E INTERAÇÕES

Com qualquer prato, você pode descobrir vários estilos diferentes de cervejas que complementam o alimento de maneiras distintas. Um kebab de falafel, por exemplo, compartilha sabores picantes similares aos de uma Belgian Blonde; uma Brown Ale, por sua vez, acrescenta bons maltes torrados ao pão, à fritura e aos sabores de nozes; e uma Pilsner lupulada refresca com cítricos e carbonatação, encontrando afinidade com a salada.

ENCONTRE EQUILÍBRIO E HARMONIZE

Você terá mais sucesso com este método. Pode ser que nem sempre ele ofereça combinações maravilhosas, mas raramente você vai ficar decepcionado. Sua meta deve ser alinhar os sabores, como uma combinação compartilhada, garantindo que nem a cerveja nem o alimento fiquem muito sem destaque, criando equilíbrio e harmonia saborosos (ver p. 88-89).

REFRESQUE SABORES PESADOS DE ALIMENTOS

Para pratos ricos ou com alto teor de gordura, uma cerveja pode ser refrescante, destacando os sabores com alta carbonatação, acidez ou amargor. Uma cerveja mais leve pode dar certo com um prato pesado, como uma Pilsner com barriga de porco assada, mas isso depende dos acompanhamentos e do molho — funciona se o porco for servido com arroz e salada, por exemplo, mas não com purê de batata e caldo de carne.

BELGIAN BLONDE
com salmão e molho cremoso de endro

PILSNER LUPULADA
com arancini

DUBBEL
com bife Wellington

TRIPEL
com porco e batatas dauphinoise

DESTAQUE SABORES

Considere todos os elementos da composição de um prato em relação à cerveja ou adicione ingredientes específicos para obter a combinação certeira. Destacar sabores mais pesados muitas vezes é uma parte muito importante, mas vez ou outra isso funciona apenas porque a cerveja adiciona uma qualidade totalmente nova ao prato.

HAZY PALE ALE
com arroz frito com cogumelos

DUBBEL
com lasanha ou ragu

CERVEJA DOCE DE CEREJA
com mousse de chocolate amargo

AMERICAN DOUBLE IPA
com bolo de cenoura

APAGUE O FOGO!

A pimenta contém capsaicina, que confere uma sensação de queimação quando consumida. Certas cervejas, como as muito amargas ou com alto teor de álcool, podem aumentar a sensação de queimação. Comidas apimentadas precisam de cervejas que possam resfriá-las. As melhores são as com textura cremosa ou maltosa, com teor moderado de álcool e uma pequena quantidade de doçura.

LAGER MALTADA COM BAIXO AMARGOR
com curries à base de tomates

WITBIER OR HEFEWEIZEN
com curries à base de coco

DUNKEL
com macarrão instantâneo frito apimentado ou arroz frito

OATMEAL STOUT
com buffalo wings ou um chilli

COMBINE O MOLHO

Em pratos servidos com molho, é bom ter uma cerveja que combine com ele, já que estará presente em cada mordida. Um peixe em molho cremoso, por exemplo, precisa de uma cerveja clara e de textura cremosa, enquanto uma carne gordurosa precisa de uma dark ale mais rica. Você pode usar esse método com alimentos acompanhados por ketchup (ales lupuladas), maionese (Witbier e Hefeweizen), mostarda (Dark Lager e Best Bitter) ou molho de pimenta (Porter).

ENCONTRANDO EQUILÍBRIO E HARMONIA

Veja alguns exemplos de como sabores e qualidades diferentes em alimentos e cervejas podem conferir equilíbrio mútuo. Em geral, buscamos descobrir sabores compartilhados, sempre pensando na intensidade.

DOÇURA E ESPECIARIAS

MILK/OATMEAL STOUT
com chilli

PORTER
com frango piri-piri

DUNKELWEIZEN
com tajine

CERVEJA AMARGA E COMIDAS MUITO SALGADAS

PALE ALE
com frango frito

PILSNER ALEMÃ
com tofu/lula com sal e pimenta

TRIPEL
com anchova e pizza de alcaparras

AMARGOR DO LÚPULO E GORDURA

BEST BITTER
com rolinhos de linguiça

AMERICAN IPA
com cheddar e risoto de alho-poró

BARLEY WINE
com queijo azul

CERVEJAS MAIS DOCES E COMIDAS SALGADAS/UMAMI

HAZY IPA
com arroz frito com cogumelos

DUBBEL
com massa e molho marinara

PORTER
com missô de berinjela e salmão

TORRADO E ACIDEZ

OATMEAL STOUT
com buffalo wings

STOUT
com salmão e molho amanteigado de limão

RASPBERRY SOUR
com chocolate amargo

TORRADO E APIMENTADO/TORRADO

BLACK IPA
com bisteca ou pato-à-pequim

BLACK LAGER
com bacalhau/couve-flor grelhados em especiariais

IMPERIAL STOUT
com bolo de café

89

ENCONTRANDO EQUILÍBRIO E HARMONIA

CARBONATAÇÃO E GORDURA/CREME

GUEUZE
com tartelete de queijo de cabra

TRIPEL
com barriga de porco assada

KRIEK
com cheesecake assado

CREMOSA/SUAVE E CREMOSA, UMAMI OU PICANTE

HEFEWEIZEN
com abacate, ovos e chilli

WEIZENBOCK
com carne de porco e salada

OATMEAL STOUT
com estrogonofe

ACIDEZ E SAL E GORDURA

SOUR RED/BROWN
com sanduíche de bacon

GOSE
com cavalinha grelhada apimentada

WILD ALE
com carnes curadas

ÁLCOOL E GORDURA, SAL E DOCE

TRIPEL
com porco assado em ervas e vegetais

HAZY DIPA
com pizza havaiana

QUADRUPEL
com queijo de fazenda e chutney de frutas

AMARGO E DOCE

TRIPEL
com bolo-esponja de limão

AMERICAN IPA
com batatas-doces fritas

AMERICAN BARLEY WINE
com bolo de gengibre

DOCE E DOCE

DOPPELBOCK
com bolo de maçã

BARLEY WINE
com bolo de frutas

FRUIT BEER
com donut de geleia

ÓTIMAS COMBINAÇÕES DE ALIMENTOS E CERVEJA PARA EXPERIMENTAR

Dependendo da comida ou da culinária, há excelentes combinações para experimentar que incorporam os diferentes métodos destacados nas páginas anteriores.

BRUNCH

COFFEE STOUT
com panquecas de mirtilo

HAZY IPA
com frango e waffles

DUNKEL
com ovos e bacon/linguiça

SUMMER ALE OU HEFEWEIZEN
com torradas de abacate

HAMBÚRGUERES E SANDUÍCHES

AMERICAN PALE ALE
com queijo-quente

AMERICAN IPA
com cheeseburger

AMBER LAGER
com cachorro-quente

HOPPY LAGER
com banh mi (baguete vietnamita)

COMIDA ITALIANA

DUBBEL
com lasanha, ragu ou marinara

BELGIAN BLONDE
com carbonara

DUNKELWEIZEN
com risoto de cogumelos

PILSNER
com pizza de marguerita

PETISCOS

LAGER LUPULADA
com guacamole e nachos

HELLES
com pretzels bávaros

DUNKEL OU BEST BITTER
com linguiças grelhadas

HAZY PALE ALE
com fritas halloumi e sweet chilli

PRATOS VEGETARIANOS/VEGANOS

WITBIER OU SAISON
com wrap de falafel

HAZY IPA
com hambúrguer de feijão

OATMEAL STOUT
com buffalo wings de couve-flor

DUNKELWEIZEN OU OATMEAL STOUT
com chilli de feijão

CARNES

**HELLES OU
HELLES BOCK**
com frango assado

SOUR RED-BROWN
com bife e fritas

DUBBEL OU PORTER
com guisado de carne

BELGIAN BLONDE
com kebab de cordeiro

PEIXES

ENGLISH PALE ALE
com fish and chips

**AMERICAN
PALE ALE**
com taco de peixe

WITBIER
com rolinhos de lagosta

BELGIAN BLONDE
*com mexilhões
cozidos na cerveja*

CURRIES E MACARRÃO INSTANTÂNEO

**WITBIER OU
HEFEWEIZEN**
com curry de laksa

HELLES
com curry Madras

LAGER LUPULADA
*com salada de
macarrão vietnamita*

DUNKELWEIZEN
com Pad Kee Mao

QUEIJOS

HAZY PALE ALE OU HEFEWEIZEN
com Brie ou Camembert

KRIEK OU GUEUZE
com queijo de cabra

IMPERIAL STOUT OU AMERICAN DIPA
com queijo azul forte

AMERICAN IPA OU ENGLISH BARLEY WINE
com cheddar maturado

SOBREMESAS

IMPERIAL STOUT
com brownie/bolo de chocolate

CERVEJA DOCE DE CEREJA
com mousse de chocolate amargo

TRIPEL ENVELHECIDA EM BARRIL OU PALE BARLEY WINE
com crème brûlée

DUNKELWEIZENBOCK
com pudim de toffee

FRUTAS

DOPPELBOCK ENVELHECIDA EM BARRIL
com strudel de maçã

HAZY DIPA
com bolo invertido de abacaxi

CERVEJA DOCE DE CEREJA
com cheesecake de cereja

IMPERIAL STOUT ENVELHECIDA EM BARRIL
com bolo ou flã de banana

ANALISANDO CERVEJAS ----- POR ----- ESTILO

ESTA SEÇÃO EXPLORA MAIS de cinquenta dos estilos de cerveja mais populares no mundo, desde ótimas lagers, maravilhosas IPAs lupuladas e deliciosas dark ales até cervejas azedas e frutadas, cervejas de trigo e variações belgas. Você descobrirá quais sabores esperar de cada estilo, como as cervejas são fermentadas e sua história. Em cada um há quatro cervejas diferentes para comparar, consideradas verdadeiras representantes do estilo. É a oportunidade perfeita para prová-las e fazer suas próprias degustações comparativas.

LAGERS

COM FREQUÊNCIA CONSIDERADA apenas um tipo de cerveja dourada refrescante, a lager, na verdade, é uma família de estilos de cervejas, fermentadas com levedura lager (em oposição à levedura ale). A família lager proporciona um amplo leque de sabores e características da bebida que contém de tudo, desde American Lagers frescas a Doppelbocks ricas e fortes, e desde German Pilsners amargas, Ambers e Dunkles torradas até Schwarzbiers torradas e Festbiers comemorativas. A família inclui algumas fermentações modernas lupuladas, estendendo o leque a novas gerações de amantes de lager.

GERMAN-STYLE PILSNER

Essas lagers amargas e douradas se originaram na Alemanha, e hoje são populares no mundo todo.

WILLIBECHER   FLAUTA ALTA   LEQUE DE SABORES

SABOR, PROCESSO E HISTÓRIA

Pilsners alemãs são lagers amargas, lupuladas e, muitas vezes, têm aparência brilhante, embora algumas sejam não filtradas e ligeiramente turvas. Sempre devem ser servidas com uma coroa de espuma branca. Lúpulos alemães como Hallertau Mittelfrüh, Hallertau Tradition, Spalter Select e Hersbrucker são o cerne do perfil de sabor desse estilo. O caráter do lúpulo é marcante, embora nem sempre aromático, com um amargor firme e duradouro, e sabores herbais, condimentados, cítricos e gramíneos. Lúpulos americanos e do Novo Mundo produzem um caráter diferente, mas ainda podem ser excelentes em uma Pilsner. Aromas de fermentação são mínimos, e os níveis de carbonatação vão de médios a altos.

Muitas vezes, apenas o malte Pilsner é usado, acrescentando um leve corpo maltado e um sabor sutil de malte sem doçura. Versões alemãs clássicas podem usar brassagem por decocção para corpo inicial e finalização mais seca.

Fermentada pela primeira vez na cidade tcheca de Pilsen, em 1842, a Pilsner se tornou o primeiro estilo de cerveja a ser fermentado fora de sua região natal, assumindo diferentes características locais: mais leves na América do Norte, mais secas na Ásia, e menos doces e mais amargas no norte da Europa — foi essa Pilsner que se tornou a verdadeira cerveja global. Hoje em dia, a Pilsner alemã clássica se tornou a cerveja arquetípica, e, dizem, o estilo mais bebido no mundo.

ATRIBUTOS DA CERVEJA

Cor	Claridade	Fermentação	ABV	Amargor
Palha a dourado	Clara	Limpo/Natural	4,6%–5,2%	25–45 IBU (médio-alto)

ROTHAUS TANNENZÄPFLE PILS

5,1% ABV | **PRODUZIDA EM: GRAFENHAUSEN, ALEMANHA**

É provável que este tenha se tornado o exemplo sui generis de uma Pilsner alemã. A cerveja é estruturada com perfeição: lúpulos aromáticos convidativos, com cítricos (pense em uma casca cristalizada e concisa) e flores de lúpulo. O malte confere uma pequena doçura no início, antes de elegantemente se dispersar numa secura e num amargor duradouro e apimentado que faz você querer dar outro gole para provar de novo a doçura inicial.

ALDER BEER CO. HERING

5,2% ABV | **PRODUZIDA EM: SEREGNO, ITÁLIA**

Pense em um jardim italiano, com sua beleza, simetria e plantas mediterrâneas sob o calor do sol. Essa é a imagem que a Hering, da Alder, traz. É um exemplo equilibrado e, ao mesmo tempo, marcante de uma GERMAN-STYLE PILSNER, com um aroma maravilhoso graças a um dry hopping leve, e também com amargor profundo. Algumas das melhores Pilsners do mundo são encontradas na Itália.

JEVER PILSENER

4,9% ABV | **PRODUZIDA EM: JEVER, ALEMANHA**

Quando você provar uma Jever pela primeira vez, provavelmente será uma surpresa, até mesmo um choque. Esta é uma cerveja de notável amargor (40 IBU), herbal e com casca de cítricos, além de profundidade apimentada e amadeirada. A base de malte está sutilmente no fundo, adicionando estrutura mas não muito sabor. Os lúpulos ficam oleosos no vidro, e se tornam estimulantes e assertivos da melhor maneira. Este é um dos exemplos mais intensos do estilo.

DURATION BREWING DOSES PILSNER

5,1% ABV | **PRODUZIDA EM: WEST ACRE, INGLATERRA**

A maioria das Pilsners estilo alemão contêm um grau de precisão, sendo refrescantes, vigorosas e brilhantes. A Duration Doses deixa as coisas um pouco mais rústicas. Ela tem grãos logo no início, conferindo certa maltência torrada. Não é filtrada, portanto, naturalmente há mais textura, que retém mais lúpulos (Hallertau Mittelfrüh, Saphir, Saaz). Os sabores dos lúpulos são limão amargo, casca de laranja, botões em flor e ervas amargas, com uma abundância oleosa de limão.

OUTROS EXEMPLOS PARA PROVAR

LOST & GROUNDED KELLER PILS: lúpulos alemães florais, herbais, fragrantes.

THREES BREWING VLIET: limão seco, lúpulos herbais, amargor de casca.

BELLWOODS BELLWEISER: lúpulo floral, cítrico leve, malte mais abiscoitado, refrescante

CZECH PALE LAGER

Fermentada pela primeira vez na cidade tcheca de Pilsen, em 1842, este é o estilo original de pale lager, notável pelos maltes doces, caramelizados, e lúpulos tchecos amargos.

CANECA

LEQUE DE SABORES

SABOR, PROCESSO E HISTÓRIA

As características variam de levemente maltada e baixa em amargor a ricamente agridoce, com os dois exemplos mais conhecidos — Budweiser Budvar e Pilsner Urquell — em cada lado da escala. Ao contrário de uma Pilsner alemã, em geral possuem um malte caramelizado pronunciado, proveniente da brassagem por decocção, e uma textura suave, proveniente de baixa carbonatação e do uso de água muito mole, que enfatiza os sabores de malte mais doces. Lúpulos tchecos Saaz são uma característica que as define, conferindo amargor firme e aromas florais e de grama, como feno, tabaco e um pouco de limão seco. Uma camada cremosa e grossa de espuma é importante ao servir essas cervejas.

Geralmente feita apenas de malte Pilsner, a riqueza da bebida provém de um processo de decocção, que confere sabor e cor. A maioria é filtrada, mas é cada vez mais comum encontrar versões não filtradas.

Mesmo que comumente seja chamada de Pilsner, só existe uma Pilsner tcheca verdadeira: a Pilsner Urquell. Quando foi fermentada pela primeira vez, foi usada uma então nova combinação de processos e ingredientes: água Pilsen pobre em minerais, maltagem britânica indireta para fazer maltes pale de cevada da Morávia, o que se tornou conhecido como malte Pilsner, lúpulos de Žatec, levedura lager alemã e técnicas alemãs de fermentação lager. Comparadas com as Pilsners alemãs, são mais ricas em malte, caramelizadas, menos encorpadas e têm mais aroma de lúpulo.

ATRIBUTOS DA CERVEJA

Cor	Claridade	Fermentação	ABV	Amargor
Dourado claro a dourado escuro	Clara a levemente turva	Limpa/Neutra	4%–5%	20–40 IBU (médio)

PILSNER URQUELL

4,4% ABV | PRODUZIDA EM: PILSEN, REPÚBLICA TCHECA

Boa parte da nuance da cerveja é perdida na pasteurização e no envase, portanto, beba-a fresca na República Tcheca para entendê-la da maneira adequada. O malte é ricamente caramelizado, torrado, com mel, bem finalizada e ligeiramente doce, com um sabor Maillard distintivo de decocção tripla. Lúpulos Saaz são aromáticos — florais, herbais, limão seco — e ricos em amargor (38 IBU), com um equilíbrio agridoce geral. A textura é suave, com notável doçura residual.

BUDWEISER BUDVAR

5% ABV | PRODUZIDA EM: ČESKÉ BUDĚJOVICE, REPÚBLICA TCHECA

Enquanto a Pilsner Urquell é bem finalizada, caramelizada e amarga, a Budvar tem menos doçura maltada e baixo amargor (22 IBU). O sabor de grãos é distintivamente tcheco e de decocções duplas, com restrição de malte torrado, mel, casca de pão e biscoito. Os lúpulos florais integrais Saaz são florais e fragrantes, com elegância equilibrada e um leve amargor de ervas, mas não têm a pegada de outras lagers mais amargas. A levedura confere um leve toque frutado.

THE STANDARD, NOTCH BREWING

4,5% ABV | PRODUZIDA EM: SALEM, MASSACHUSETTS, EUA

Fermentada ao estilo das clássicas tchecas, a Standard tem dupla decocção, fermentação aberta e acondicionamento longo. Ela usa malte crescido em solo tcheco e na versão americana, é fermentada com lúpulos Sterling. De cor dourado-brilhante com espuma grossa e branca, ela é composta pela riqueza irresistível do sabor de grãos amplificada por sua decocção. A fermentação confere um leve frutado de levedura, os lúpulos são distintos, firmes e florais, com uma nota de limão seco e ervas.

SVĚTLY LEŽAK 12O, GODSPEED

5% ABV | PRODUZIDA EM: TORONTO, CANADÁ

Fermentada com ingredientes tchecos para obter um perfil clássico de sabor, esta é uma cerveja rica e de cor âmbar-dourado, com uma sensação de plenitude na boca proveniente da brassagem por decocção. A cervejaria usa malte tcheco especial que se beneficia de seu tipo de brassagem, conferindo caramelo, torrada, massa fresca e um pouco de doçura. O amargor é alto — similar ao da Pilsner Urquell — e há camadas de lúpulos florais e herbais em sua totalidade.

OUTROS EXEMPLOS PARA PROVAR

ÚNĚTICKÉ PIVO 12°: malte torrado, lúpulos florais, seca, fresca.

MATUŠKA DESÍTKA 10°: casca de pão, rica em malte, amargor herbal duradouro.

HEATER ALLEN PILS: maltes torrados, lúpulos florais, amargor fresco.

AMERICAN LAGER E PILSNER

Estas lagers refrescantes são as cervejas-padrão mais populares dos Estados Unidos, e agora cervejarias artesanais estão produzindo suas próprias interpretações.

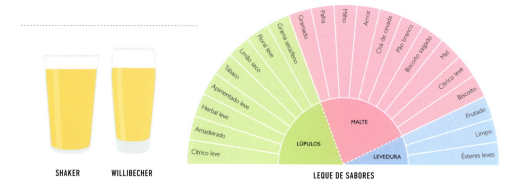

SHAKER **WILLIBECHER**

LEQUE DE SABORES

SABOR, PROCESSO E HISTÓRIA

Refrescantes, filtradas, bem carbonatadas, pouco desafiadoras e atraentes a um público amplo, a American Lager é caracterizada mais por uma ausência de sabor do que por uma presença marcante. Malte pilsner ou lager são os grãos de base. Podem ser usados arroz ou milho, constituindo até 40% da parte dos grãos. Lúpulos (qualquer variedade) são de amargor leve e, tipicamente, não estão presentes para dar sabor, embora exemplos modernos podem apostar em algo mais aromático e amargo. Pode haver uma pequena quantidade de caráter de fermentação (ésteres frutados leves, acetaldeído, DMS), encontrada na maioria das lagers padrão e, vez ou outra, resultante da fermentação em gravidade elevada.

As primeiras lagers norte-americanas foram fermentadas nos anos 1840, e eram escuras, doces e de baixo teor alcoólico, feitas por imigrantes alemães e bebidas por seus compatriotas. Nos anos 1870, mais americanos bebiam cerveja, desejando algo mais leve; portanto, acrescentou-se milho ou arroz às receitas. Essas novas American Lagers foram fermentadas em grandes volumes, fortemente comercializadas e nacionalmente distribuídas, e sua consistência e clareza filtrada as tornaram populares. Hoje em dia, cervejarias artesanais podem tentar elaborar versões mais personalizadas de famosas lagers americanas ou mexicanas, ou podem recorrer a receitas mais antigas e tradicionais.

ATRIBUTOS DA CERVEJA

Cor	Claridade	Fermentação	ABV	Amargor
Palha a dourado claro	Brilhante	Limpa a frutada leve	4%–5%	10–25 IBU (baixo a médio)

BUDWEISER

5% ABV | PRODUZIDA EM: ST. LOUIS, MISSOURI, EUA

Conhecer o sabor de marcas como Budweiser, Miller ou Coors é importante para entender o lugar delas no mundo das cervejas. A Budweiser tem cor bem clara, e pouca a nenhuma espuma. É fermentada com arroz, seca e causa secura no paladar, mas contém uma leve doçura de chá de cevada, e muitas vezes um aroma esterificado de maçã ou acetaldeído. O amargor é quase ausente, portanto, o frescor provém da secura e da carbonatação.

LIVE OAK BREWING PRE-WAR PILS

5% ABV | PRODUZIDA EM: AUSTIN, TEXAS, EUA

Baseada em uma receita de 1912, esta cerveja usa um terço de grãos de milho. Sua cor é palha muito clara, com leve turbidez, e ela é fresca, leve e refrescante ao máximo. Há uma nota interessante de um lúpulo leve floral-limonado, um sabor mais pleno de malte acrescido da cremosidade do milho, alguns biscoitos e um pouquinho de mel, e ela seca com um bom amargor e uma carbonatação estimulante. É uma amostra do que era a American Lager antes de ficar mais leve.

GREEN BENCH BREWING CO. POSTCARD PILS

4,7% ABV | PRODUZIDA EM: SAINT PETERSBURG, FLÓRIDA, EUA

Uma receita das antigas de American Lager atualizada para consumidores modernos, ela é fermentada com malte alemão, cevada de seis fileiras e milho, e passa por brassagem por decocção que expõe mais do sabor e do aroma do milho. É reminiscente de uma clássica Pils alemã em profundidade de sabor, ao mesmo tempo com um toque americano distinto do milho, certo toque frutado da levedura, leves lúpulos cítricos e 35 IBU de amargor herbal.

21ST AMENDMENT EL SULLY

4,8% ABV | PRODUZIDA EM: SAN LEANDRO, CALIFÓRNIA, EUA

A lager mexicana cresceu em popularidade nos EUA, inspirada pela leve refrescância de marcas famosas de lager mexicanas. A El Sully usa milho e malte Vienna na moagem de grãos, e o milho confere a secura que define o estilo, os maltes Vienna e Pilsner acrescentam um toque de cor, torra, um pouco de mel e pão. Há leves lúpulos florais e um toque cítrico seco. Não é preciso uma fatia de limão para degustar esta.

OUTROS EXEMPLOS PARA PROVAR

YUENGLING TRADITIONAL LAGER: leve malte torrado, lúpulos florais, fresca.

LITTLE HARPETH CHICKEN SCRATCH: maltes cremosos, textura suave, lúpulos leves herbais.

FIRESTONE WALKER 805 CERVEZA: lima leve, casca de pão, refrescante.

AMERICAN LAGER E PILSNER

PILSNER MODERNA

A Pale Lager foi atualizada pelo amor da cerveja artesanal por lúpulos aromáticos e cheios de sabor, incluindo Pilsners para a Itália e a Nova Zelândia, e a India Pale Lager (IPL) mais forte, um encontro da Pilsner com a India Pale Ale (IPA).

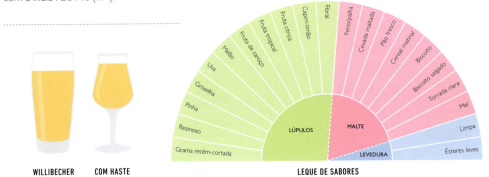

WILLIBECHER   COM HASTE   LEQUE DE SABORES

SABOR, PROCESSO E HISTÓRIA

Imagine uma pale lager com lúpulos aromáticos, seja um dry hopping elegante com variedades alemãs, sejam os bem-sucedidos da Pale Ale ou em estilo IPA. Independentemente da intensidade lupular ou do conteúdo alcoólico, estas cervejas devem permanecer frescas e secas com um amargor vigoroso, retendo o equilíbrio essencial de qualquer lager de excelência. A profundidade do malte é frequentemente leve, mas capaz de adicionar complexidade e doçura que enfatiza o sabor do lúpulo. Geralmente não são filtradas, mas é raro que a turbidez seja total.

Devem ter fermentações de base de malte Pilsner bem simples, talvez também com um pouco de Munich ou caramalte para colorir e trazer corpo ou doçura extras. A Pilsner italiana usa lúpulos alemães no dry hopping. A Pils da Nova Zelândia usa lúpulos de Kiwi e, muitas vezes, tem malte mais rico e mais torrado. Uma Pilsner Hoppy ou uma IPL mais forte são como uma Pils dry-hopped ou uma híbrida lager/IPA, usando geralmente lúpulos americanos e outros do Novo Mundo.

"Hoppy Lager" é o termo genérico para lagers com um toque forte de lúpulos. A Pilsner italiana e a Pilsner da Nova Zelândia começaram como estilos de cervejas locais, cresceram em seus países e, então, ficaram famosas mundo afora. Elas são exemplos de como a cerveja artesanal buscou evoluir a base clássica da lager de qualidade, e reimaginaram o que pode ser uma "lager" para muitos consumidores.

ATRIBUTOS DA CERVEJA

Cor	Claridade	Fermentação	ABV	Amargor
Palha a dourado	Clara a ligeiramente turva	Limpo a ésteres leves	4%–7%+	20–50+ IBU (médio a alto)

TIPOPILS, BIRRIFICIO ITALIANO

5,2% ABV | PRODUZIDA EM: LIMIDO COMASCO, ITÁLIA

A Tipopils é a Pilsner italiana original, fermentada pela primeira vez em 1996. Ela tomou a base clássica de uma Pilsner alemã com maltes leves, um pouco de doçura maltada e um amargor de lúpulo herbal alemão persistente. Sua diferença é que ela não era filtrada, e seu dry hopping era como o de uma ale britânica para adicionar mais aroma. Não é um dry hopping intenso ao estilo IPA, apenas um pequeno tempero extra de lúpulos, o que confere aromas herbais, de limão, capim-limão e florais.

HALO PILSNER, LIBERTY BREWING

5% ABV | PRODUZIDA EM: HELENSVILLE, NOVA ZELÂNDIA

A Halo Pilsner tem gosto imediato de maracujá, lichia, uva, groselha e aromas de tangerina de lúpulos da Nova Zelândia. Algumas cervejarias levam este estilo a uma Golden Ale (usando, inclusive, levedura ale), mas ele atinge seu ápice com um aroma frisante, semelhante ao vinho, uma base de malte ligeiramente doce e suculenta, com um pouco de pão e toffee, e a esperada finalização refrescante. A Halo Pilsner é um exemplo perfeito do combo lúpulo tropical + Pilsner.

TIMBO PILS, HIGHLAND PARK

5,8% ABV | PRODUZIDA EM: LOS ANGELES, CALIFÓRNIA, EUA

Esta é uma evolução moderna da American Lager, combinando os lúpulos aromáticos de uma West Coast Ale com o amargor fresco e elegante de uma Pilsner em estilo alemão. Não é filtrada e possui mais álcool que uma Pilsner comum, portanto, tem mais corpo e textura, mas permanece leve. O amargor é expressivo, herbal e limpo, com lúpulos Citra e Mosaic conferindo notas de frutas de caroço, frutas tropicais, raspas de laranja, pinha e florais, além de lúpulos genéricos oleosos.

HOPONIUS UNION, JACK'S ABBY

6,5% ABV | PRODUZIDA EM: FRAMINGHAM, MASSACHUSETTS, EUA

A IPL é a combinação perfeita da IPA com a Pilsner. É dourada e levemente turva, com espuma persistente e uma doçura de cereal no malte que ajuda a enfatizar o sabor do lúpulo e uma doçura de geleia de frutas. Os lúpulos contêm cítricos expressivos e carnudos, com marmelada, toranja, manga e abacaxi. A levedura lager e a fermentação fria, além dos efeitos suavizantes de um tempo mais longo de acondicionamento, criam um equilíbrio agradável e um frescor seco no final.

OUTROS EXEMPLOS PARA PROVAR

OXBOW LUPPOLO: lúpulos florais, casca de cítricos, herbais, leve malte de biscoito salgado.

EMERSON'S PILSNER: tropicais, uva, groselha, toffee leve.

LOST AND GROUNDED RUNNING WITH SCEPTRES: cítricos, pinha, malte leve torrado.

HELLES

"Helles" significa clara ou pálida, um contraste com lagers escuras. Estas Golden Lagers altamente palatáveis são as cervejas mais populares da Baviária, especialmente em Munique, onde o estilo se originou.

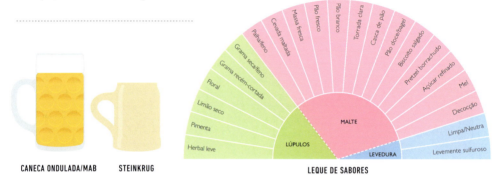

CANECA ONDULADA/MAB   STEINKRUG   LEQUE DE SABORES

SABOR, PROCESSO E HISTÓRIA

A Helles dourado-brilhante é frequentemente descrita como maltada, mas essa comparação tem mais a ver com os lúpulos acentuados de uma Pilsner. Ainda que o malte seja um sabor distintivo, esta é uma cerveja digna de elogios por ser sempre interessante sem chamar atenção. Uma nota de levedura sulfurosa é comum em versões frescas. O amargor do lúpulo é baixo, mas equilibrado, com sabores delicados florais ou gramados. A carbonatação é mais baixa que de uma Pils, e a textura é suave.

Com frequência, ela é fermentada apenas com malte Pilsner e lúpulos nobres alemães, mas às vezes com maltes coloridos, como Vienna ou Carapils. A água confere uma finalização ligeiramente vigorosa e seca. A maioria das cervejarias alemãs usam brassagem por decocção para aumentar o sabor do malte. Classicamente, elas são filtradas. É difícil obter a precisão de uma Helles nas cervejarias, a qual revelará mesmo as falhas ou desequilíbrios mais insignificantes.

A primeira Munich Helles verdadeira é creditada à cervejaria Spaten de Munique, em 1894. No início houve resistência, quando algumas cervejarias locais se perguntaram, apreensivas, se o novo tipo de cerveja prejudicaria as famosas lagers escuras de Munique. Mas os consumidores queriam cervejas mais claras, e a Helles brilhante chegou ao mesmo tempo que a Dunkel escura. Hoje, é o estilo de cerveja mais consumido na Baviária.

ATRIBUTOS DA CERVEJA

Cor	Claridade	Fermentação	ABV	Amargor
Dourado	Brilhante	Limpa/neutra	4,8%–5,2%	15–30 IBU (baixo a médio)

AUGUSTINER LAGERBIER HELL

5,2% ABV | **PRODUZIDA EM: MUNIQUE, ALEMANHA**

A versão clássica da Munich Helles é dourado-brilhante com espuma grossa e branca. Às vezes há um pouco de dióxido de enxofre, que pode ter cheiro de limão fresco. O malte é robusto e nítido, mas leve e suave, com um fundo de casca de pão fresco, mas sem nenhuma sensação de peso duradouro antes de rumar a uma finalização impecavelmente limpa, refrescante e um pouco floral, com fundo de lúpulo herbal. É uma cerveja excelente, que se revela cada vez mais à medida que você a bebe.

SCHÖNRAMER HELL

5% ABV | **PRODUZIDA EM: SCHÖNRAM, ALEMANHA**

Com uma bela cor dourada e brilhante, esta cerveja possui o sabor de malte levemente torrado, com uma qualidade de maltes pale puros que se destaca por ela ser fermentada por decocção. Há uma característica de lúpulo floral, um pouco de casca de cítricos secos e uma leve picância de pimenta, mas o amargor é perfeitamente restrito, como se estivesse escondido atrás do malte. Esta cerveja se destaca por ter excelente profundidade e complexidade gerais, além de volume de sabor.

BIERSTADT HELLES

5% ABV | **PRODUZIDA EM: DENVER, COLORADO, EUA**

A Bierstadt descreve esta cerveja como o limite entre o comum e o sublime. É uma descrição maravilhosa para o estilo. Esta Helles é amarelo-dourado brilhante, o malte é pronunciado quase como um sussurro, com cascas de pão enriquecidas de decocção e pão fresco, e os lúpulos conferem um fundo oleoso ou gramado. Ela é acondicionada por um longo tempo e é filtrada, o que lhe dá uma finalização arrematada e elegantemente limpa. É uma das melhores e mais *sui generis* Helles fermentadas fora da Bavária.

STIEGL GOLDBRÄU

5% ABV | **PRODUZIDA EM: SALZBURG, ÁUSTRIA**

Esta é uma Märzen austríaca, um estilo de nome distinto mas que, na realidade, é o mesmo que uma Helles bávara (alguns exemplos austríacos à parte expressam um estilo mais antigo de Märzen). A Goldbräu é dourada-brilhante, possui um aroma e sabor convidativo de malte pale, uma agradável suavidade que desce redondo e leve doçura no corpo, com um pouco de fundo de mel, biscoito salgado e brioche, uma delicada característica lupulada de casca de limão seco, e um amargor apimentado e seco.

OUTROS EXEMPLOS PARA PROVAR

TEGERNSEER HELL: malte pale, biscoito salgado, levemente sulfuroso, lúpulos condimentados.

WEIHENSTEPHANER HELLES: maltes de brioche, fundo de decocção, refrescante.

UTOPIAN BRITISH LAGER: massa fresca de pão, torrada, bagaço de frutas cítricas.

FRANCONIAN LAGER E KELLERBIER

Comumente encontradas na região da Frâncônia, estas lagers não filtradas têm qualidade rústica em comparação com o caráter refinado de uma Helles bávara.

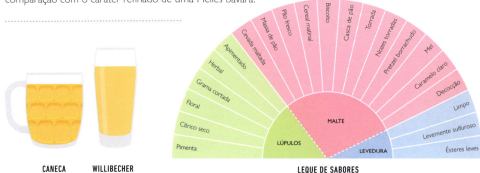

CANECA   **WILLIBECHER**   **LEQUE DE SABORES**

SABOR, PROCESSO E HISTÓRIA

Estas cervejas podem variar de lagers não filtradas estilo Helles a Amber Lagers ricas em malte. Os pontos em comum são uma carbonatação leve, não serem filtradas e possuírem alta drinkability, em que o malte é tipicamente o sabor dominante: torrado, casca de pão, pão integral, biscoitos e mel. Lúpulos tradicionais alemães conferem mais amargor e sabor, que podem variar em intensidade, e são florais, picantes e herbais. Geralmente, são muito frescas quando servidas como chope. O normal é haver certa doçura residual, o que dá à cerveja uma característica reconfortante.

Os maltes principais são Pilsner, Munich e Vienna, conferindo cor e sabores distintos de malte e riqueza, com uma brassagem por decocção acentuando o sabor do malte e adicionando uma caramelização Maillard.

Muitas vezes, receitas dessas cervejas são transmitidas por gerações de pequenas cervejarias familiares, refletindo a fermentação lager à moda antiga antes de a Pilsner entrar em cena. Preservar qualidades tradicionais é importante, portanto, todas as cervejas de pubs franconianos são diferentes, mas, ao mesmo tempo, têm cor âmbar semelhante, um pouco de doçura e sabor maltados, e carbonatação leve. A Kellerbier (cerveja de adega) — uma lager não filtrada bebida diretamente das adegas — hoje é típica da Frâncônia, mas não é exclusiva de lá. Você pode encontrar uma Kellerbier estilo Helles ou uma versão Keller de uma Pilsner mais lupulada.

ATRIBUTOS DA CERVEJA

Cor	Claridade	Fermentação	ABV	Amargor
Dourado a âmbar	Brilhante a ligeiramente turva	Limpo a ésteres leves	4,4%–5,2%	15–35 IBU (baixo a médio)

MAHRS BRÄU AU

5,2% ABV | PRODUZIDA EM: BAMBERG, ALEMANHA

Esta famosa Amber Lager da Francônia é um misto reconfortante e alegre de maltes alemães, com torrada fresca, pão fresco, caramelo claro e biscoitos digestivos ou doces, em que a doçura agrada os lábios no início e se restringe no fim (graças à brassagem por decocção). Os lúpulos são florais e herbais, deliciosamente agridoces. A carbonatação é baixa, especialmente na pressão, e, em geral, esta é uma cerveja maravilhosa e irresistível.

ST GEORGENBRÄU BUTTENHEIMER KELLERBIER

4,7% ABV | PRODUZIDA EM: BUTTENHEIM, ALEMANHA

De cor âmbar profundo, ela não é filtrada e adquire uma espuma farta ao ser servida. Há um leve caráter de fermentação e um leve toque frutado de levedura misturada com mel, massa fresca e maltes torrados. A textura é macia e suave, portando o sabor do malte e certa doçura residual, e a finalização é leve no amargor, deixando um pouco de pimenta e relva. Nesta região da Alemanha, se você pedir uma lager, em geral será esta a cerveja servida.

MS. FRANK, SUAREZ FAMILY BREWERY

4,7% ABV | PRODUZIDA EM: HUDSON, NOVA YORK, EUA

Dá para saber pelo sabor quando um cervejeiro americano visitou a Francônia porque, sem tomar vários copos frescos da cerveja da região, é impossível acertar a nuança. A Ms. Frank é âmbar-alaranjada, com leve turbidez. Torrada, mel e biscoitos são as primeiras impressões, com uma plenitude de corpo que lembra as verdadeiras cervejas franconianas, antes de lúpulos duradouros crocantes, herbais e florais. Uma atualização da Suarez Family foi uma bela e estimulante carbonatação.

BRAYBROOKE HELLES LAGER

4,2% ABV | PRODUZIDA EM: MARKET HARBOROUGH, INGLATERRA

A fundação da Braybrooke tem inspiração franconiana. Esta é uma Helles estilo franconiano, e não do tipo encontrado em Munique. De dourado profundo e ligeiramente turva, contém notas de brioches torrados, frangipani ou amêndoa, torra de malte e maltes irresistíveis (e é mais rica em malte que uma cerveja de Munique), e também uma picância de ervas, como pimenta de lúpulos de Hallertau Tradition.

OUTROS EXEMPLOS PARA PROVAR

MÖNCHSAMBACHER LAGERBIER: maltes torrados, bem doces, lúpulos picantes.

FOX FARM GATHER: maltes de biscoito salgado e torrados, lúpulos herbais, cítricos leves.

FÄSSLA LAGERBIER: maltes torrados, casca de pão integral, lúpulos herbais.

VIENNA LAGER E AMERICAN AMBER LAGER

Estas lagers cor de âmbar variam de lagers clássicas europeias a American Amber Lagers modernas.

SHAKER   **WILLIBECHER**   **LEQUE DE SABORES**

SABOR, PROCESSO E HISTÓRIA

As melhores versões destas cervejas atingem uma interseção perfeita de sabor de malte e doçura, amargor de lúpulo, secura e teor alcoólico. Algumas Vienna Lagers usam apenas maltes Vienna, enquanto outras fermentações também podem usar Pilsner, Munich, caramaltes ou algum malte torrado. Vienna Lagers tradicionais podem usar decocção para acentuar o fundo e a riqueza do malte.

A quantidade de lúpulo em Vienna Lagers geralmente é moderada — picante, floral e herbal — enquanto American Ambers recebem tipicamente lúpulos americanos, às vezes altamente aromáticos e cítricos, ou de pinha, outras vezes delicados e condimentados. Uma fermentação limpa de levedura lager com maturação prolongada conferem uma característica suave e fácil de beber.

O cervejeiro vienense Anton Dreher usou tecnologia britânica de maltagem para produzir um novo tipo de malte, mais claro, o qual ele utilizou em uma receita de novas técnicas de fermentação lager que aprendeu em Munique. Sua Vienna Lager, fermentada pela primeira vez em 1841, tornou-se um dos primeiros estilos modernos de lager do mundo, notável pela cor âmbar ao lado das lagers escuras, antes de ser substituída pela Pilsner dourada. À época, ela foi amplamente esquecida, mas foi revivida por cervejeiros artesanais e voltou à Viena. A American Amber foi um dos estilos de cerveja artesanal originais dos anos 1980, notável por seu sabor mais rico de malte e maior quantidade de lúpulos em comparação com a American Lager padrão.

ATRIBUTOS DA CERVEJA

Cor	Claridade	Fermentação	ABV	Amargor
Âmbar claro a âmbar profundo	Brilhante a ligeiramente turva	Limpa/neutra	4,5%–6%	20–35 IBU (médio)

WIENER LAGER, BRAUEREI SCHWECHAT

| 5,5% ABV | PRODUZIDA EM: VIENA, ÁUSTRIA |

Esta era a cervejaria de Anton Dreher. A cerveja desapareceu até ser ressuscitada para o 175º aniversário da cervejaria, em 2016. A receita mais parece uma construção moderna do que uma recriação histórica. Independentemente disso, sua cor âmbar é profunda, feita com maltes Pilsner e Vienna, rica e caramelada, bastante doce, e torrada com muitos fundos de malte. Lúpulos Saaz conferem uma qualidade floral e um amargor duradouro.

VIENNA-STYLE LAGER, DOVETAIL BREWERY

| 5,1% ABV | PRODUZIDA EM: CHICAGO, ILLINOIS, EUA |

Fermentada com 100% de malte Vienna, sua cor é âmbar-cobre com leve turbidez e espuma grossa e duradoura. Torrada e com um toque de caramelo, há notas de casca de pão e bagels, um irresistível fundo Maillard e muitos sabores maltados agradáveis. O corpo é suave, com leves lúpulos herbais levando a uma finalização seca, mas não amarga, mantendo uma reconfortante qualidade maltada e uma finalização duradoura de pão torrado.

BROOKLYN LAGER, BROOKLYN BREWERY

| 5,2% ABV | PRODUZIDA EM: BROOKLYN, NOVA YORK, EUA |

Esta é uma clássica moderna e uma das primeiras American Amber Lagers, criando ou defendendo efetivamente este novo estilo. Tem a cor reluzente de uma antiga moeda de um centavo de dólar, e é brilhante e clara. Ela é dry-hopped, portanto, um aroma ligeiramente cítrico e floral são notáveis no início, com raspas de toranja, lúpulos frescos e uma característica de pinhas e ervas. O malte é como pão torrado, cascas de pão, baunilha e biscoitos, apenas com um pouquinho de caramelo doce antes de ficar seca e refrescantemente amarga.

GREAT LAKES ELIOT NESS AMBER LAGER

| 6,1% ABV | PRODUZIDA EM: CLEVELAND, OHIO, EUA |

Este clássico americano é profundamente âmbar, e os caramaltes e o Munich conferem sabores de pão, casca de pão torrado e um leve caramelizado. Tem maltes agradáveis sem ser doce, e o teor alcoólico mais elevado adiciona mais vigor e uma ligeira característica de levedura frutada. Lúpulos Mount Hood proporcionam uma qualidade herbal, floral e de casca de laranja, mas a maior parte do amargor é suavizada pelos maltes. Possui efervescência e frescor americanos.

OUTROS EXEMPLOS PARA PROVAR

OTTAKRINGER WIENER ORIGINAL: casca de pão, doçura de toffee, lúpulos condimentados.

SAMUEL ADAMS BOSTON LAGER: toffee, torrada integral com manteiga, casca de cítricos secos.

CHUCKANUT VIENNA LAGER: malte Vienna, nozes, torrada escura, lúpulos fragrantes florais.

MÄRZEN E FESTBIER

Estas lagers são comemorativas. A Märzen comemora a mudança de estações de fermentação, enquanto a Festbier é fermentada para festivais, famosa sobretudo pela Oktoberfest mundial em Munique e pelas várias comemorações inspiradas por ela no mundo todo.

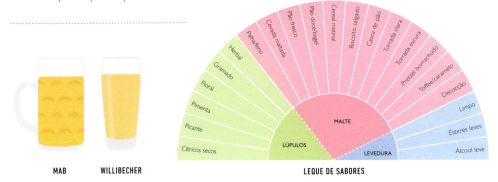

MAB   **WILLIBECHER**   **LEQUE DE SABORES**

SABOR, PROCESSO E HISTÓRIA

Märzen e Festbier tendem a ter uma maturação mais longa, baixa carbonatação, terem baixas características de malte e lúpulo e serem filtradas, o que aumenta sua suavidade, refrescância e drinkabilidade e as confere uma qualidade festiva exclusiva. A maioria das versões produzidas em Munique são como Helles fortes e douradas, enquanto versões artesanais cruzam a fronteira para um grupo mais amplo Märzen-Festbier-Oktoberfest, que são âmbar e mais maltados. Não há ingrediente ou qualidade que impressione mais que o outro.

Märzen é um tipo de cerveja originalmente fabricado em Março, acondicionada e maturada durante o verão e era servida em setembro ou outubro. Em certo momento, passou a ser produzida com malte Munich, e sua cor ficou mais clara que as dark lagers padrão. Nos anos 1870, uma Märzenbier foi servida na Oktoberfest pela primeira vez e uma nova tradição começou. Desde então, Oktoberfestbiers se tornaram versões mais fortes da Munich Helles. Na Alemanha, hoje a Märzen é mais uma referência de força do que um estilo, e raramente é encontrada. No universo mais amplo das cervejas artesanais, Märzen é sinônimo de lagers mais fortes e em tons de âmbar, e a Fest-Märzen fica em um meio-termo. Uma cerveja Oktoberfest — a menos que seja servida na verdadeira Oktoberfest — pode ser dourada ou âmbar. Na cervejaria, a Festbier é basicamente produzida como uma Helles mais forte, enquanto a Märzen é similar, com um pouco de malte Munich.

ATRIBUTOS DA CERVEJA

Cor	Claridade	Fermentação	ABV	Amargor
Palha a âmbar profundo	Brilhante a ligeiramente turva	Limpa/neutra	5,5%–6,5%	20–35 IBU (médio)

AUGUSTINER OKTOBERFESTBIER

6,3% ABV | **PRODUZIDA EM: MUNIQUE, ALEMANHA**

Oktoberfestbiers fermentadas em Munique têm cor dourada-brilhante e espuma rica e branca. Como uma Helles, mas mais forte, há mais maltes levemente tostados, mais riqueza por conta da decocção, notas da casca de pão e malte claro, textura mais suave e macia, e lúpulos ligeiramente refrescantes, o que acaba por interseccionar secura e álcool. Versões engarrafadas nunca proporcionam a mesma experiência (sabor, carbonatação, sensação de sociabilidade) que a cerveja bebida no festival.

WAYFINDER BEER FREIHEIT!

5,7% ABV | **PRODUZIDA EM: PORTLAND, OREGON, EUA**

De fermentação tradicional, a Freiheit! tem o estilo de uma Munich Festbier. É de cor dourada-brilhante e faz bastante espuma. Tem corpo suave, com maltes tostados bem-acabados de pão branco macio e pretzels fofos, mas o que a torna interessante é a suave carbonatação, suprimida com secura e amargor refrescante. A qualidade herbal e floral confere mais caráter lupulado do que o tipicamente encontrado em Munique.

HOFBRÄU OKTOBERFESTBIER

6,3% ABV | **PRODUZIDA EM: MUNIQUE, ALEMANHA**

Feita em uma das "Grandes Seis" cervejarias de Munique, esta é uma clássica Oktoberfestbier. Dourada brilhante com um colarinho enorme de espuma branca, há um fundo de malte pale torrado e ligeiramente adocicado, quase de brioche ou pão chalá, com uma riqueza alcoólica acolhedora e festiva, mas refrescante. É extremamente fácil de beber, objetivo comum neste estilo de cerveja, com uma finalização muito limpa e uma supressão de lúpulos alemães amargos e levemente herbais.

DONZOKO FESTBIER

5,8% ABV | **PRODUZIDA EM: LEITH, ESCÓCIA**

Uma lager de dourado profundo, esta cerveja transita entre o novo e o antigo, com acréscimo de lúpulos. Ela usa principalmente o malte Pilsner, com um pouco de Munich e Vienna adicionando cor e torra extras. A brassagem por decocção confere um sabor ampliado de malte e um pouco mais de textura, levando a uma finalização mais seca. Os lúpulos proporcionam amargor moderado, a carbonatação é vívida, e a bebida possui aromas estimulantes de limão seco, ervas amadeiradas e a picância da pimenta.

OUTROS EXEMPLOS PARA PROVAR

HACKER-PSCHORR OKTOBERFEST MÄRZEN: pão, torrada integral, lúpulos picantes.

GREAT LAKES OKTOBERFEST: maltes torrados, toffee suave, lúpulos picantes.

SIERRA NEVADA OKTOBERFEST: mel, casca de pão, biscoitos, lúpulos condimentados.

CZECH-STYLE AMBER E DARK LAGER

Com ricos perfis maltados e lúpulos Saaz, estas lagers em estilo tcheco variam de Polotmavý (âmbar) e Tmavý (marrom) a Černé (preta).

CANECA

LEQUE DE SABORES

- MALTE: Malte rico, Cevada maltada, Amaderado, Herbal, Gramado, Floral, Pão fresco, Torrada, Pretzel borrachudo, Casca de pão, Biscoito, Frutas secas escuras, Mel, Toffee/caramelo, Alcaçuz, Cacau, Café, Cevada torrada
- LÚPULOS: Pimenta
- LEVEDURA: Limpo/neutro, Levemente sulfuroso

SABOR, PROCESSO E HISTÓRIA

Os aromas destas cervejas evocam padarias e cafeterias: pão, torradas e biscoito nas ambers; chocolate, toffee e café nas mais escuras. A espuma deve ser grossa e a carbonatação é muitas vezes baixa, tornando-a uma bebida suave. A maioria só usa lúpulos tchecos e possui um amargor moderado para equilibrar a doçura residual mais elevada, mas estas cervejas são bem maltadas. Elas podem ter doçura residual marcante.

Ambers são mais ricas em caráter maltado do que Franconian Lagers, Vienna Lagers e American Amber Lagers, enquanto as cervejas escuras possuem uma qualidade muito mais plena comparadas à Dunkel ou à Schwarzbier. O malte Pilsner compõe a maior parte da cota de grãos. Versões Amber usam Vienna, Munich e, talvez, um pouco de caramalte, enquanto as versões Dark e Black usam mais Dark Munich e, talvez um pouco de malte Carafa ou preto. Água de fermentação suave ajuda a sensação de suavidade na boca, enquanto o lagering frio e o envase conferem uma textura suave e bem-acabada.

Até o fim dos anos 2010, estas cervejas eram distintamente tchecas e raramente bebidas em outros lugares, mas desde então sua popularidade cresceu. Elas não são tão comuns quanto as Czech Pale Lagers e, em geral, são ligeiramente mais fortes: 13º-14ºP é comum em lagers mais escuras.

ATRIBUTOS DA CERVEJA

Cor	Claridade	Fermentação	ABV	Amargor
Âmbar a preto	Brilhante a ligeiramente turva	Limpa/neutra	4,5%–6%	25–40 IBU (médio)

VINOHRADSKÝ PIVOVAR JANTAROVÁ 13

4,9% ABV | PRODUZIDA EM: PRAGA, REPÚBLICA TCHECA

Esta Polotmavý de cor âmbar é uma cerveja 13°P que finaliza em 4,9% de ABV, portanto, há certa doçura, mas não a ponto de deixar os lábios grudentos. É maltada com robustez, com sabores de malte típicos caramelizados, cascas de pão, torrada e biscoito com um toque de amargor maltado. Um amargor forte de lúpulo, com notas herbais e picantes, adiciona equilíbrio à doçura residual da cerveja. Uma espuma grossa e adocicada acrescenta uma textura maravilhosa à experiência de beber.

U FLEKŮ FLEKOVSKÝ TMAVÝ LEŽÁK

5% ABV | PRODUZIDA EM: PRAGA, REPÚBLICA TCHECA

Muitos cervejeiros provaram esta clássica Czech Tmavý Ležák e tentaram replicá-la. A cerveja começa em 13°P, portanto, os 5% de ABV vem com alguma doçura residual. É uma cerveja marrom bastante escura, com uma espuma acastanhada. Há bastante sabor e fundo de malte: cacau, chocolate, frutos secos, malte torrado, uma doçura semelhante à do toffee, alcaçuz e frutas vermelhas. É finalizada com um ímpeto claro de secura e um amargor herbal à la Becherovka.

SCHILLING BEER CO. MODERNISM

4,8% ABV | PRODUZIDA EM: LITTLETON, NEW HAMPSHIRE, EUA

Esta Dark Lager em estilo tcheco tem um quê de lúpulos Saaz, com aromas florais e herbais conduzindo o consumidor à espuma doce. O malte é toffee escuro, cola, torrada escura e biscoitos de chocolate. Contém um corpo mais escasso que algumas versões Czech mais doces, embora autêntico para outras, como a Tmavý Ležák da Budweiser Budvar, e o amargor de lúpulo herbal é mais proeminente. A Schilling também produz a Augustin 13°, uma Polotmavý.

UTOPIAN BREWING ČERNÉ SPECIÁLNÍ

5,9% ABV | PRODUZIDA EM: CREDITION, INGLATERRA

Esta lager preta mais forte é produzida em estilo tcheco, mas com ingredientes ingleses. Marrom-escura com espuma cremosa duradoura, a textura é suave, com carbonatação mais baixa que as lagers usuais fermentadas na Grã-Bretanha. Há notas de chocolate amargo, maltes torrados, anis, algumas frutas escuras licorosas, e a finalização é picante, herbal, quase mentolada. O amargor elevado é mais marcante que a maioria dos exemplos Czech. Contém o truque de mágica Czech da finalização leve.

OUTROS EXEMPLOS PARA PROVAR

STRAHOV SVATÝ NORBERT JANTAR 13°: caramelo, maltes torrados, um pouco de biscoito, lúpulos herbais.

PIVOVAR SOLNICE POLOTMAVÁ 11°: maltes com sabor de biscoito, malte cremoso, torrado, picante.

BUDWEISER BUDVAR TMAVÝ LEŽÁK: malte preto, frutas secas escuras, caramelo claro, refrescante.

DUNKEL E SCHWARZBIER

Estas lagers escuras em estilo alemão variam de Dunkels marrom-âmbar a Schwarzbiers marrom-pretas, e possuem um sabor distintivo de maltes mais escuros.

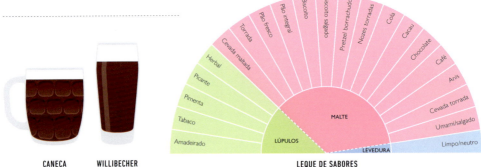

CANECA   **WILLIBECHER**   **LEQUE DE SABORES**

SABOR, PROCESSO E HISTÓRIA

Dunkels tendem a ter o sabor do malte Munich, com notas de torrada, casca de pão e cacau leve. A Schwarzbier (cerveja preta), na maioria das vezes, tem sabor de torra. Dunkels são reminiscentes das Helles escuras, e a Schwarzbier é mais próxima de uma Pilsner preta com menos amargor de lúpulo. Se maltada, a característica do malte nunca deve ser desequilibrada, e raramente elas possuem um sabor de malte preto forte.

Dunkels podem ser totalmente fermentadas com malte Munich, ou com um pouco de malte Pilsner, ou com adição de outros maltes escuros ou caramaltes. Em receitas clássicas, a brassagem por decocção acentua a sensação na boca, o sabor do malte e a complexidade, deixando uma secura que impede a cerveja de ficar pesada.

A Schwarzbier usa maltes Pilsner com maltes torrados, maltes escuros descascados ou, mesmo, Sinamar, um extrato de malte líquido natural que adiciona cor sem sabor. A Schwarzbier é mais seca e tem carbonatação mais elevada que uma Dunkel típica.

A Dunkel faz lembrar as lagers mais antigas, produzidas há 600 anos com maltes torrados. Com o tempo, a parte dos grãos mudou para maltes Munich e, ainda mais tarde, para maltes pale, mas o perfil de sabor maltado mais rico permanece. A Schwarzbier deixou legado nas regiões alemãs da Francônia, Saxônia e Turíngia. É possível que tenha sido uma cerveja de alta fermentação que passou a ser produzida como uma lager.

ATRIBUTOS DA CERVEJA

Cor	Claridade	Fermentação	ABV	Amargor
Âmbar escuro a preto	Brilhante a ligeiramente turva	Limpa/neutra	4,5%–5,9%	15–25 IBU (baixo a médio)

AYINGER ALTBAIRISCH DUNKEL

| 5% ABV | PRODUZIDA EM: AYING, ALEMANHA |

Uma Bavarian Dunkel à moda antiga, esta é uma cerveja de cor marrom-avermelhada clara e profunda, com espuma ondulada e esbranquiçada. O malte é bem-acabado e em camadas pela cerveja, proporcionando torrada, casca de pão, frutas secas escuras, maçã caramelizada, um leve toque de cacau e malte preto, e, graças ao processo de brassagem por decocção, seu sabor é mais pleno e irresistível. Os lúpulos são leves, mas esta cerveja celebra os fundos reconfortantes e os sabores do malte alemão.

KC BIER CO. DUNKEL

| 5% ABV | PRODUZIDA EM: KANSAS CITY, MISSOURI, EUA |

De cor marrom-cobre brilhante com espuma marrom duradoura, esta é uma cerveja de maltes Munich, proporcionando as cascas de pão, pretzels fofos, torrada escura e biscoitos caramelizados que lhes são característicos, mas sutis. O corpo tem uma agradável suavidade de malte, contendo todos os sabores maltados sem deixá-los doces, e levando a uma secura no fim. O amargor é baixo, como é de se esperar, e a finalização é mais refrescante que a de muitas versões de Munique.

KÖSTRITZER SCHWARZBIER

| 4,8% ABV | PRODUZIDA EM: BAD KÖSTRITZ, ALEMANHA |

A German Schwarzbier mais famosa é uma cerveja preta de cor vermelho-escuro. O aroma é discreto, com frutos secos, anis, pão, cacau, nozes torradas e uma leve torra, quase como cacau com água de Seltzer ou o cheiro do malte de chocolate, e tudo isso se percebe no sabor. Também contém alguns lúpulos herbais, complementando o amargor do malte. A carbonatação refresca e a secura acaba depressa.

BONES SHIRT, SUAREZ FAMILY BREWERY

| 4,9% ABV | PRODUZIDA EM: HUDSON, NOVA YORK, EUA |

De aparência marrom-escura, ela possui um corpo elegante e sucinto de malte, bastante semelhante a uma Pilsner, com apenas um pouco de cacau em pó, pão de centeio preto e um sabor distante de maltes torrados, mas tudo com uma profundidade de sabor em camadas. Os lúpulos conferem um toque de amargor e uma picância duradoura. A boa carbonatação proporciona uma leveza agradável e é uma excelente pegada moderna no estilo.

OUTROS EXEMPLOS PARA PROVAR

AUGUSTINER DUNKEL: torrada clara, cascas de pão, toffee escuro, lúpulos florais.

BIERSTADT DUNKEL: cascas de pão, cacau, pretzels fofos, lúpulos picantes.

KLOSTERBRÄU SCHWÄRZLA: chá preto doce, maltes escuros, cola, lúpulos herbais.

BOCK E DOPPELBOCK

Originárias da Bavária, estas lagers fortes e especiais são lançadas anualmente para comemorar a mudança de estações, sendo as claras Maibocks, as escuras Bocks e as Doppelbocks, mais fortes, os tipos mais comuns.

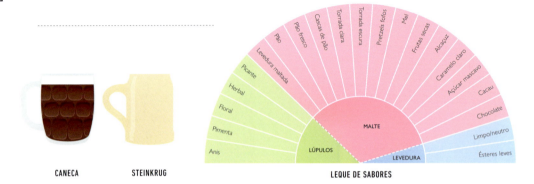

CANECA **STEINKRUG** **LEQUE DE SABORES**

SABOR, PROCESSO E HISTÓRIA

Estas lagers mais fortes são suaves e maltadas, raramente com excesso de características lupuladas ou amargor. Pale Bocks (Maibock, Heller Bock) têm sabores de pão e torrada, enquanto Bocks e Doppelbocks mais escuras têm mais caramelo, Maillard, torrada escura e, possivelmente, sabores torrados. Podem ter doçura residual, mas são feitas para ser bebidas em grandes volumes. O amargor, em geral, é baixo, assim como a carbonatação. Os holandeses têm suas próprias tradições de Bockbier, em que as cervejas lembram mais uma Dubbel em termos de sabor.

Versões alemãs são produzidas como qualquer lager tradicional, portanto, sobretudo com maltes pale com versões mais escuras usando grãos diferentes adicionais: Munich, Vienna, caramaltes e, inclusive, maltes mais escuros e mais torrados em pequenas quantidades. Com frequência, elas possuem sabor pleno de malte, especialmente as Doppelbocks doces, acentuado por brassagem por decocção ou pelo uso de maltes mais adocicados. Lúpulos alemães são típicos. Eles são armazenados por mais tempo, para um fundo suavizado.

Originalmente, estas cervejas eram representativas de mudança de estações na produção da Bavária, maturadas por mais tempo na abertura de comemoração. Elas ainda refletem mudança de estações hoje, e muitas vezes são associadas com um festival ou um evento especial. Pale Bocks são mais comuns na primavera (Maibocks ou May Bocks), enquanto Bocks escuras são produzidas no outono e no inverno. Doppelbocks têm vínculo com a Páscoa, e originalmente eram fermentadas por monges de Munique.

ATRIBUTOS DA CERVEJA

Cor	Claridade	Fermentação	ABV	Amargor
Dourado-claro a marrom-escuro	Brilhante a ligeiramente turva	Limpa a ésteres leves	6%–8%	20–50 IBU (baixo a médio)

MAHRS BRÄU HELLER BOCK

6,8% ABV — **PRODUZIDA EM: BAMBERG, ALEMANHA**

Lançada em outubro, esta Bock tem cor dourado profundo e turbidez leve. Há muitos maltes pale no fundo, ao lado de toques sobrepostos de levedura: toffee leve, brioche, pão branco, baunilha, marzipã e torrada. É bem suave de beber, agradavelmente rica, mas a doçura não chega a melar os lábios, com amargor pronunciado de lúpulo e um sabor de lúpulos florais e herbais em seu conteúdo. É robusta, mas a sensação ao beber é de uma Helles.

SCHELL'S BOCK

6,5% ABV — **PRODUZIDA EM: NEW ULM, MINNESOTA, EUA**

Produção sazonal do início do ano, esta Bock brilhante âmbar-marrom é uma bebida reconfortante de maltes suaves: torrada, toffee leve, melaço, pão torrado integral, bolo de frutas e pretzels. Tem um pouco de doçura, sem exageros e, no geral, é menos encorpada que muitas versões alemãs. É mais característica das Bocks de fermentação americana, em que a carbonatação rápida a mantém relativamente leve e refrescante, com um amargor bem leve no fim.

LA TRAPPE TRAPPIST BOCKBIER

7% ABV — **PRODUZIDA EM: BERKEL-ENSCHOT, PAÍSES BAIXOS**

Lançada no outono, esta Dutch Bock vem das mesmas tradições que a German Bock, mas seu sabor é um pouco diferente. Tipicamente, é vermelha-marrom escura, tem de 6,5% a 7% de ABV, às vezes de alta fermentação, com mais sabor de levedura e lúpulos que uma German Bock. Esta Bock de alta fermentação tem notas de torradas queimadas, caramelo, açúcar mascavo, alcaçuz, anis, frutas escuras secas ao estilo Dubbel, chocolate, um pouco de calor alcoólico, toque de frutas de levedura éster no aroma e amargor picante.

AYINGER CELEBRATOR

6,7% ABV — **PRODUZIDA EM: AYING, ALEMANHA**

Esta clássica Doppelbock está em baixa no quesito força do estilo, mas em alta no quesito complexidade. Preto-avermelhada com espuma cremosa esbranquiçada, há camadas de pão, caramelo, mel de castanhas amargas, melado, alcaçuz, uvas-passas, bolo de frutas (com pedaços de frutas queimadas), uma certa torra e uma finalização herbal de licor de café. Todas essas camadas de sabor vêm individualmente, e não como uma maçaroca só.

OUTROS EXEMPLOS PARA PROVAR

PAULANER SALVATOR: bolo de chá, caramelo, malte torrado.

UTOPIAN RAINBOCK: maltes doces, mel, bolo-esponja, lúpulos picantes.

SCHLOSS EGGENBERG SAMICHLAUS: licorosa, malte rico ao estilo xerez, cereja.

KÖLSCH

Notoriamente associada à cidade alemã de Colônia, estas cervejas claras são brilhantes, refrescantes, com lúpulos acentuados e fermentadas com levedura ale.

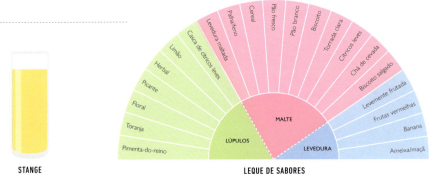

STANGE

LEQUE DE SABORES

SABOR, PROCESSO E HISTÓRIA

A Kölsch tem aparência amarelo-brilhante filtrada, um leve sabor de malte similar ao da Pilsner, mas com menos carbonatação, corpo escasso e seco, amargor refrescante e preciso, e uma semelhança à água mineral. Em geral, a variedade vem com os aromas, geralmente conduzidos por um leve toque frutado de levedura éster ou lúpulos suaves. Muitas versões produzidas fora de Colônia não conseguem acertar o perfil de sabores corretos.

A verdadeira Kölsch fermentada em Colônia é feita de acordo com a Convenção Kölsch, que define a cerveja como: clara, filtrada, de lúpulos acentuados, fermentação alta, cerca de 4,5% de ABV, e produzida na região de Colônia. As receitas têm uma base simples de malte Pilsner, talvez com alguma quantidade de malte Munich para mais cor e maltosidade. Lúpulos alemães conferem um amargor vigoroso, herbal e picante, e às vezes um pouco de sabor floral e herbal. O uso de levedura ale e fermentação quente cria alguns ésteres frutados, e o tempo mais longo de acondicionamento gera um perfil limpo de sabores.

À medida que as Pilsners se espalharam pela Europa, cervejeiros de Colônia apreciaram sua popularidade, simultaneamente mantendo as próprias tradições com bastante lúpulo, criando então uma particularidade dourada de um estilo que os moradores aclamam de coração. Tecnicamente, apenas cervejeiros de Colônia podem usar o nome "Kölsch". Düsseldorf tem uma tradição ale similar, só que sua cerveja (a Altbier) é escura, e há disputas acirradas nas cidades sobre qual cerveja é a melhor.

ATRIBUTOS DA CERVEJA

Cor	Claridade	Fermentação	ABV	Amargor
Amarelo	Brilhante	Limpa a ésteres leves	4,4%–4,9%	15–35 IBU (baixo a médio)

FRÜH KÖLSCH

4,8% ABV | PRODUZIDA EM: COLÔNIA, ALEMANHA

Esta Kölsch é brilhante à perfeição, de cor amarelo-palha claro e espuma branca cremosa. Há um leve toque frutado, proveniente da levedura, no aroma. O corpo é leve e limpo, com um pouco de sabor de malte torrado, conduzindo a uma finalização refrescante, seca e ligeiramente amarga, com um toque de suco de limão no final. Não é uma cerveja complexa, mas é maravilhosa pelo equilíbrio, frescor, refrescância e facilidade de beber, embora parte dessas qualidades seja sutilmente perdida em garrafas ou latas.

GAFFEL KÖLSCH

4,8% ABV | PRODUZIDA EM: COLÔNIA, ALEMANHA

Há um toque frutado subjacente e atrativo nesta cerveja, um belo misto de lúpulo e levedura conferindo toques de uva, maçã e um pouco de limão, mas tudo sutil. O malte é mais rico que o da Früh, com um toque de pão e semelhante a biscoitos. Uma carbonatação refrescante cruza com perfeição com uma secura mineral e um amargor firme de lúpulos. É uma cerveja precisa, simples e, mesmo assim, interessante, da qual você pode tomar vários pequenos copos sem se entediar.

TZARA, THORNBRIDGE BREWERY

4,8% ABV | PRODUZIDA EM: BAKEWELL, INGLATERRA

A Tzara é uma Kölsch genuína. De cor dourado-claro brilhante, há um toque de limão e lúpulos florais no aroma, além de uma nota de fundo de levedura e fermentação. A receita tem um pouco de trigo e Carapils, que adicionam um bom volume de textura ao corpo e um sabor mais torrado aos maltes pale. Refrescante e com uma finalização lupulada duradoura de pimenta, a Tzara mostra como uma excelente Kölsch fica bem colocada entre Blonde Ales e Pilsners.

KÖLSCH-STYLE ALE, DOVETAIL BREWERY

4,6% ABV | PRODUZIDA EM: CHICAGO, ILLINOIS, EUA

A cervejaria Dovetail serve sua Kölsch em copos próprios Stange de 200ml. Não é filtrada, portanto, pode ser considerada uma Weiß, como seria uma Kölsch não filtrada na Colônia. A cerveja tem caráter tradicional, mas dizem que ela adquiriu toques locais: há ésteres frutados e limão no aroma, um corpo mais pleno e textura cremosa, maltes com gosto de biscoito e um pouco de cereal, além de amargor herbal e expressivo.

OUTROS EXEMPLOS PARA PROVAR

REISSDORF KÖLSCH: maltes melados, lúpulos leves condimentados, equilibrada.

PÄFFGEN KÖLSCH: amargor de limão e herbal, biscoito, malte pale.

CHUCKANUT KÖLSCH: clássica, malte leve, cítricos leves, lúpulos florais.

ALTBIER

A Altbier é uma cerveja marrom-escura e amarga, fermentada "à moda antiga" e notavelmente associada à cidade alemã de Düsseldorf.

BECHER

LEQUE DE SABORES

SABOR, PROCESSO E HISTÓRIA

Estas cervejas são marrons, claras, com espuma castanha, e o sabor é um misto de maltes torrados, lúpulos de amargor herbal e ésteres frutados. O malte lembra nozes torradas, torrada escura, caramelo claro, frutos secos e uma ligeira torra. Têm amargor de moderado a alto, e há sabores de lúpulos alemães herbais, condimentados e picantes. Ésteres de levedura variam entre as cervejas, com algumas muito frutadas e outras mais neutras. Maltes escuros Munich conferem sabor e cor. Lúpulos alemães herbais correspondem ao estilo. Uma levedura ale e uma temperatura de fermentação mais elevada que o habitual promovem ésteres frutados.

Ela é acondicionada no frio como uma lager, suavizando algumas bordas mais ásperas do malte escuro, o amargor elevado e ésteres de levedura. Um perfil de água mais dura confere um fundo seco e mineral, o que adiciona uma qualidade vigorosa ao malte e ao amargor do lúpulo.

"Altbier" significa "cerveja antiga", mas é uma referência a um estilo antigo, não a uma cerveja maturada. Ales marrons e amargas eram comuns no noroeste da Alemanha, e, conforme novos tipos de lagers se espalharam por lá, a antiga cerveja adotou novo nome e significado. É a cerveja típica da cidade de Düsseldorf, e, como no caso da Kölsch na Colônia, para entender de verdade seu caráter é preciso bebê-la direto da torneira em sua cidade-natal.

ATRIBUTOS DA CERVEJA

Cor	Claridade	Fermentação	ABV	Amargor
Marrom-cobre	Brilhante	Limpa a ésteres leves	4,5%–5%	25–50 IBU (médio a alto)

UERIGE ALTBIER

4,7% ABV | PRODUZIDA EM: DÜSSELDORF, ALEMANHA

Esta cerveja brilhante marrom-acastanhada começa com ésteres leves frutados. O malte é torrado e caramelizado, há pão integral, açúcar mascavo e frutos secos, e ela é robusta e suave ao mesmo tempo, com secura mineral. Seu IBU 50 é uma qualidade que define a cerveja de Uerige, e ela tem uma pegada firme e duradoura de ervas no fim, que combina com o amargor, enquanto uma nota floral (a bebida usa lúpulos florais integrais) a refresca o tempo todo, conforme se mescla a ésteres frutados.

HAUSBRAUEREI ZUM SCHLÜSSEL ORIGINAL ALT

5% ABV | PRODUZIDA EM: DÜSSELDORF, ALEMANHA

As Altbiers de Düsseldorf são mais variadas que as Kölsches de Colônia. A Füchschen contém amargor semelhante ao do quinino e doçura maltada extra, a Kürzer é como geleia de cereja em torrada integral, e a Schlüssel, por sua vez, é o exato meio-termo. Diferenciada e bem integrada entre o malte e o lúpulo, com um ligeiro fundo de malte, um pouco de torra de malte Munich, e corpo mais pleno que outras, o sabor e o amargor do lúpulo vão diminuindo na cerveja rumo a uma finalização picante e apimentada.

ALTBIER, CERVEJARIA BAMBERG

4,8% ABV | PRODUZIDA EM: VOTORANTIM, BRASIL

Esta é uma Altbier de fermentação clássica feita por uma cervejaria brasileira especializada em estilos de cerveja alemães. Com IBU 48, é alta em amargor, mas equilibrada por caramelos mais doces, pão torrado integral, açúcar mascavo e um pouco de malte torrado. O amargor do malte torrado cruza com o amargor do lúpulo — herbal, picante e proeminente — enquanto a levedura confere um pouco de cereja e maçã. É refrescante, amarga e um pouco frutada, como uma boa Altbier deve ser.

VALKYRIE, ENEGREN BREWING CO.

6,2% ABV | PRODUZIDA EM: MOORPARK, CALIFÓRNIA, EUA

Seria possível chamar essa de Sticke Alt, uma versão mais forte de uma receita típica. Ela é brilhante e de âmbar profundo. Há muito malte Munich, conferindo pão torrado integral, cascas de pão e fundo caramelizado (ela usa malte melanoidina, o que dá um sabor de decocção), além de algumas frutas escuras e frutas secas. Os lúpulos são herbais, amadeirados e firmes sob a doçura do malte, e há um toque frutado no aroma.

OUTROS EXEMPLOS PARA PROVAR

SCHUMACHER ALT: nozes, caramelo, lúpulos picantes e herbais.

ALASKAN AMBER: maltes torrados, pão, lúpulos florais e refrescantes.

UERIGE STICKE: caramelo mais rico, mais forte, lúpulos herbais, frutos secos.

RAUCHBIER E CERVEJAS DEFUMADAS

Estas cervejas dão continuidade à tradição de produzir cerveja com malte defumado, o que confere aroma e sabor de fumaça.

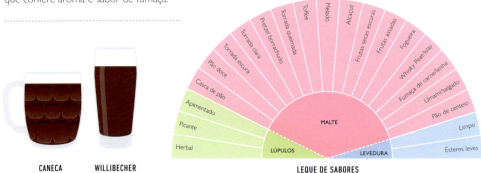

CANECA   **WILLIBECHER**   **LEQUE DE SABORES**

SABOR, PROCESSO E HISTÓRIA

Em geral, cervejas defumadas têm uma obviedade imediata pelo cheiro de fumaça, que pode ser de carne defumada, fogueiras, turfa ou uísque Islay. A Rauchbier é o estilo principal de cerveja defumada, e é uma German lager maltada com distinto aroma de carne defumada. Quaisquer outros estilos de cervejas podem usar malte defumado, embora ele seja mais comum em ales escuras.

O estilo fundamental determinará o processo de fermentação e o sabor de base. A maioria dos maltes defumados (cevada ou trigo) são claros, portanto, os cervejeiros adicionam maltes coloridos ou torrados, dependendo da cor da cerveja que eles querem. Algumas cervejas contêm só maltes defumados; outras usam uma porcentagem menor, para conferir um sabor mais leve. Em geral os lúpulos são escassos e raramente aromáticos.

Antes de o calor indireto remover o fogo e a fumaça da maltaria, a maior parte do malte usado na cerveja provavelmente já continha um sabor de fumaça, bem como cor escura. À medida que o sabor da fumaça foi deixando as cervejas e a bebida ficava mais clara e mais refrescante, um ou outro cervejeiro em Bamberg — o lar da Rauchbier — continuou usando madeira para abastecer os fornos de malte. Cervejeiros de Bamberg usam lenha de faia, o que proporciona um aroma de linguiça defumada e bacon. Em outros lugares, cervejeiros podem usar cerejeira, carvalho, entre outras.

ATRIBUTOS DA CERVEJA

Cor	Claridade	Fermentação	ABV	Amargor
Dourado a marrom escuro	Brilhante a levemente turva	Limpa a ésteres leves	4,5%–6,5%	15–25 IBU (baixo a médio)

SCHLENKERLA MÄRZEN RAUCHBIER

| 5,1% ABV | PRODUZIDA EM: BAMBERG, ALEMANHA |

Considerada *a* Rauchbier e feita por uma cervejaria que produz seu próprio malte defumado em fogueiras de madeira de faia, essa Märzen (uma lager mais forte) é de um marrom-violeta profundo. A fumaça satura os sentidos imediatamente com um misto que lembra madeira defumada, cinzas quentes, carne defumada e queijo defumado. Por baixo disso há maltes doces, frutos secos e torrada queimada, e ela contém um fundo meio umami que causa saciedade, finalizando com uma pegada de amargor apimentado.

SPEZIAL RAUCHBIER LAGER

| 4,9% ABV | PRODUZIDA EM: BAMBERG, ALEMANHA |

A Spezial é outra cervejaria Rauchbier de Bamberg, e sua principal lager defumada tem cor âmbar profunda. A defumação é mais suave que a da Schlenkerla, mas ainda contém o cheiro de linguiça defumada da madeira de faia. Há malte torrado, textura suave e doçura de mel no meio, com uma secura semelhante à de biscoitos e um amargor de lúpulo apimentado no fim. A Spezial produz uma intrigante Smoked Hefeweizen, que combina defumação leve com ésteres frutados de banana.

ALASKAN SMOKED PORTER

| 6,5% ABV | PRODUZIDA EM: JUNEAU, ALASCA, EUA |

Lançada todo dia 1º de novembro, este clássico americano tem a defumação de uma fogueira: ao redor da qual você poderia se sentar para assar marshmallows. Possui um aroma elegante de fumaça, é docemente defumada como madeira de cerejeira, com chocolate amargo, cevada levemente torrada, melado, cacau e um pouquinho de uísque defumado, equilibrando com perfeição a fumaça com os ricos sabores subjacentes da Porter, e deixando um leve, mas duradouro, caráter defumado.

JACK'S ABBY SMOKE & DAGGER

| 5,6% ABV | PRODUZIDA EM: FRAMINGHAM, MASSACHUSETTS, EUA |

Esta é uma lager escura com uma elegante defumação de fundo que garante um sabor mais rico e pleno aos demais ingredientes. Há chocolate amargo, torra leve, bacon e madeira de faia defumados, café frutado e lúpulos picantes no fim. É leve na medida e, em geral, refrescante. Ao ser bebida, lembra algo entre a Porter, a Schwarzbier e a Rauchbier, com o realce do sabor de fumaça mais perceptível.

OUTROS EXEMPLOS PARA PROVAR

YAZOO SUE: chocolate amargo, fumaça de madeira, frutas escuras.

BAMBERG BIER RAUCHBIER: carnes defumadas, mel, torrada, frutas secas, herbal.

SCHLENKERLA EICHE DOPPELBOCK: maltes doces ricos, fumaça de carvalho, amadeirado.

PALE ALES, IPAS E ALES LUPULADAS

SE EXISTE UMA CARACTERÍSTICA que define as cervejas modernas, é o aroma e o sabor de lúpulos: cítricos, frutas tropicais e de caroço, ervas, flores e especiarias. Estilos lupulados incluem Session IPAs refrescantes, Hazy Pale Ales suculentas, West Coast IPAs amargas, Double IPAs impactantes, English IPAs clássicas, Pacific Pale Ales veranis e cervejas de variáveis tonalidades, de Blonde e Golden Ales a Ambers, Red e Black IPAs. Mesmo que tenham receitas diferentes, essas cervejas compartilham um maravilhoso aroma e o sabor de lúpulos.

IPAS DE INFLUÊNCIA AMERICANA

No início dos anos 2000, as IPAs se tornaram o estilo emblemático da cerveja artesanal americana. Elas representavam tudo que uma lager leve não continha: amargor elevado, aroma de lúpulo impactante, corpo rico de malte e maior teor alcoólico.

QUATRO TIPOS DE IPA

É possível distinguir quatro tipos de IPAs de influência americana: West Coast, American, Hazy e New England IPA.

WEST COAST IPA
A West Coast IPA é frequentemente brilhante/clara, de dourado-clara a âmbar, e com um perfil de lúpulos cítricos, florais, de pinha e dank, de variedades como Cascade, Centennial, Chinook e Simcoe, além de algumas qualidades tropicais em certas versões modernas. Pode ter malte limpo e refrescante, com fundo de caramelo, e um amargor notável.

AMERICAN IPA
Com turbidez brilhante ou clara, a American IPA vai de dourado a âmbar-claro, com perfil clássico de lúpulos cítricos, florais (mais acentuados que na West Coast) e de pinha, do Cascade, Centennial, Columbus, Amarillo, Simcoe e outros. Contém certa doçura torrada ou de caramelo claro, e amargor de moderado a alto.

HAZY IPA
De turbidez média a alta e cor de amarelo a laranja, a Hazy IPA tem aromas cítricos, tropicais, de melão e suculentos, de lúpulos como Mosaic, Citra e El Dorado, além da adição de outras variedades. O amargor é médio, e a sensação na boca tem certa plenitude e suavidade, mas também finaliza seca. Aveia e/ou trigo compõem os grãos de base. Os ésteres frutados são discretos.

NEW ENGLAND IPA
De turbidez média a espessa e de cor amarelo a laranja, a New England IPA tem aromas fortes cítricos, tropicais, de melão e suculentos de novas variedades de lúpulos, como Citra, Mosaic, Azacca, Idaho 7 e Ekuanot. O amargor é de baixo a médio, a textura é de média a plena. Aveia e/ou trigo constituem a maior parte dos grãos de base. Ésteres frutados e/ou com aroma doce podem ser fortes.

WEST COAST X AMERICAN
Em geral, a West Coast terá menos maltes e amargor mais perceptível, com lúpulos dank e resinosos ao lado dos cítricos, enquanto uma American IPA pode ter sabor de malte mais doce ou de caramelo, e mais lúpulos que tendem para o floral e o cítrico (muitas vezes, toranja).

NEW ENGLAND X HAZY
Não há distinção exata entre estas duas; é mais um contínuo de sabores, e a Hazy tem finalização mais leve. A New England é mais espessa na boca e na textura, mais turva em aparência e, muitas vezes, mais aromática em geral.

HAZY WEST COAST
Há sobreposição entre todos estes estilos, portanto, talvez você encontre Hazy West Coast IPAs ou New England IPAs usando lúpulos americanos mais clássicos (como o Cascade) e contendo maior amargor. A IPA é um estilo em constante evolução e de novas inspirações.

PERFIS DE SABORES

Há certa sobreposição entre os perfis de sabores e características das diferentes IPAs de influência americana.

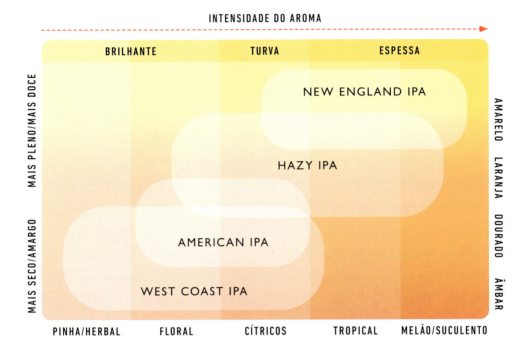

A FAMÍLIA IPA

A IPA se tornou uma família mais ampla de cervejas, com subtipos distintos. Você encontrará versões Session, Double ou Imperial (ou mesmo Triple) da maioria das IPAs. É comum elas serem abreviadas, portanto, Double IPA se torna DIPA. Pale Ales fortes se sobrepõem entre a Pale Ale e a IPA, embora seja mais um padrão competitivo do que um estilo listado em rótulos.

GOLDEN ALE
4%–5% ABV
20–45 IBU

PALE ALE
4,5%–6% ABV
20–50 IBU

SESSION IPA
3,5%–5% ABV
20–55 IBU

IPA
6%–7,5% ABV
30–70 IBU

DOUBLE IPA
7–9% ABV
40–100 IBU

AMERICAN PALE ALE

Estilo original da cerveja artesanal, a American Pale Ale é um misto refrescante de lúpulos cítricos, alguns maltes levemente adocicados e uma finalização amarga duradoura.

SABOR, PROCESSO E HISTÓRIA

Lúpulos americanos e outros do Novo Mundo criam um aroma diferenciado e convidativo, com um amplo leque de sabores cítricos, frutas tropicais, pinha e odores florais. Lúpulos como Cascade, Centennial, Chinook, Simcoe e Amarillo definem um perfil de sabores mais antigo, enquanto variedades mais novas, como Citra e Mosaic, conferem uma qualidade mais tropical. Em geral, são lupulados na caldeira e também dry-hopped. O sabor principal (ou exclusivo) de malte Pale Ale contém um pouco de doçura, com pão, malte torrado e sabores leves de caramelo.

O estilo varia de menos de 4% a mais de 6% de ABV, com algumas mais caramelizadas e maltadas, e outras mais escassas e mais amargas. Comparada com a IPA, a Pale Ale pode ter um caráter mais maltado e menor teor alcoólico, amargor e aroma de lúpulo. Algumas são filtradas e brilhantes, outras, ligeiramente turvas. Hazy Pales diferem pelo uso de trigo e aveia em seu corpo e por aromas mais tropicais.

O estilo original de cerveja artesanal americana tirou a receita de uma English Pale Ale, adicionou mais maltes e usou variedades de lúpulos americanos para produzir uma cerveja mais forte, mais amarga e mais aromática em comparação com versões inglesas. Hoje, a Pale Ale em estilo americano (às vezes escrita como APA) é produzida no mundo todo. Hazy Pales se desenvolveram dentro do próprio estilo.

ATRIBUTOS DA CERVEJA

Cor	Claridade	Fermentação	ABV	Amargor
Amarelo a âmbar	Brilhante a ligeiramente turva	Limpa a ésteres leves	4%–6,5%	30–50 IBU (médio a alto)

SIERRA NEVADA PALE ALE

5,6% ABV	PRODUZIDA EM: CHICO, CALIFÓRNIA, EUA

A American Pale Ale por excelência, ela é brilhante e de cor dourado profundo. O aroma de lúpulo Cascade é elegante, mas não intenso, com notas de casca e pele de toranja, toranja cristalizada e cítricos agridoces, além de um frescor do cheiro de flores de lúpulo. O corpo contém riqueza de maltes sem doçura, proporcionando certos sabores torrados, equilibrando um amargor marcante, apimentado e duradouro. Algumas Pales são mais amargas ou mais aromáticas; esta alcança o perfeito equilíbrio.

THREE FLOYDS BREWING ALPHA KING

6,66% ABV	PRODUZIDA EM: MUNSTER, INDIANA, EUA

Esta é uma grande Pale Ale com quase a intensidade de uma IPA, características do estilo antigo, cor âmbar profundo e doçura de malte de caramelo puxa-puxa. Os lúpulos são marcantes, de pinha e vigorosos, com pele de cítricos, frutas de caroço secas, toranja, algumas notas úmidas e resinosas, e uma qualidade de pão de centeio picante. Seu IBU 68 confere uma finalização robustamente amarga, e esse equilíbrio agridoce definiu as American Pale Ales por décadas.

TRACK SONOMA

3,8% ABV	PRODUZIDA EM: MANCHESTER, INGLATERRA

Esta moderna British American Pale Ale mostra como o estilo pode ser influenciado por diferentes culturas. A Sonoma tem lúpulos Mosaic, Citra e Centennial, proporcionando frutas tropicais, casca de limão e toranja. O amargor elevado combina com a secura mineral no fim, e tudo isso é equilibrado por maltes torrados. No barril de madeira, a Sonoma tem textura mais suave e uma qualidade de frutas de caroço mais cremosa, em comparação com os lúpulos mais acentuados do barril ou da lata.

MATUŠKA APOLLO GALAXY

5,5% ABV	PRODUZIDA EM: BROUMY, REPÚBLICA TCHECA

Com lúpulos Apollo, Galaxy e Citra, esta cerveja dourada ligeiramente turva é servida com uma espuma grossa e duradoura, que retém todos os melhores aromas dos lúpulos e lhes confere elegância: frutas tropicais suculentas, pêssego, damasco, florais, manga, abacaxi, laranja. O aroma americano se encontra com o clássico equilíbrio tcheco: a cerveja de base é fermentada com maltes lager, conferindo uma textura suave, um pouco de doçura e um amargor herbal duradouro como o de uma Pilsner.

OUTROS EXEMPLOS PARA PROVAR

HALF ACRE DAISY CUTTER: cítricos frescos, resinoso leve, equilibrado.

LIBERTY BREWING YAKIMA MONSTER: toranja, tangerina, pinha amarga.

THE KERNEL PALE ALE: floral e frutada, malte suave, amargor duradouro.

AMERICAN IPA E WEST COAST IPA

A IPA em estilo americano, com seu aroma elevado de lúpulos cítricos e amargor intenso, chegou para definir o sabor da cerveja artesanal.

SHAKER

PINT

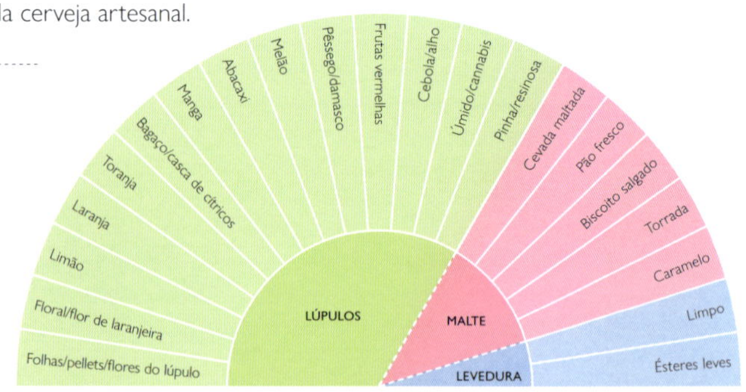

LEQUE DE SABORES

SABOR, PROCESSO E HISTÓRIA

A American IPA e a West Coast IPA têm sabores similares de lúpulos, com variedades americanas como o Cascade, Centennial e Simcoe, e muitas produções também incluem variedades de lúpulo mais suculentos, como o Citra, Mosaic e Ekuanot. Os lúpulos proporcionam aromas cítricos, de pinha, frutas de caroço e florais. Elas têm adição elevada de lúpulos amargos, em seguida, são lupuladas durante a fervura com grande dry-hop para o aroma, além de um amargor forte e duradouro e um teor alcoólico moderadamente alto (cerca de 7% de ABV).

A parte dos grãos é principalmente composta de malte Pale Ale, com alguns maltes especializados. A American IPA tem mais sabor de malte e doçura, e mais aromas de lúpulos florais. A West Coast tende a ser mais escassa em malte, mais amarga, mais seca e com mais aromas cítricos. Ambas encantam pelos aromas, sabores e amargor.

A American IPA se desenvolveu da metade para o fim dos anos 1990, extraindo a antiga ideia de uma English IPA e americanizando-a com maltes mais leves e lúpulos americanos mais aromáticos. A American IPA mudou ao longo dos anos, indo de maltes mais ricos em caramelos e lúpulos de toranja a um amargor intenso e, em seguida, tornando-se mais equilibrada e aromática. Hoje, ela passou a ter aromas mais suculentos e tropicais. Há uma grande paixão por este ótimo estilo, com seu impactante sabor de lúpulo.

ATRIBUTOS DA CERVEJA

Cor	Claridade	Fermentação	ABV	Amargor
Amarelo a âmbar	Brilhante a ligeiramente turva	Limpa a ésteres leves	5,5%–7,5%	40–70 IBU (médio a alto)

TWO HEARTED ALE, BELL'S BREWERY

| 7% ABV | PRODUZIDA EM: COMSTOCK, MICHIGAN, EUA |

A Two Hearted Ale é uma American IPA clássica. De cor dourada profunda, é fermentada com lúpulos Centennial e tem cheiro de casca de laranja, flor de laranjeira, bolo de laranja, jujuba de laranja, tangerina e casca amarga de laranja, além de refrigerante de toranja, lúpulos florais e maltes de pão adocicados. Finaliza com um amargor herbal e resinoso (60 IBU) que parece aumentar à medida que você bebe. A doçura leve e os lúpulos florais e de laranja definem a American IPA.

BLIND PIG, RUSSIAN RIVER BREWING CO.

| 6,25% ABV | PRODUZIDA EM: WINDSOR, CALIFÓRNIA, EUA |

A Blind Pig é a West Coast IPA arquetípica. De cor amarelo-dourado brilhante, há um aroma clássico de lúpulos americanos com bagaço, casca e polpa de laranja, casca de toranja, cítricos oleosos, geleia de damasco e um toque de pinha resinosa, com um amargor herbal como o do Campari, e uma mineralidade seca e acentuada na finalização. As qualidades que a definem são seu corpo escasso e como ela é impecavelmente equilibrada com um extremo de lúpulos, proporcionando um caráter muito limpo e refrescante.

EPIC ARMAGEDDON IPA

| 6,66% ABV | PRODUZIDA EM: AUCKLAND, NOVA ZELÂNDIA |

De cor âmbar-dourado profunda com leve turbidez, a Armageddon é fermentada com malte Pale Ale e caramalte, e um clássico combo de lúpulos Cascade, Centennial, Columbus e Simcoe. Há tangerina em conserva, toranja-rubi doce, limão seco, um pouco de resina e pinha: tudo que se espera em uma IPA. O corpo contém uma leve doçura de malte suculento, que realça o toque frutado e confere equilíbrio aos 66 IBU, que dura mais tempo.

JAIPUR IPA, THORNBRIDGE

| 5,9% ABV | PRODUZIDA EM: BAKEWELL, INGLATERRA |

Fermentada somente com o malte Maris Otter, de pouca cor, a Jaipur tem um dourado bem claro e corpo leve, porém pronunciado, capaz de reter muitos lúpulos sem ficar doce: qualidade das melhores American IPAs. Lúpulos Chinook, Centennial, Ahtanum, Simcoe, Columbus e Cascade proporcionam flor de laranjeira, doce de laranja, damasco amargo, notas florais, amargor de toranja e um amargor herbal duradouro.

OUTROS EXEMPLOS PARA PROVAR

DRIFTWOOD FAT TUG IPA: toranja, resinosa, amargor refrescante.

BENTSPOKE CRANKSHAFT: laranja suculenta, tropicais frescos, caramelo claro.

PASTEUR STREET JASMINE IPA: floral, toranja, amargor refrescante.

AMERICAN DOUBLE IPA E WEST COAST DOUBLE IPA

Com alta concentração de lúpulos, alto teor alcoólico e impacto elevado, a Double IPA é o estilo mais intensamente lupulado que você vai encontrar no universo das cervejas artesanais.

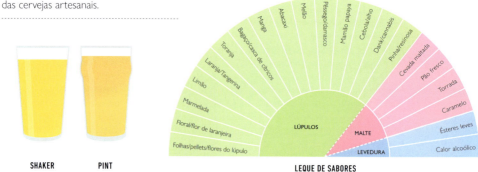

SHAKER · PINT · LEQUE DE SABORES

SABOR, PROCESSO E HISTÓRIA

Espere uma experiência intensa com lúpulos, com aromas plenos e amargor pronunciado. Double IPAs são bem parecidas com IPAs, mas com mais de tudo: mais maltes pale, mais lúpulos para o amargor, mais dry hopping para o aroma e mais álcool. Os lúpulos são extremamente intensificados e acentuados pelo malte e pelo álcool extras, que amplificam o sabor. A expectativa são lúpulos como Chinook, Collumbus e Simcoe, mas também são encontradas variedades modernas com odores tropicais.

Os aromas são da gama típica de cítricos, frutas tropicais, frutas de caroço, pinha e algumas qualidades úmidas e herbais. O amargor vai de alto a muito alto, e pode haver ésteres provenientes de levedura ou aquecimento alcoólico. Algumas podem usar açúcar como adjunto para manter o corpo mais leve, outras, extrato de lúpulo de amargor para conferir um amargor lupulado mais limpo. Cervejas West Coast são mais brilhantes, secas e amargas e possuem aroma cítrico mais conciso.

Essas cervejas surgiram na metade dos anos 1990, e cresceram em popularidade no início dos anos 2000. Desde 2010, tornaram-se um estilo favorito de muitos consumidores que adoram o impacto dos aromas e sabores dos lúpulos. Versões turvas adotaram o nome "DIPA", mesmo que ainda possamos encontrar West Coast como Double ou Imperial IPA (IIPA).

ATRIBUTOS DA CERVEJA

Cor	Claridade	Fermentação	ABV	Amargor
Amarelo a âmbar	Brilhante a ligeiramente turva	Ésteres leves a aquecidos	7,5%–10%	60–100 IBU (médio a alto)

PLINY THE ELDER, RUSSIAN RIVER BREWING CO.

8% ABV | **PRODUZIDA EM: WINDSOR, CALIFÓRNIA, EUA**

Exemplo mais sui generis da West Coast Double IPA, a Pliny the Elder é uma cerveja brilhante de cor dourada profunda. Contém lúpulos Amarillo, Centennial, CTZ e Simcoe, proporcionando toranja, polpa de laranja, ameixa amarga, tangerina doce e um pouco de pinha leve. É excelente pelo corpo escasso e limpo, de magnífico refinamento, com o baixo sabor de malte ainda conferindo equilíbrio suficiente para o amargor forte, de pinha, polpudo e resinoso, com finalização seca mineral.

SIP OF SUNSHINE, LAWSON'S FINEST LIQUIDS

8% ABV | **PRODUZIDA EM: WAITSFIELD, VERMONT, EUA**

A Sip of Sunshine é uma espécie de salada de frutas suculentas em forma de American Double IPA e uma bela expressão moderna do estilo. De dourado profundo e ligeiramente turva (mas sem ser uma Hazy Dipa completa), há frutas tropicais, laranja doce e refrigerante de laranja, manga, mel floral e damasco. O malte proporciona um sabor de bolo esponja/inglês e uma boa textura suave. Tem amargor menos perceptível que a West Coast, e o caráter lupulado é mais suculento que cítrico.

JUPITER DOUBLE IPA, FOREST ROAD

8,7% ABV | **PRODUZIDA EM: LONDRES, INGLATERRA**

É em uma West Coast Double IPA como a Jupiter que você passa a perceber que lúpulos contêm óleos: eles são quase visíveis, dançando pela cerveja, ricos ao paladar. Com Centennial, Citra, Mosaic e Amarillo, ela é suculenta e polpuda, com mamão, abacaxi, aguardente de pêssego, doces de frutas, creme de manga, limão ácido, casca de laranja e amargor elevado. É maravilhosamente brilhante, impecavelmente limpa e um exemplo perfeito do estilo.

PIRATE LIFE BREWING IIPA

8,8% ABV | **PRODUZIDA EM: ADELAIDE, AUSTRÁLIA**

De cor dourada com espuma branca duradoura, esta cerveja tem lúpulos Centennial, CTZ, Simcoe e Mosaic, proporcionando aromas de cítricos carnudos, tangerina, doces de laranja, manga, casca de laranja amarga e pinha herbal resinosa. Ela contém o tipo de fundo maltado que fica quase grudento com uma combinação de óleos de lúpulo e maltes mais doces, o que é uma grande qualidade do estilo, e, com um amargor menos perceptível, tem mais um quê de Austrália do que de Estados Unidos.

OUTROS EXEMPLOS PARA PROVAR

STONE RUINATION DOUBLE IPA: toranja, tropical, amargor expressivo.

BELL'S BREWERY HOPSLAM: laranja doce, resinosa, mel amargo.

CLOUDWATER CRYSTALLOGRAPHY IIPA: cítrico expressivo, pinha, amargor herbal.

HAZY PALE ALE

Essas Pale Ales de aparência turva contêm um aroma de lúpulo suculento com frutas de caroço, cítricas e tropicais, além de textura suave.

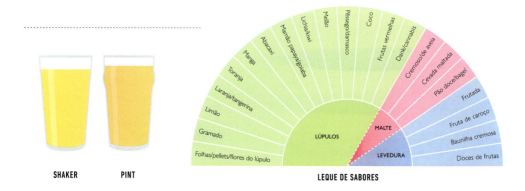

SHAKER PINT

LEQUE DE SABORES

SABOR, PROCESSO E HISTÓRIA

Nestas cervejas predominam lúpulos frutados, suculentos e com aromas tropicais, como Citra, Mosaic, Azacca, Idaho 7, El Dorado, Mandarina Bavaria e Galaxy, proporcionando aromas de manga, maracujá, abacaxi, lichia, goiaba e coco, ao lado de laranja e frutas de caroço. Se por um lado são bastante aromáticas, por outro seu amargor é baixo — elas têm menos adições de lúpulo, e são lupuladas muito tarde ou dry-hopped. Aveia e trigo fornecem proteínas que as tornam turvas e ajudam a conferir uma textura suave. A água é rica em cloretos, o que ajuda na sensação de maciez e suavidade na boca, além da plenitude patente. A carbonatação é baixa, com uma finalização equilibrada e refrescante, ou semelhante a suco. A expectativa são ésteres de levedura proeminentes, somados ao seu próprio toque frutado.

À medida que mais cervejeiros quiseram produzir cervejas bem turvas, também os estilos Hazy se afastaram dos estilos American Pale e IPA. Os estilos Hazy muitas vezes são chamados, de forma intercambiável, de Hazy, New England (NEPA/NEIPA) ou Juicy. Este último se refere sobretudo a aromas como melão, mamão papaya ou goiaba, ou a uma qualidade suculenta no sabor ou na textura. A Hazy tende a ter corpo mais leve que as New Englands cremosas. A diferença entre Hazy Pales e DIPA é a força e o volume dos ingredientes.

ATRIBUTOS DA CERVEJA

Cor	Claridade	Fermentação	ABV	Amargor
Amarelo a laranja	Ligeiramente turva a opaca	Ésteres frutados	4%–6%	20–40 IBU (médio)

FORT POINT PALE, TRILLIUM

6,6% ABV | **PRODUZIDA EM: CANTON, MASSACHUSETTS, EUA**

Uma aparência de suco de laranja é a dica visual do toque frutado que se segue, com notas de manga, laranja doce e tangerina, mamão, toranja e um pouco de melão. A textura é leve para o seu ABV. É suave e sedosa (portanto, mais New England que Hazy), tornando-a fácil de beber por conter um toque frutado marcante e suculento, e levando a um amargor e a uma refrescância herbais no fim. O toque frutado dos lúpulos e uma textura exuberante são as características dominantes.

CLOUDWATER DDH PALE

5% ABV | **PRODUZIDA EM: MANCHESTER, INGLATERRA**

Espere variações em cada uma das Cloudwater DDH Pale, com uma combinação envolvente de lúpulos (que, em geral, ficam listados na lata). Esses lúpulos são sempre aromáticos, de forma brilhante e fresca, e, graças ao dry hop duplo, possuem uma intensidade sempre atraente, mas nunca exagerada. A cerveja de base tem textura suave, mas é mais refrescante do que cremosa, com uma finalização duradoura e mineral: um ótimo combo de lúpulos suculentos e amargor limpo e seco.

PSEUDO SUE, TOPPLING GOLIATH

5,8% ABV | **PRODUZIDA EM: DECORAH, IOWA, EUA**

Produzida apenas com lúpulos Citra, esta é uma mostra singular da variedade de lúpulos aromáticos mais populares da América do Norte. Tem um amarelo turvo ao ser servida, como suco de abacaxi. Há tons de tangerina doce, abacaxi maduro, manga cremosa, citrino picante, óleo de lúpulo mirceno gramado e lúpulos dank ligeiramente doces e grudentos no fundo. É seca e refrescante, com carbonatação brilhante e amargor duradouro, colocando-a entre a American Pale e a Hazy Pale.

HAZY DAZE, GARAGE PROJECT

5,8% ABV | **PRODUZIDA EM: WELLINGTON, NOVA ZELÂNDIA**

Com malte lager, aveia e trigo, a base dessa cerveja é cremosa e suave, com a maciez característica que é tão boa no estilo. Cada fermentação da Hazy Daze contém um misto diferente de lúpulos, então, sempre que você experimenta uma, prova diversas variedades, bem como os aromas e sabores que contém. A cerveja torna o beber fluido, desde o malte e os lúpulos suculentos no início até um amargor seco e refrescante.

OUTROS EXEMPLOS PARA PROVAR

BELLWOODS BREWERY JUTSU: frutas de caroço, melão suculento, finalização seca.

HILL FARMSTEAD EDWARD: toranja, refrigerante de laranja, pinha resinosa.

DEYA STEADY ROLLING MAN: polpa de cítricos, tropical leve, amargor limpo.

HAZY IPA

As Hazy IPAs se tornaram um dos estilos de cerveja mais populares do mundo, apreciadas pelos aromas tropicais suculentos e texturas suaves e cremosas.

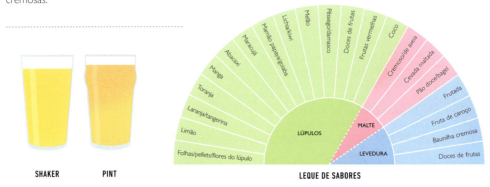

SHAKER   **PINT**   **LEQUE DE SABORES**

SABOR, PROCESSO E HISTÓRIA

Quatro qualidades principais se combinam na maioria das Hazy IPAs e New England IPAs: toque frutado abundância de lúpulos, ésteres de levedura proeminentes, uma sensação de suavidade na boca e um amargor percebido relativamente baixo. Aromas lupulados de lúpulos modernos, como Citra, Mosaic, Ekuanot, Azacca, Idaho 7 e Sabro são principalmente tropicais, de frutas de caroço, cítricos doces, melão e coco, com ésteres de levedura proporcionando cremosidade adocicada. Os lúpulos são comumente adicionados no final da fervura e no dry hopping. Os aromas dos lúpulos e da levedura se misturam com perfeição. As cervejas podem ser ligeiramente turvas ou totalmente opacas, e a maior parte da turbidez provém de grãos com alto teor de proteína, como aveia e trigo, que também contribuem para a textura sedosa. Os polifenóis nos lúpulos também se unem às proteínas em grãos para contribuir com a turbidez.

Agradáveis de beber pela textura suave e baixa carbonatação, muitas possuem características de suco de frutas alcoólico. A Hazy tende a ter corpo mais leve que o estilo New England.

Em uma década, Hazy IPAs passaram de anomalia a estilo produzido no mundo todo. Elas começaram como IPAs de corpo suave, não filtradas, de textura macia e toque frutado extra, e evoluíram para um corpo mais pleno e até mais suculento e frutado. São os sabores frutados ousados e o baixo amargor que tornaram estas cervejas tão populares.

ATRIBUTOS DA CERVEJA

Cor	Claridade	Fermentação	ABV	Amargor
Amarelo a laranja	Turva a opaca	Ésteres frutados	5,5%–7,5%	30–60 IBU (médio)

JULIUS, TREE HOUSE BREWING CO.

6,8% ABV | PRODUZIDA EM: CHARLTON, MASSACHUSETTS, EUA

Dizem que a Tree House criou o protótipo da New England IPA. Quando servida, a Julius é laranja turva com uma espuma branca cremosa duradoura. Há uma combinação de lúpulo e levedura no aroma, com manga cremosa, baunilha, doces de frutas, pêssego, ameixa, laranja, sorbet de limão e cítricos picantes. Sua textura é suave, baixa em carbonatação e superfrutada, com um pouco de malte doce semelhante a bagel, e a finalização contém um amargor refrescante — é o ápice de uma New England IPA.

HAZY LITTLE THING IPA, SIERRA NEVADA

6,7% ABV | PRODUZIDA EM: CHICO, CALIFÓRNIA, EUA

Lupulada com um misto suculento de Citra, Magnum, Simcoe, Comet, Mosaic e El Dorado, a Hazy Little Thing contém elegância, e não a intensidade de algumas IPAs estilo New England. Amarelo-alaranjada e ligeiramente turva, o aroma é de laranjas doces, cítricos cristalizados, abacaxi, casca de limão, uma qualidade tropical suculenta leve e um pouco de lúpulos florais. É seca no fim e mais leve em geral do que outros exemplos, tornando-a fácil de beber.

EVEN SHARKS NEED WATER, VERDANT BREWING

6,5% ABV | PRODUZIDA EM: PENRYN, INGLATERRA

A Hazy IPA da Verdant tem uma característica proeminente de levedura, proporcionando um aroma de creme de baunilha e pêssego doce que deixa o cheiro dos lúpulos mais doce e mais suculento. A Even Sharks Need Water é fermentada com trigo e aveia, e com lúpulos Citra e Galaxy. O resultado são pêssegos suculentos e creme, polpa de laranja, tangerina doce, tepache, doces de cítricos e manga, com uma textura suave e um amargor herbal seco no fim.

BE KIND REWARD, MOUNTAIN CULTURE

7,3% ABV | PRODUZIDA EM: KATOOMBA, AUSTRÁLIA

Quando servida, esta cerveja parece suco de café da manhã, e tem exatamente este cheiro. Os lúpulos Vic Secret (australiano) e Citra (americano) se combinam para proporcionar muitos cítricos suculentos, tangerina, abacaxi, mamão, manga, coco leve e melancia cristalizada. Possui textura macia e aveludada, com um tipo de doçura de frutas tropicais maduras e um discreto amargor no fim. Tem o equilíbrio ideal de sabores de lúpulos, textura macia e leve, além de finalização refrescante.

OUTROS EXEMPLOS PARA PROVAR

STRANGE BREW JASMINE IPA: manga, melão, cítricos suculentos.

WELDWERKS JUICY BITS: cítricos polpudos, melão, cítricos picantes.

O/O BREWING NARANGI: manga, frutas tropicais picantes e pungentes.

HAZY DIPA

Estas Double IPAs com suavidade de seda, fortes e de aroma fantástico — ou DIPAs, como versões turvas são geralmente denominadas — são suculentas com os sabores dos lúpulos, e um dos estilos de cerveja modernos mais populares do mundo.

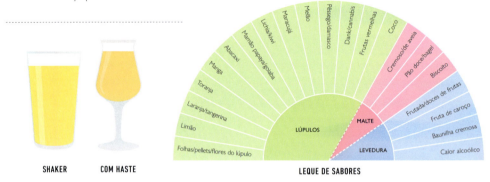

SHAKER   COM HASTE   LEQUE DE SABORES

SABOR, PROCESSO E HISTÓRIA

Aromas lupulados de frutas tropicais exóticas, cítricos doces e picantes, frutas de caroço maduras e melão se unem a um forte caráter de éster frutado (frutas de caroço, baunilha), muitas vezes sugerindo uma cremosidade que se soma à percepção de frutas mais doces. A maioria dos lúpulos serão variedades modernas (Citra, Mosaic e assim por diante), e adicionados, na maioria das vezes, tardiamente ou no dry hopping. Algumas são plenas de corpo, macias e sedosas (ou "suculentas") com doçura percebida mais elevada (usando-se muita aveia e trigo para turbidez e textura), enquanto outras têm turbidez e corpos mais leves, revelando um pouco mais de amargor. A carbonatação frequentemente é baixa. A levedura terá aroma notável na maioria das cervejas, somando à percepção do toque frutado. O álcool pode estar presente no sabor.

Os aromas de frutas suculentas marcantes, uma nova experiência de textura de IPAs macias, suaves, quase cremosas, e amargor baixo, fizeram esse estilo passar de inexistente para uma das variedades de cerveja artesanal mais proeminente do mundo, tudo isso ao longo de uma década — uma mudança tão drástica que, hoje, muitos consumidores esperam que IPAs sejam turvas e suculentas, não claras e cítricas. Atualmente, Hazy DIPAs são um estilo padrão feito por cervejeiros do mundo todo.

ATRIBUTOS DA CERVEJA

Cor	Claridade	Fermentação	ABV	Amargor
Amarelo a laranja	Ligeiramente turva a opaca	Frutada	7,5%–10+%	40–80 IBU (médio a alto)

HEADY TOPPER, THE ALCHEMIST

8% ABV | **PRODUZIDA EM: STOWE, VERMONT, EUA**

Dizem que foi esta cerveja que deu início à febre da Hazy IPA, inspirando as IPAs New England mais encorpadas que se seguiram. É fácil entender o porquê: a Heady Topper possui notas de pêssegos e damascos maduros e suculentos à perfeição, com toque frutado macio e doce, bolo de abacaxi e licor de manga. A turbidez é leve e a textura é macia, mas não espessa, com carbonatação refrescante, finalização seca, e amargor forte e estimulante.

OTHER HALF ALL CITRA EVERYTHING

8,5% ABV | **PRODUZIDA EM: BROOKLYN, NOVA YORK, EUA**

Quando servida, tem uma cor amarelo-turva distinta. A receita é toda de Citra, tem o exotismo da goiaba, cítricos tropicais, tangerina fresca, refrigerante de laranja, bolo-esponja de baunilha, aguardente de limão e frutas tropicais secas, além de algumas notas herbais no fim, tudo isso acentuado pelo álcool e um pouco de doçura. Tem corpo médio com carbonatação leve, portanto, é possível bebê-la rápido (que perigo), especialmente por ela ter um tipo dinâmico de secura.

SATURATED, DEYA BREWING CO.

8% ABV | **PRODUZIDA EM: CHELTENHAM, INGLATERRA**

A Saturated, da Deya, é uma DIPA rotativa produzida com um novo lúpulo a cada vez, portanto, pode ser Saturated de Mosaic ou Saturated de Strata. É ótima para provar como demonstração de um único lúpulo, proporcionando uma experiência intensa da variedade, na qual revela um amplo leque de qualidades graças a seu uso em grandes quantidades. Espere frutas tropicais pungentes, cítricos, algo herbal ou picante, certa doçura de malte subjacente e textura suculenta.

BISSELL BROTHERS SWISH

8% ABV | **PRODUZIDA EM: PORTLAND, MAINE, EUA**

Citra, Mosaic e Simcoe são os lúpulos desta DIPA suculenta de cor laranja. Ela é ótima por sua sedosidade de corpo pleno com maltes adocicados, mas também permanece bem macia e seca no paladar. É possível sentir seu cheiro à distância de um braço, e há cítricos, mamão papaya passado, pêssego, jaca cremosa, toranja, limão, laranja e certa picância herbal. Possui uma complexidade e profundidade que oferecem novas características a cada degustada.

OUTROS EXEMPLOS PARA PROVAR

TREE HOUSE HAZE: frutas de caroço fortes, manga, textura cremosa.

PARISH GHOST IN THE MACHINE: tropical pungente, cítrica, resinosa.

HOCUS POCUS OVERDRIVE: manga cremosa, abacaxi, limão seco.

SESSION IPA

Estas IPAs proporcionam todos os aromas e sabores que esperamos em uma cerveja fortemente lupulada, mas com teor alcoólico mais baixo.

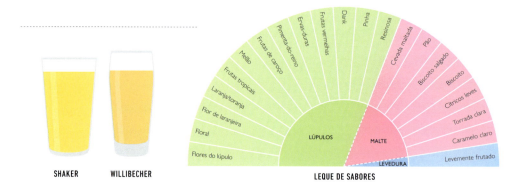

SHAKER   **WILLIBECHER**   **LEQUE DE SABORES**

SABOR, PROCESSO E HISTÓRIA

Lúpulos americanos e do Novo Mundo dominam os aromas, com qualidades cítricas, tropicais, de frutas de caroço, de melão e resinosas. Algumas possuem corpos de malte muito claros e leves, outras têm maltes mais torrados e sabores caramelizados. Algumas têm estilo Hazy, com qualidade mais suculenta. Em geral, elas diferem das Pale Ales sendo mais leves em sabor de malte, mais amargas e com mais aroma de lúpulos. Algumas notas de malte são maltes Pale Ales, outras adicionam trigo ou aveia para dar corpo, e há aquelas com maltes secos e característicos para conferir sabores mais ricos de malte. Adições de lúpulo são feitas ao longo da fervura e, em seguida, passam por dry-hop para aroma. Algumas são feitas para beber durante o dia todo, enquanto outras visam ao impacto máximo de lúpulo e mínimo teor alcoólico.

O termo "Session" vem da ideia britânica da "drinking session" ("sessão bebedeira"), em que vários pints da mesma cerveja de baixo teor alcoólico são bebidos ao longo de várias horas. A Session IPA passou a significar teor alcoólico mais baixo que o de uma IPA comum, conferindo o sabor de uma IPA de 4% a 5% de ABV — os sabores fortes a tornam difíceis para uma "sessão", mas não é essa a intenção da maioria dessas cervejas. Uma IPA de baixas calorias/com poucos carboidratos é um estilo adjacente, com corpo e sabor de malte mais leves. A Australian Extra Pale Ale (XPA) também se encaixa aqui.

ATRIBUTOS DA CERVEJA

Cor	Claridade	Fermentação	ABV	Amargor
Amarelo a dourado profundo	Brilhante a turva	Neutra a levemente frutada	4%–5%	30–60 IBU (médio a alto)

SUNSHINE DAYDREAM, FAT HEAD'S BREWERY

| 4,9% ABV | PRODUZIDA EM: MIDDLEBURG HEIGHTS, OHIO, EUA |

Citra, Azacca, Mosaic e Chinook são os lúpulos desta cerveja brilhante de laranja-dourado, proporcionando um maravilhoso aroma fresco com toranja, raspas de laranja, manga seca, fruta de caroço e algumas notas tropicais. Os grãos conferem maltes torrados e um belo toque de doçura no início que ajuda a equilibrar os 50 IBU de amargor, que adere como cítricos amargos e pimenta. É uma cerveja com quantidade impressionante de lúpulos, com sabor de uma IPA de força total.

NECK OIL, BEAVERTOWN

| 4,3% ABV | PRODUZIDA EM: LONDRES, INGLATERRA |

Uma das cervejas lupuladas mais disponíveis em todos os lugares no Reino Unido, a Neck Oil tem um amarelo bem claro, turbidez e carbonatação leve, com um aroma convidativo proveniente de um misto de lúpulos americanos e australianos. Há polpa e casca de cítricos leves, maracujá leve, frutas de caroço, melão doce e amargor apimentado, e o malte é apenas resquício de fundo. É leve e revigorante, o que a torna uma "session beer" refrescante e genuína.

SESSION IPA

143

XPA, BALTER BREWING

| 5% ABV | PRODUZIDA EM: CURRUMBIN, AUSTRÁLIA |

A XPA se tornou um estilo australiano comum. Feita para descer redondo e ser refrescante em dias quentes, ela é similar à Session IPA, ficando entre uma Pale e uma IPA, geralmente com um corpo mais leve de malte, amargor equilibrado e um aroma frutado e fresco de lúpulo. A XPA da Balter tem cor amarelo-dourada e turbidez leve, com um aroma delicado semelhante a flor de laranjeira, refrigerante de toranja, abacaxi e limão. É leve, revigorante e de amargor refrescante.

WHIPLASH ROLLOVER

| 3,8% ABV | PRODUZIDA EM: DUBLIN, IRLANDA |

Esta Hazy Session IPA tem lúpulos Simcoe, Ekuanot, Citra e Mosaic. A cor é laranja brilhante e ela tem uma explosão de aromas frutados, com tangerina, toranja, abacaxi e sorbet de limão, com um pouco de ésteres frutados de pêssego e damasco. O corpo é macio e suave, há um sabor de malte de massa de pão e de pão fresco com pouca doçura, e uma textura mais plena carrega todos esses lúpulos tropicais suculentos.

OUTROS EXEMPLOS PARA PROVAR

FOUNDERS ALL DAY IPA: toranja, floral, malte torrado.

BELL'S LIGHT HEARTED: cítricos leves, tropical, refrescante.

KIRKSTALL VIRTUOUS: bagaço de limão, tropical leve, finalização amarga.

PACIFIC PALE ALE E IPA

Produzidas sobretudo com lúpulos australianos e neozelandeses, estas Pale Ales e IPAs são dominadas por aromas tropicais e de frutas cítricas.

SABOR, PROCESSO E HISTÓRIA

Espere lúpulos cítricos e de frutas tropicais australianos ou neozelandeses, com destaque para maracujá, manga, groselha, uva, tangerina e lichia, e uma característica subjacente gramada e herbal. Pacific Pale Ales e IPAs contêm uma doçura maltada semelhante a fudge comparada com as notas de caramelo duro das American Pales e IPAs, com amargor geral mais baixo e lúpulos de aroma mais suave. Pacific Ales e Summer Ales são um subestilo, com menos força, muito claras e frutadas, bem refrescantes e de baixo amargor.

Lúpulos australianos e neozelandeses são essenciais, mas lúpulos americanos e outros frutados podem ser acrescentados. A maioria deles são adicionados tardiamente ou no dry hopping. O malte confere uma doçura leve, suavizada, em geral, pela ausência de filtração. Pacific Ales e Summer Ales são feitas para refrescar dias quentes. Elas usam trigo e malte Pilsner como base.

As primeiras Pale Ales se inspiraram nos Estados Unidos, com adaptações que combinassem com o volume de consumo num país de clima quente, ou seja, menor teor alcoólico, menos lúpulos e finalização mais refrescante. Pacific Ales e Summer Ales são as mais leves destas cervejas. Usar só lúpulos australianos ou neozelandeses não transforma, tecnicamente, uma IPA em uma Pacific IPA; é o corpo e a quantidade menor de lúpulo que a distinguem de outras bebidas similares.

ATRIBUTOS DA CERVEJA

Cor	Claridade	Fermentação	ABV	Amargor
Palha a dourado profundo	Brilhante a ligeiramente turva	Neutra a levemente frutado	3,5%–7%	20–60 IBU (médio)

LITTLE CREATURES PALE ALE

| 5,2% ABV | PRODUZIDA EM: FREMANTLE, AUSTRÁLIA |

Uma Aussie Pale Ale original, esta cerveja usa lúpulos australianos e estadunidenses. Contém um aroma elegante de pêssego, nectarina, laranja leve e toranja, e uma nota floral com um pouco de malte semelhante a toffee no fundo. A cerveja de base é dourado-claro, suave e de corpo macio, com um sabor distintivo de fudge e biscoito, e amargor limpo, refrescante e leve. Guiada por frutas de caroço em vez de cítricos, e com sabor mais suave de malte, ela é diferente da American Pale Ale.

STONE & WOOD PACIFIC ALE

| 4,4% ABV | PRODUZIDA EM: BYRON BAY, AUSTRÁLIA |

Esta cerveja é tão popular que criou a Pacific Ale ou Summer Ale como um estilo australiano diferenciado. Ela usa ingredientes 100% australianos: malte pale, trigo e lúpulos Galaxy. Turva de cor palha-limão clara, ela contém um aroma fresco de maracujá, tangerina madura doce, melão amarelo, e é ligeiramente floral. Além do aroma tropical, seu corpo leve, suave e turvo, amargor ligeiro, baixo teor alcoólico e alta refrescância definem a Pacific Ale.

HĀPI DAZE, GARAGE PROJECT

| 4,6% ABV | PRODUZIDA EM: WELLINGTON, NOVA ZELÂNDIA |

Produzida com cevada cultivada na Nova Zelândia e lúpulos Nelson Sauvin, Wai-iti e Motueka, esta é uma cerveja dourada ligeiramente turva. Os lúpulos são frutados e tropicais, com uva, tangerina, abacaxi, pomelo, frutas vermelhas azedinhas e um aroma distinto de flor de lúpulo. O malte e a turbidez leve proporcionam doçura sutil. O amargor leve a torna mais fácil de beber, enquanto o aroma é moderado, não intenso; Pacific Ales têm um equilíbrio mais sutil que versões americanas.

8 WIRED HOPWIRED

| 7,3% ABV | PRODUZIDA EM: WARKWORTH, NOVA ZELÂNDIA |

Uma das primeiras IPAs fermentadas apenas com ingredientes neozelandeses, esta é um espetáculo de aromas das variedades do país: limão e toranja, groselha e uva, manga verde e uma qualidade marcante e gramada no fim. Nesta cerveja de dourado profundo, o malte tem força leve e baixa doçura, com um fundo de biscoito mole e malte torrado. O amargor é limpo e relativamente leve, conferindo ao estilo a qualidade fácil de beber que lhe é própria.

OUTROS EXEMPLOS PARA PROVAR

BEHEMOTH BREWING CHUR: frutas tropicais, malte torrado, bagaço de cítricos.

YOUNG HENRYS NEWTOWNER: frutas suculentas, frutas de caroço, malte refrescante.

4 PINES INDIAN SUMMER ALE: maracujá, melão, malte de biscoito.

ENGLISH PALE ALE

Lúpulos e malte ingleses dominam o sabor dessas ales robustas. Elas têm amargor elevado, mas equilíbrio geral.

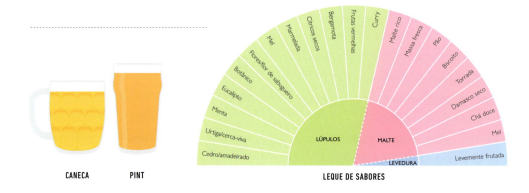

CANECA   **PINT**   **LEQUE DE SABORES**

SABOR, PROCESSO E HISTÓRIA

Pale Ales e Best Bitters são essencialmente a mesma família de cervejas e compartilham qualidades similares: um equilíbrio elegante de maltes ingleses torrados e lúpulos ingleses frutados-picantes. Elas variam em amargor, mas todas possuem baixo teor alcoólico e um equilíbrio projetado para serem bebidas pint após pint. As IPAs têm mais malte e lúpulos, com um corpo mais rico de maltes torrados, caramelizados e de pão, amargor forte e sabores de lúpulos com notas de cítricos secos, especiarias amadeiradas, frutas vermelhas, frutas de caroço e uma complexidade de calor e mel.

A expectativa é que English Pales e IPAs contemporâneas usem principalmente maltes de base pale, às vezes com variedades características como Maris Otter ou cereais tradicionais, como Chevallier ou Plumage Archer. Também podem incluir caramalte ou malte cristal para cor, corpo e doçura extras. Lúpulos ingleses são mais típicos e, geralmente, dry-hopped. A maioria será brilhante e sem turbidez, conferindo um amargor mais refinado.

Enquanto as English IPAs originais eram feitas para serem bebidas meses após sua fermentação, a versão contemporânea é produzida para ser bebida fresca. O uso de variedades novas e frutadas de lúpulo inglês está alavancando este estilo com um novo perfil de aroma e, muitas vezes, um corpo mais leve de maltes.

ATRIBUTOS DA CERVEJA

Cor	Claridade	Fermentação	ABV	Amargor
Dourado a âmbar profundo	Brilhante a ligeiramente turva	Levemente frutado	4%–7%	30–60 IBU (médio a alto)

INDIA PALE ALE, FULLER'S

| 5,3% ABV | PRODUZIDA EM: LONDRES, INGLATERRA |

Os maltes Pale Ale e cristal se unem aos lúpulos Fuggle e Golding nesta English IPA completa. Uma ale cor de âmbar, a levedura da Fuller se une aos lúpulos e lembra laranja seca e pimenta. Os lúpulos proporcionam um pouco de mel, cítricos leves, picância amadeirada, cânfora e um frescor mais verde ou notas de grama. O malte tem sabor torrado e de caramelo claro, e os lúpulos deixam um amargor duradouro e robusto.

DRAUGHT BASS

| 4,4% ABV | PRODUZIDA EM: BURTON, INGLATERRA |

A principal cerveja da Bass Brewery passou a ser a Pale Ale de mesmo nome, e hoje é uma marca produzida sob a propriedade da AB InBev. É um pint cor de cobre, com uma qualidade de malte suave, quase mole, doçura relativamente alta e um caráter lupulado floral, picante e terroso, levando a um amargor mineral e apimentado: é esse equilíbrio agridoce que define as pales Burton. Em garrafa, ela é chamada de Bass Pale Ale, com 5,1% de ABV.

INDIA PALE ALE, ALLSOPP

| 5,6% ABV | PRODUZIDA EM: SHEFFIELD, INGLATERRA |

Esta releitura moderna se parece com um autêntico estilo antigo de IPA. É produzida com Maris Otter e o malte-patrimônio Chevallier, lupulada com Bramling Cross, Fuggle e Challenger. Tem cor âmbar e, em geral, é mais maltada que lupulada — há notas de cascas de pão e biscoitos, toffee, uvas-passas, maçãs assadas, além de um pouco de feno e marmelada amarga, com um corpo decente de malte e um marcante amargor seco que dura bastante.

TRIBUTE, ST AUSTELL

| 4,2% ABV | PRODUZIDA EM: ST. AUSTELL, INGLATERRA |

Esta Cornish Pale Ale dourada é produzida com malte Maris Otter, o que confere seu sabor distintivo de torrada e biscoitos, e um fundo irresistível. Tem o lúpulo inglês Fuggle, o esloveno Celeia (Fuggle cultivado na Eslovênia) e o americano Willamette (produzido do Fuggle). Essa combinação de lúpulos confere um toque moderno de laranja ácida, toranja, flor de laranjeira e um amargor fresco ácido com o clássico equilíbrio inglês.

OUTROS EXEMPLOS PARA PROVAR

RAMSGATE BREWERY GADDS' NO. 3: mel, limão, amargor apimentado.

MARSTON'S PEDIGREE: biscoito, torrada, frutas de caroço.

SCHLAFLY PALE ALE: maltes torrados, floral, laranja leve.

RED IPA E BLACK IPA

Produzidas com maltes torrados e secos, Red IPAs e Black IPAs unem sabores mais profundos de malte a lúpulos aromáticos e amargos.

SHAKER   **COM HASTE**   **LEQUE DE SABORES**

SABOR, PROCESSO E HISTÓRIA

Em essência, estas são American IPAs fermentadas com maltes secos e mais escuros adicionais. Graças a esses grãos, os sabores dos lúpulos se apresentam de novas maneiras: o suco de toranja se torna marmelada de toranja, o abacaxi tem gosto grelhado e a pinha é mais resinosa. Red IPAs tendem a ter doçura mais caramelizada, com frutas frescas leves e notas de nozes. Black IPAs têm cacau frutado, fundo levemente salgado e certa doçura maltada. Ambas são tipicamente amargas no fim.

Red IPAs usam maltes pale de base, além de maltes leves e cristal preto, e mesmo um pouco de malte chocolate ou centeio, e todos conferem sabor, corpo e doçura. Black IPAs usam maltes pale de base para corpo e sabor subjacente, caramalte para textura, e maltes Carafa sem casca para a cor mais escura. Em ambas, os lúpulos podem ser de qualquer variedade, como Centennial, Cascade, Mosaic ou Ekuanot.

As Reds se tornaram comuns no início dos anos 2000. Na Austrália, as reds lupuladas são uma categoria comum. A Black IPA ganhou fama no início dos anos 2010 com seu nome contrastante — uma *Black* (Preta) India *Pale* (Pálida) Ale —, enquanto os consumidores adoravam a mistura de malte escuro com lúpulos intensos. Os dois estilos perderam terreno para as Hazy IPAs, mas estão voltando aos bares, frequentemente como cervejas sazonais.

ATRIBUTOS DA CERVEJA

Cor	Claridade	Fermentação	ABV	Amargor
Vermelho-âmbar a preto	Brilhante a ligeiramente turva	Levemente frutada	5%–8+%	40–70 IBU (médio a alto)

CELEBRATION IPA, SIERRA NEVADA

| 6,8% ABV | PRODUZIDA EM: CHICO, CALIFÓRNIA; MILLS RIVER, CAROLINA DO NORTE, EUA |

Tecnicamente, esta não é uma Red IPA, mas há poucas IPAs avermelhadas melhores no mundo. Esta é uma produção de inverno, com lúpulos Cascade e Centennial recém-colhidos. Os maltes são ricos e caramelizados, com amargor de torra, doçura de geleia vermelha, mel amargo e um pouco de biscoito queimado de baunilha com passas. Os lúpulos são pungentes, de toranja, herbais e florais e, em geral, lembram o equilíbrio agridoce do Campari.

RED NUT, BENTSPOKE BREWING CO.

| 7% ABV | PRODUZIDA EM: CAMBERRA, AUSTRÁLIA |

A Red Nut é um ótimo exemplo da pegada australiana em reds lupuladas. É de um marrom-avermelhado profundo e repleta de maltes suculentos, proporcionando caramelo macio escuro, frutas escuras caramelizadas, chocolate amargo com frutas, torrada e bolo de chá, com doçura mais suave que a de versões americanas. No topo vêm os lúpulos, que conferem um misto de laranja assada, casca de laranja, marmelada, pinha, ervas resinosas e pimenta, com notas de malte torrado se unindo a lúpulos amargos no fim.

PIVOVAR MATUŠKA ČERNÁ RAKETA

| 7% ABV | PRODUZIDA EM: BROUMY, REPÚBLICA TCHECA |

Os tchecos são mestres em acrescentar sabor de malte e equilíbrio de lúpulo em suas lagers, e isso se traduz com perfeição em ales lupuladas, especialmente nesta Black IPA. Escura com espuma branca cremosa, há chocolate amargo com laranja no aroma, casca de pêssego, grãos de café frutados, cacau em pó, casca de cítricos secos e frutas tropicais cristalizadas e torradas. Há uma plenitude suave quase cremosa na textura antes de um amargor herbal duradouro.

STONE SUBLIMELY SELF-RIGHTEOUS

| 8,7% ABV | PRODUZIDA EM: ESCONDIDO, CALIFÓRNIA, EUA |

Esta é uma das Black IPAs originais. Os lúpulos vêm primeiro, com Chinook, Simcoe e Amarillo proporcionando uma variedade de cítricos, pinha, frutas vermelhas e especiarias. O corpo da cerveja é suave, com chocolate amargo delicioso, biscoitos de aveia e chocolate, um pouco de cacau e torrada. A doçura da cerveja carrega a oleosidade cítrica dos lúpulos e modera o amargor, que é potente e duradouro.

OUTROS EXEMPLOS PARA PROVAR

TRÖEGS NUGGET NECTAR: toranja, bolo-esponja, manga seca.

MODUS OPERANDI FORMER TENANT: cítricos assados, malte caramelo, amargor expressivo.

ST AUSTELL PROPER BLACK: cacau, chocolate com laranja, ligeiramente torrada.

BLONDE ALE E GOLDEN ALE

Estas são cervejas pale refrescantes e moderadamente fortes, com amargor leve e aroma convidativo de lúpulo, ao lado de um corpo suave de maltes.

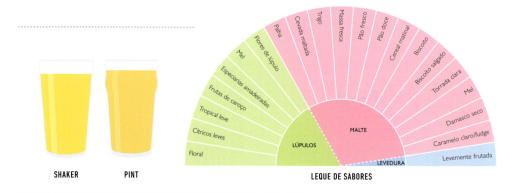

SHAKER · PINT · LEQUE DE SABORES

SABOR, PROCESSO E HISTÓRIA

Estas cervejas pale fáceis de beber encontram um bom equilíbrio entre lúpulos frutados cheirosos e uma riqueza satisfatória de malte pale. Em geral, blondes são mais leves em malte e corpo do que Golden Ales, e talvez um pouco mais aromáticas. Os lúpulos são levemente frutados, e tendem a aromas florais. O sabor do malte é de grãos torrados, pão e biscoitos salgados. O amargor é baixo, refrescante e pouco desafiador. As cervejas frequentemente são feitas apenas com malte pale ou Pilsner, talvez com um pouco de caramalte e trigo, o que ajuda a dar mais textura. Os lúpulos podem vir de qualquer lugar, com versões britânicas que muitas vezes usam Golding para os aromas de mel e especiarias, enquanto cervejeiros dos EUA e da Austrália usam variedades locais de lúpulos, adicionando-as pelos sabores leves frutados e não pela explosão de aromas. A levedura pode acrescentar um toque frutado, que complementa o lúpulo. A maioria terá um pouco de dry-hop.

As primeiras Golden Ales modernas apareceram quando as lagers se tornavam mais populares. Esse caráter à la lager é consistente com esses estilos, em que se parecem com lagers, mas possuem um pouco mais de corpo de malte e sabor de lúpulo. Cervejas australianas de força média se encaixam aqui, e muitas vezes tendem a ser mais florais e tropicais em aroma. Ales de estilo Kölsch frequentemente entram nesta categoria, sobretudo se não são filtradas.

ATRIBUTOS DA CERVEJA

Cor	Claridade	Fermentação	ABV	Amargor
Palha a dourado	Brilhante a ligeiramente turva	Levemente frutada	3,5%–5%	15–30 IBU (baixo a médio)

SUMMER LIGHTNING, HOPBACK BREWERY

| 5% ABV | PRODUZIDA EM: SALISBURY, INGLATERRA |

Uma das British Golden Ales originais, esta cerveja brilhante e dourada cheira ao interior da Inglaterra em um dia quente: calor, feno, favo de mel, flores silvestres, especiarias e pimenta, além de uma pequena nota de fermento frutado da levedura. O malte possui uma plenitude irresistível, mas não doçura, com o sabor distintivo de biscoito do Maris Otter. Os lúpulos East Kent Golding adicionam sabor, com especiarias terrosas, mel e laranja seca, levando a uma finalização limpa e amarga.

FYNE ALES JARL

| 3,8% ABV | PRODUZIDA EM: CAIRNDOW, ESCÓCIA |

Esta Citra Session Blonde fica bem entre uma Blonde e uma Session IPA. O Citra no nome é a primeira impressão que você tem da Jarl, com os lúpulos americanos proporcionando aromas deliciosos de manga, frutas tropicais, pêssego, toranja e um aroma cítrico floral. A cerveja Blonde brilhante adiciona um pouco de sabor de malte, sobretudo no fundo, deixando os lúpulos se destacarem. É deliciosamente amarga no fim, o que faz você querer continuar bebendo.

TRUE GOLD, BREAKSIDE

| 5,1% ABV | PRODUZIDA EM: PORTLAND, OREGON, EUA |

É o aroma que torna a True Gold tão convidativa, já que ele é elegante e leve, com ondas de leve toque frutado lupulado (do Galaxy e do Mosaic) indo e vindo enquanto você bebe. Há frutas novas a cada gole: pêssego, uva, flor de sabugueiro, groselha, cítricos cristalizados, melão, mamão verde e lichia. O corpo tem a textura perfeita para o ABV, já que é pleno o bastante para ser satisfatório e leve o suficiente para ser refrescante.

LARRY, YOUR MATES BREWING CO.

| 4,5% ABV | PRODUZIDA EM: WARANA, AUSTRÁLIA |

Poderia ser chamada de Pale Ale, mas em sabor fica mais próxima de uma Blonde. Esta é a epítome de uma cerveja australiana Blonde fácil de beber e guiada por lúpulos. Levemente dourada, os lúpulos são leves e frutados, proporcionando salada de frutas tropicais, bagaço de limão e doces de frutas ácidas, que jamais deixam a cerveja, passando por um corpo muito leve que mal confere algum sabor de malte — talvez um pouco de biscoito — antes de uma finalização leve e refrescante.

OUTROS EXEMPLOS PARA PROVAR

TREE HOUSE EUREKA: cítrico, suco tropical, refrescante.

VICTORY SUMMER LOVE: cítrico fresco, pinha, torrada clara.

CAPITAL BREWING COAST ALE: biscoito, refrescante, cítricos leves.

AMBER ALE E RED ALE

Maltadas e com lúpulos moderados, as Amber e Red Ales ficam situadas, em sabor, entre Golden Ales, Best Bitters e Pale Ales

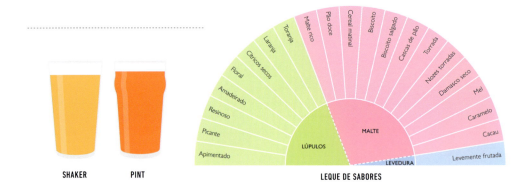

SHAKER PINT

LEQUE DE SABORES

SABOR, PROCESSO E HISTÓRIA

Em geral, estas cervejas são moderadas: nem doces nem fortes demais, com amargor equilibrado, e aromas leves de lúpulo. São fáceis de beber, com malte suficiente e características lupuladas que continuam interessantes, mas nunca exageradas. O sabor do malte é rico, com adição de caramelo, torrada e sabores mais doces, ou um pouco mais de frutas secas e notas de nozes em versões mais escuras. O amargor do lúpulo é discreto, enquanto os aromas são florais, herbais e levemente cítricos.

A maioria dos maltes pale são usadas com adições de Munich, biscoito, caramalte e maltes cristal em Ambers, e um pouco de cristal escuro, ou malte de chocolate ou marrom em Reds. Há uma adição moderada de amargor, e, em geral, um pouco mais de adições de lúpulos para dar aroma. Várias British Best Beers foram remarcadas como Amber Ales, portanto, esses sabores se cruzam aqui.

Antes de as Pale Ales e as IPAs assumirem, a Amber Ale (e a Amber Lager) foi um dos primeiros estilos de cerveja artesanal a se tornar padrão. Algumas viraram marcas emblemáticas, embora muitas tenham sido ofuscadas por estilos lupulados mais populares. As Reds vêm de um lugar similar, mas com sabor mais pronunciado de malte. A Irish Red frequentemente tem seu próprio lugar nos guias de estilos de cervejas, mas não é um estilo muito encontrado.

ATRIBUTOS DA CERVEJA

Cor	Claridade	Fermentação	ABV	Amargor
Âmbar a marrom-avermelhado	Brilhante a ligeiramente turva	Levemente frutada	4%–6%	20–40 IBU (baixo a médio)

FAT TIRE, NEW BELGIUM

5,2% ABV | **PRODUZIDA EM: FORT COLLINS, COLORADO, EUA**

De cor âmbar brilhante e inspirada nas Belgian Amber Ales, esta é uma das cervejas artesanais mais conhecidas nos EUA. Os aromas são leves e de variedades mais antigas de lúpulos (Willamette, Golding, Nugget), proporcionando fragrância herbal, amadeirada, floral e um pouco de frutas vermelhas ou especiarias, além de certo toque frutado de levedura. O malte é mais pleno que o de uma lager padrão, mas ainda é leve e revigorante, conferindo grãos torrados e maltes de biscoitos antes de um amargor refrescante e limpo, com um equilíbrio geral fantástico.

STEAM BEER, ANCHOR

4,9% ABV | **PRODUZIDA EM: SAN FRANCISCO, CALIFÓRNIA, EUA**

Produzida pela primeira vez em 1971, a Steam Beer é a cerveja artesanal americana de mais longa data. Ela usa levedura lager a temperaturas mais quentes, logo, alguns ésteres leves frutados se misturam com um perfil de lúpulo herbal, ligeiramente resinoso e apimentado. O malte tem notas de cascas de pão e sabor de toffee leve, com corpo ralo, carbonatação revigorante e amargor refrescante. É a característica do lúpulo herbal e dos ésteres frutados que diferencia a Steam Beer de uma Amber Ale.

ZOE, MAINE BEER CO.

7,2% ABV | **PRODUZIDA EM: FREEPORT, MAINE, EUA**

A Zoe é um exemplo de uma Amber Ale mais forte e lupulada, mas que não aparenta ter subido ao nível de uma IPA. Trocando em miúdos, você desfruta de todos os ótimos sabores de uma Amber, mas com mais toffee e torrada mais escura, além de frutas secas, frutas vermelhas e cerejas. Os lúpulos são de pinha e vigorosos, aromáticos sem exageros, mais melados do que carnudos, com um amargor apimentado no fim.

FANCY PANTS, MOUNTAIN GOAT

5,2% ABV | **PRODUZIDA EM: MELBOURNE, AUSTRÁLIA**

Esta cerveja âmbar-avermelhada profunda é uma Australian Amber Ale lupulada, um estilo popular no país. O malte vem à frente dos lúpulos, com biscoitos, cacau, bolo de frutas, toffee e melaço, sem ser doce. Por cima, lúpulos australianos proporcionam um discreto toque frutado de abacaxi assado, bagaço de limão, bergamota e geleia de frutas vermelhas, levando a um amargor leve em que maltes mais escuros se sobrepõem a lúpulos picantes e condimentados.

OUTROS EXEMPLOS PARA PROVAR

FULLER'S LONDON PRIDE: maltes torrados, floral, marmelada amarga.

O'HARA'S IRISH RED: maltes doces, biscoito de passas, toque frutado.

PIZZA PORT CHRONIC: cascas de pão, caramelo, lúpulo apimentado.

HOPPY BRITISH ALE

Estas cervejas combinam a facilidade de beber equilibrada das ales britânicas clássicas com os aromas frescos e frutados de lúpulos modernos.

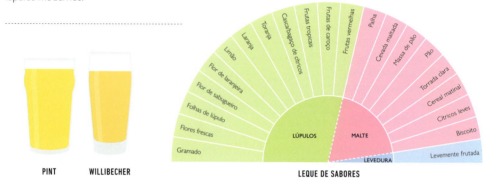

PINT **WILLIBECHER**

LEQUE DE SABORES

SABOR, PROCESSO E HISTÓRIA

Estas cervejas combinam a "sessionabilidade" de uma Pale de baixo teor alcoólico com o impacto aromático de lúpulos modernos, e possuem um amargor duradouro na finalização. Lúpulos proporcionam sobretudo aromas florais, cítricos, tropicais e de frutas de caroço. O sabor do malte é frequentemente baixo, adicionando certa doçura residual e textura. Mesmo com baixo teor alcoólico, o sabor dos lúpulos destas cervejas torna seu sabor muito mais impactante.

O malte pale é usado como base frequente, talvez com um toque de malte cristal ou trigo. A levedura tem um baixo toque frutado que complementa os lúpulos, que em geral são dry-hopped. Estas cervejas têm um leve toque e elegância, o que equilibra grandes sabores em pequenas quantias.

Seria possível afirmar que esse tipo de cerveja inspirou a Session IPA. No fim dos anos 1990, cervejeiros britânicos adicionaram lúpulos cítricos americanos, como o Cascade, a Pale Ales de baixo teor alcoólico. As receitas ficaram mais leves e mais aromáticas com o tempo, e criaram um estilo distinto de cerveja britânica do qual a maioria das cervejarias hoje fazem versões. Australianas de força média muitas vezes são similares no baixo ABV e no aroma elevado de lúpulo. A Table Beer também se tornou um derivado popular do estilo, sendo uma ale leve lupulada, geralmente com 3% de ABV ou menos.

ATRIBUTOS DA CERVEJA

Cor	Claridade	Fermentação	ABV	Amargor
Palha a dourado	Brilhante	Levemente frutada	3,5%–4,5%	25–40 IBU (médio a alto)

OAKHAM ALES CITRA

4,2%/4,6% ABV | PRODUZIDA EM: PETERBOROUGH, INGLATERRA

Embora ela seja chamada de Session IPA, trata-se de uma Hoppy Ale moderna arquetípica. O malte possui fartura de biscoitos e torradas, mas o destaque são os lúpulos Citra e o bagaço de laranja, a manga e o aroma tropical pungente, todos frescos, e o amargor apimentado. No barril, o ABV é de 4,2%; na garrafa, é de 4,6%: ambas são ótimas, mas no barril a cerveja contém uma elegância de corpo suave e consegue dar aos lúpulos Citra um frescor mais vibrante.

YANKEE, ROOSTER'S BREWING CO

4,3% ABV | PRODUZIDA EM: HARROGATE, INGLATERRA

A Yankee foi um dos primeiros exemplos deste estilo e continua sendo um dos melhores. Ela combina lúpulos Cascade americanos com água mole de Yorkshire e o delicioso malte britânico Golden Promise. Tem um aroma convidativo de toranja leve, bagaço de limão, flores frescas e lúpulos frescos gerais. No barril, a textura é suave e plena, quase cremosa, enquanto nas latas o malte de fundo é mais refrescante. Ambas finalizam com um amargor de lúpulo forte e duradouro.

NEWBARNS TABLE BEER MOSAIC

3% ABV | PRODUZIDA EM: LEITH, ESCÓCIA

Table Beer, que pode se referir a qualquer estilo de baixo teor alcoólico, tornou-se sinônimo no Reino Unido de cerveja pale lupulada com 3% de ABV. A Newbarns Table Beer Mosaic é dourada-clara e ligeiramente turva, com lúpulos Mosaic maravilhosamente refrescantes e elegantes, lembrando manga, tangerina, limão e jaca fresca, enquanto o malte tem uma plenitude que o deixa com gosto de cervejas mais fortes. O amargor é pronunciado e duradouro.

PIRATE LIFE THROWBACK SESSION IPA

3,5% ABV | PRODUZIDA EM: ADELAIDE, AUSTRÁLIA

Cervejas de força média (chamadas de "middies") são uma categoria importante para muitos cervejeiros australianos, sendo de baixo teor alcoólico e com aroma de lúpulos. A Throwback lembra cervejas britânicas, com maltes mais torrados, de biscoitos, que adicionam um pouco de doçura que equilibra os lúpulos — com notas de toranja, mamão, lichia e bagaço de cítricos. A carbonatação é mais alta que a das britânicas, e o borbulhar proporciona importantíssimo vigor refrescante.

OUTROS EXEMPLOS PARA PROVAR

MARBLE BEERS PINT: frutas tropicais azedas, malte de biscoito, amargor alto.

THE KERNEL TABLE BEER: cítricos, lúpulos frescos, amargor refrescante.

BALTER CAPTAIN SENSIBLE: malte refrescante, corpo leve, lúpulos suculentos.

ALES MALTADAS

QUER SEJAM ELAS TORRADAS e com gosto de passas como as British Best Bitters, quer tenham notas de nozes como as Brown Ales, ou sejam achocolatadas como as Porters, ou cremosas e torradas como Stouts, ou ainda vínicas como as Barley Wines, ou mesmo como Imperial Stouts que nos fazem pensar em sobremesas, essas cervejas estão conectadas pelo sabor de grãos subjacente a diferentes tipos de malte. Com sabores que nos lembram padarias e cafeterias, alguns estilos são elegantes e de baixo teor alcoólico, outros possuem sabor elevado de lúpulo juntamente com o malte, e há aqueles mais ricos e fortes. Todos, contudo, celebram a incrível variedade e profundidade que os grãos conferem às cervejas.

BRITISH BITTER TRADICIONAIS

Estas clássicas ales britânicas alcançam o equilíbrio perfeito entre lúpulos amargos e maltes doces, com forças variadas.

CANECA   PINT   LEQUE DE SABORES

SABOR, PROCESSO E HISTÓRIA

Mesmo que este estilo se chame Bitter (amargo), a experiência de bebê-lo está mais para um equilíbrio entre maltes e lúpulos. Estas cervejas compartilham um sabor subjacente de malte, seja ele um pale torrado ou algo que lembra toffee e frutas secas. Lúpulos ingleses conferem aromas herbais, amadeirados, picantes e frutados. A levedura frequentemente é parte expressiva do sabor, proporcionando um toque frutado próprio.

Em geral produzido só com ingredientes britânicos, a brassagem é desenhada para criar muitos sabores de malte. Maltes Pale Ale e característicos compõem a base, com os maltes cristal adicionando uma qualidade caramelizada e, às vezes, de frutas secas. Lúpulos ingleses conferem seu amargor e aroma distintos, e estas cervejas geralmente têm um pouco de dry-hop. Em geral, a fermentação primária é feita com levedura da própria cervejaria, proporcionando um aroma local distinto e um perfil de sabor de ésteres frutados. O acondicionamento secundário produz uma carbonatação elegante e amena.

Oriundas de uma era de Porters envelhecidas em tanques, novos tipos de British Ales eram servidas frescas e não envelhecidas, proporcionando uma experiência mais amarga e mais brilhante ao beber. Elas passaram a ser chamadas de Bitters, Milds e Pale Ales, e se tornaram a cerveja britânica do dia a dia, com preferências de sabor e variedades regionais em diferentes países.

ATRIBUTOS DA CERVEJA

Cor	Claridade	Fermentação	ABV	Amargor
Dourado a marrom	Brilhante	Levemente frutada	3,5%–5,5%	25–40 IBU (médio)

SUSSEX BEST, HARVEY'S BREWERY

| 4% ABV | PRODUZIDA EM: LEWES, INGLATERRA |

Esta Bitter cor de rubi alcança um equilíbrio orquestral dos seus ingredientes: a levedura é expressiva, proporcionando maçã assada, especiarias e baunilha; o malte tem notas de melaço, toffee, pão de malte, torrada e chá; lúpulos ingleses provocam calor e picância, com notas herbais, gramadas e de leves cítricos secos; a água confere uma finalização mineral. Você provavelmente notará algo diferente nela sempre que a beber, um dos prazeres de uma Bitter: ela é familiar, mas sempre interessante.

LANDLORD, TIMOTHY TAYLOR'S

| 4,3% ABV | PRODUZIDA EM: KEIGHLEY, INGLATERRA |

A Landlord, que a cervejaria chama de Pale Ale, é uma cerveja mais doce e encorpada que a da Harvey's, com sabores maltados de pão, caramelo e fudge, todos da Golden Promise. Os lúpulos Golding e Fuggle proporcionam mel caloroso e laranja seca, além de notas herbais e mentoladas frescas. Ela é feita para ser servida com um sparkler (bico de torneira de chope com pequenos buracos), o que lhe dá mais corpo e acentua o caráter cremoso de fudge na boca.

BLUEBIRD BITTER, CONISTON BREWING

| 3,6%/4,2% ABV | PRODUZIDA EM: CONISTON, INGLATERRA |

Uma cerveja de dourado profundo, ela possui sabores distintos do rico malte Maris Otter, com seu fundo de torrada, fudge e biscoitos, e isso se une ao bagaço ácido de limão, casca de laranja, mel e sabores florais de lúpulos Challenger. A versão de barril tem ABV mais baixo que a de garrafa. Elas possuem qualidades semelhantes, embora a versão de barril desfrute de uma sensação mais limpa na boca, quase cremosa e macia. O amargor pega pra valer no fim e não vai embora.

FULLER'S ESB

| 5,9% ABV | PRODUZIDA EM: LONDRES, INGLATERRA |

A Extra Special Bitter (ESB) é um estilo comum nos EUA, porém mais raro no Reino Unido. A Fuller's ESB é considerada a progenitora da ESB, inspirando todas as demais. Âmbar-rubi escura, a levedura distintiva da Fuller's chega primeiro com marmelada e especiarias. Os maltes são ricos e suaves, com frutas secas, torrada escura, caramelo e toffee de maçã. Os lúpulos Golding e Challenger são condimentados, com marmelada, cítricos secos, aroma de lúpulo ensacado e amargor discreto.

OUTROS EXEMPLOS PARA PROVAR

THE FIVE POINTS BEST: maltes torrados, biscoitos, lúpulos herbais frescos

BATHAMS BEST BITTER: caramelo, pão com manteiga, laranja seca.

DRIFTWOOD NAUGHTY HILDEGARD: lúpulos de pinha, maltes ricos em caramelo, amargo.

BRITISH-STYLE MILD E OLD ALE

Estes estilos tradicionais de ale possuem corpo rico e sabor de maltes, com um baixo amargor de lúpulo.

CANECA **PINT**

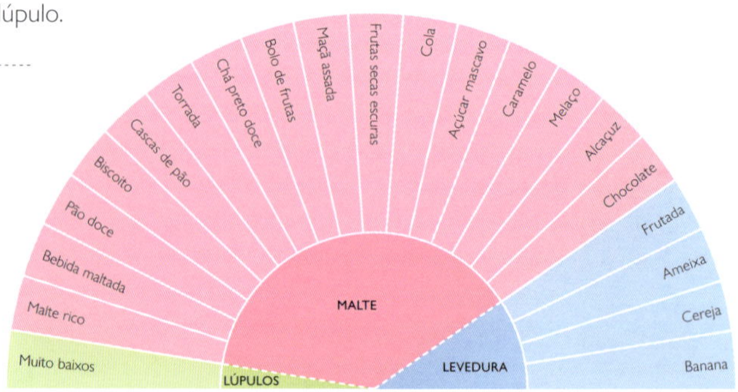

LEQUE DE SABORES

SABOR, PROCESSO E HISTÓRIA

Mild e Old Ales têm o mesmo sabor rico de malte, que vão de pale, com notas de pão, ao caramelo, fudge e bolo de frutas dos maltes cristal, e sabores mais leves de cacau assado dos maltes escuros. Em geral, a doçura é residual, conferindo uma sensação plena na boca. Ésteres de levedura leve e frutada muitas vezes são notáveis. Os lúpulos são leves. As Milds podem variar em cor e força, mas as mais comuns são Dark Milds com 3,5% ou 6% de ABV. Old Ales geralmente são marrons, com mais sabor de frutas secas do que de chocolate, em comparação com o das Milds.

Maltes pale ficam em camadas no topo, com maltes cristal, cristal escuro, marrom e, talvez, um pouco de malte chocolate e açúcar. A baixa carbonatação é comum nesses estilos, proporcionando uma impressão mais rica do sabor de malte. A Old Ale tem duas identidades: o estilo British tem baixo teor alcoólico, maltes ricos, passas e é ligeiramente doce; uma versão americanizada é forte e envelhecida, muitas vezes em madeira, o que a torna, literalmente, uma "old" (velha) ale — elas têm sabor similar ao do Barley Wine.

Dark Milds de baixo teor alcoólico surgiram nos anos 1990. Old Ales, no passado, eram o oposto das Milds, maturadas para desenvolver um sabor rico envelhecido. Hoje, a maioria das British Old Ales apenas evocam esse sabor em cervejas de baixo teor alcoólico. A Mild teve um renascimento no início dos anos 2020.

ATRIBUTOS DA CERVEJA

Cor	Claridade	Fermentação	ABV	Amargor
Marrom-avermelhado a marrom escuro	Brilhante a ligeiramente turva	Frutada	3%–6%	10–30 IBU (baixo)

DARK MILD, BOXCAR

3,6% ABV | PRODUZIDA EM: LONDRES, INGLATERRA

De cor marrom bem escura, este é um exemplo perfeito de uma Dark Mild moderna. Possui muitos maltes suaves agradáveis, de um apelo quase acolhedor, com notas de biscoitos de chocolate, caramelo, alcaçuz e melaço. Tem carbonatação baixa, mas é elevada em uma irresistível facilidade de beber que define o seu estilo. É uma cerveja maravilhosamente simples, e uma delícia. A Double Dark Mild da Boxcar é um ótimo exemplo de uma Mild mais forte e mais vínica.

OLD PECULIER, THEAKSTON

5,6% ABV | PRODUZIDA EM: MASHAM, INGLATERRA

De sabor raro, a Old Peculier se sobrepõe à Old Ale e aos estilos mais fortes Dark Mild, embora não tenha nenhum desses rótulos. O aroma lidera com ésteres frutados, como banana e cereja preta, com alguns maltes escuros de cacau por trás. A cerveja é toda encorpada e untuosa, e há maltes ricos, biscoitos, cerejas secas e uvas-passas, baunilha, chocolate amargo, pão de malte e chá preto maltado doce. É a textura e a profundidade do sabor de malte que torna esta bebida tão boa.

OLD ALE, HARVEY'S BREWERY

4,3% ABV | PRODUZIDA EM: LEWES, SUSSEX

A Harvey's produz uma Dark Mild e uma Old Ale, e a comparação das duas revela suas diferenças. A Dark Mild é mais semelhante a cacau, com corpo leve e finalização seca, enquanto a Old Ale, que é quase preta quando servida, é mais rica em maltes, com caramelo, passas, tâmaras e melaço, com um toque de torra. A levedura distinta da cervejaria proporciona seus próprios aromas frutados e picantes às duas cervejas. Há uma profundidade maravilhosa, e ambas são irresistíveis e satisfatórias.

UNCLE, RHINEGEIST BREWERY

4,2% ABV | PRODUZIDA EM: CINCINNATI, OHIO, EUA

A Uncle é um antídoto ao excesso de lúpulos da cerveja americana, e um grande exemplo de uma British Dark Mild. Há sabores maltados de aromas britânicos de torrada, chá, caramelo e biscoitos, além de nozes torradas, melado e tabaco, com o corpo leve e a carbonatação distinguindo-a de versões britânicas. O amargor atravessa com um pouco de picância herbal. Tem contenção refrescante e a profundidade clássica do malte.

OUTROS EXEMPLOS PARA PROVAR

ADNAMS OLD ALE: caramelo, pão de malte, frutas vermelhas doces.

SARAH HUGHES DARK RUBY MILD: cereja doce, cacau, malte rico.

YARDS BRAWLER: chá, biscoitos, torrada.

BROWN ALE

Sejam ao estilo britânico maltado ou ao estilo americano lupulado, Brown Ales nos proporcionam um fundo maltado rico, torrado e de nozes.

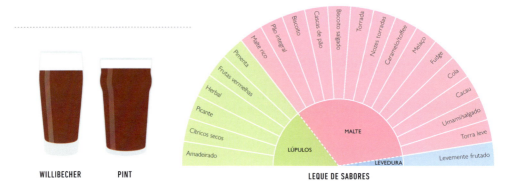

WILLIBECHER   **PINT**   **LEQUE DE SABORES**

SABOR, PROCESSO E HISTÓRIA

A Brown Ale de estilo britânico é dominada pelo sabor de maltes, com notas ricas de cevada maltada, nozes torradas, torrada escura e caramelo claro conduzindo a uma ligeira torra. O estilo americano tem todos esses sabores, muitas vezes ampliados e mais fortes, além de mais amargor e, geralmente, com lúpulos de aroma no dry hopping. Em geral, possuem teor alcoólico moderado e são equilibradas ao beber. Em um espectro de sabores, Best Bitters levam a Brown Ales e depois a Porters, ficando mais torradas conforme prosseguem.

Os maltes pale recebem caramaltes, maltes cristal, marrom e chocolate. Cervejeiros tendem a adotar o sabor do malte mas com finalização seca, ou ricamente maltado com doçura residual. O amargor pode variar, mas as cervejas não tendem a um amargor muito forte, deixando que o malte seja o sabor principal. Lúpulos condimentados, herbais, picantes, cítricos e resinosos são mais comuns. A maioria das British Browns não têm aroma de lúpulo, mas muitas versões americanas recebem lúpulos tardios e são dry-hopped, e tendem a ter aroma de cítricos secos ou torrados.

British Brown Ales surgiram no século XX como um novo estilo engarrafado, entre a Porter, a Mild e a Amber. Elas perderam popularidade dos anos 1970 em diante, mas um pequeno interesse se renovou conforme os primeiros cervejeiros americanos ressuscitaram o estilo de uma nova maneira.

ATRIBUTOS DA CERVEJA

Cor	Claridade	Fermentação	ABV	Amargor
Marrom	Brilhante a ligeiramente turva	Levemente frutado	4%–6,5%	20–40 IBU (médio)

NEWCASTLE BROWN ALE

4,7% ABV | PRODUZIDA EM: TADCASTER, INGLATERRA

A Newcastle Brown Ale é possivelmente a mais famosa do estilo. Ela foi concebida nos anos 1920 para ser uma cerveja marrom de sabor mais leve. Seu corpo é leve, seco e refrescante, com sabores de chá preto, malte caramelo, açúcar mascavo, banana, frutas secas e tabaco. Tem seu próprio fã-clube, mas também é um tipo singular de Brown Ale, e quase nenhuma é tão leve quanto ela. "Nut Brown Ale" pode ser um nome usado para descrever esse tipo de Brown.

BROWN ALE, AVERY BREWING ELLIE'S

5,5% ABV | PRODUZIDA EM: BOULDER, COLORADO, EUA

Mais forte que versões britânicas, esta tem corpo mais pleno e sabor de maltes, proporcionando torrada escura, cacau, açúcar mascavo e nozes torradas. Os lúpulos são mais para dar sabor do que aroma, adicionando notas amadeiradas, de tabaco e levemente herbais, e amargor duradouro acentuado pela carbonatação. É uma cerveja para ser tomada pela complexidade do malte sem a torra de uma Stout, e é um ótimo exemplo da americanização da British Brown.

MOOSE DROOL, BIG SKY BREWING

5% ABV | PRODUZIDA EM: MISSOULA, MONTANA, EUA

A Moose Drool é uma cerveja de um marrom-avermelhado profundo, e já começa com sabores de malte: torrados e de nozes, cacau em pó, pretzels, biscoito de passas e café claro. O malte contém certa doçura, mas também é leve, e é mantido assim pela carbonatação e pelos lúpulos, que são florais, de mel, condimentados e picantes, levando a uma finalização seca duradoura. Ao estilo Newcastle mas com um toque americano, ela é quase uma Brown Lager refrescante.

MADURO BROWN ALE, CIGAR CITY BREWING

5,5% ABV | PRODUZIDA EM: TAMPA, FLÓRIDA, EUA

A Maduro traz mais profundidade de malte que outros exemplos do estilo, uma plenitude americana no paladar e, em geral, um sabor mais marcante e mais profundo. Há caramelo, cacau, chocolate, açúcar mascavo, bagels torrados e manteiga de amendoim, e uma finalização parecida com café, tudo isso com um cheiro doce de caixas de madeira de charutos. Os lúpulos são moderados, com notas amadeiradas e florais, e um amargor duradouro que se sobrepõe à amargura do malte.

OUTROS EXEMPLOS PARA PROVAR

THE FIVE POINTS BRICK FIELD BROWN: nozes torradas, lúpulo cítrico seco, torrada.

ALESMITH NUT BROWN ALE: biscoito de chocolate, torrada, lúpulos leves.

ANCHOR BREKLE'S BROWN: lúpulos cítricos torrados, caramelo, torrada escura.

STRONG ALE E SCOTTISH ALE

Estas ales têm sabor pleno de malte, e cada estilo tem suas próprias características e qualidades distintas.

PINT — SNIFTER

LEQUE DE SABORES

SABOR, PROCESSO E HISTÓRIA

Mais uma categoria geral de cervejas do que um estilo específico, estas possuem cor de âmbar a marrom-escuro, muito sabor de malte, e gosto duradouro de lúpulo ou amargor, muitas vezes com lúpulos britânicos, mas também podem ter lúpulos americanos em peso. Em termos de sabor, elas ficam entre Bitters fortes, Old Ales, IPAs e Barley Wines. Muitas são bebidas frescas como Bitters fortes, mas com frequência são próprias para o envelhecimento. Por conta de sua força, em geral terão um perfil patente de ésteres.

Scottish Ales são similares a British Bitters, e podem variar em força de 3% a mais de 6% de ABV. Tipicamente com coloração que vai de âmbar a marrom, têm sabor e aroma proeminentes de maltes. Mesmo maltadas e com certa doçura residual, são equilibradas com secura no fim e um ligeiro amargor.

Wee Heavy é uma categoria mais forte de ales estilo escocês que sobrepõe à Strong Ale e segue rumo a uma Barley Wine, mas com perfil de sabor maltado mais doce. Geralmente, os lúpulos têm aroma leve. O nome se refere a cerveja "Heavy" (forte) servida em volume "wee" (pequeno). Cervejeiros norte-americanos se apropriaram do nome para cervejas fortes e ricas em maltes.

ATRIBUTOS DA CERVEJA

Cor	Claridade	Fermentação	ABV	Amargor
Âmbar-escuro a marrom-escuro	Brilhante a ligeiramente turva	Levemente frutada	4%–10%	20–60 IBU (baixo a médio)

FULLER'S VINTAGE ALE

8,5% ABV | PRODUZIDA EM: LONDRES, INGLATERRA

Uma das melhores cervejas do mundo em termos de envelhecimento, ela pode continuar aprimorando por vinte anos ou mais. Quando servida, sua cor vai de âmbar profundo a vermelho, com espuma castanha. Quando fresca, há lúpulos e levedura no aroma, um misto de cítricos secos, frutas vermelhas e especiarias, às vezes com uma qualidade lupulada de Barley Wine. Envelhecida, há mais aromas de mel, caramelo, baunilha, xerez e frutas secas. Um amargor firme vai diminuindo com o tempo. É maravilhosamente complexa.

TRAQUAIR HOUSE ALE

7,2% ABV | PRODUZIDA EM: INNERLEITHEN, ESCÓCIA

Esta é uma Scottish Strong Ale por excelência. De cor rubi-escuro, há muitos sabores de maltes doces e suculentos, com passas, xerez, nozes torradas, marmelada, baunilha e qualidades de carvalho (ela é fermentada em tonéis de madeira). Não há muito sabor de lúpulo, mas a levedura adiciona um toque frutado próprio, com notas de ameixa e frutas vermelhas. Produzida na cervejaria em funcionamento mais antiga da Escócia, a sensação é de uma cerveja acolhedora e encorpada de uma era diferente.

DARK ISLAND, ORKNEY BREWERY

4,6% ABV | PRODUZIDA EM: ORKNEY, ESCÓCIA

Maltes Pale Ale e chocolate se unem aqui para gerar uma cerveja com a profundidade rica do malte, com pão doce, torrada, chocolate, frutas secas, nozes torradas, amendoins crocantes e café claro, com um fundo notável de lúpulos ingleses proporcionando uma finalização aconchegante e picante. Ela tem um equilíbrio maravilhoso entre maltes e lúpulos, e fica entre uma Mild mais forte e uma Porter mais doce, o que é a quintessência do perfil de sabor de uma Scottish Ale.

OLD CHUB, OSKAR BLUES

8% ABV | PRODUZIDA EM: LONGMONT, COLORADO, EUA

Esta cerveja se tornou um ponto de referência americano para ales inspiradas nas Scottish. De cor âmbar-marrom, é uma boa dose de maltes de corpo suave, com caramelo, baunilha, melado, amêndoas torradas, frutas escuras e um leve defumado salgado. A fermentação proporciona certo toque frutado de leveduras, mas não há tantos lúpulos exceto um quê picante de amargor no fim. O malte e a baixa carbonatação conferem a esta bebida uma riqueza reconfortante.

OUTROS EXEMPLOS PARA PROVAR

ODELL 90 SHILLING: maltes torrados, biscoitos, amargor refrescante.

MCEWAN'S CHAMPION: frutas secas, cereja preta, torrada.

ORKNEY DARK ISLAND RESERVE: chocolate amargo, carvalho, uísque.

BARLEY WINE

Estas cervejas com força de vinho são, em geral, em estilo americano e ricas em lúpulos, ou em estilo britânico e mais ricas em sabores maltados.

SNIFTER   **COM HASTE**   **LEQUE DE SABORES**

SABOR, PROCESSO E HISTÓRIA

Estas cervejas são fortes, com alto conteúdo de malte, teor alcoólico elevado e, às vezes, sabor de lúpulo e amargor acentuados. A Barley Wine em estilo britânico é mais maltada, com frutas secas, caramelo, bolo de frutas, nozes com um toque de xerez e amargor firme. Versões americanas são tipicamente mais fortes, e têm maior amargor e forte aroma cítrico e de lúpulos resinosos. Ésteres frutados são comuns. Muitas envelhecem bem por um ano ou mais.

O uso de maltes cristal, caramelo e secos ao lado de maltes de base pale confere a estas cervejas suas cores profundas e os sabores de caramelo, bolo de frutas, vínicos e frutas secas que as distinguem. Os maltes deixam para trás certa doçura residual. Versões do estilo britânico usam muitos lúpulos britânicos para amargor; versões do estilo americano possuem maior adição de lúpulo e amargor alto, enquanto um amplo dry-hopping confere cítricos cozidos intensos e aromas resinosos. Com frequência, são envelhecidas em barris que contiveram uísque ou bourbon.

O nome "Barley Wine" (literalmente, vinho de cevada) foi usado a partir do fim do século XIX. Com o tempo, tornou-se uma cerveja de ocasiões raras, muitas vezes um especial de inverno, com ABV de 7% a 9%. À medida que as cervejas artesanais americanas aceleraram, este foi um dos primeiros estilos a ser adotados e, depois, americanizados, adicionando-se muitos lúpulos tardios e lúpulos secos.

ATRIBUTOS DA CERVEJA

Cor	Claridade	Fermentação	ABV	Amargor
Âmbar a marrom-escuro	Brilhante	Ésteres frutados	8,5%–13+%	40–100 IBU (médio a muito alto)

OUR FINEST REGARDS, ST MARS OF THE DESERT

| 9% ABV | PRODUZIDA EM: SHEFFIELD, INGLATERRA |

Uma cerveja marrom bem escura, há certa levedura frutada e calor alcoólico no aroma, com um pouco de baunilha, pão torrado integral e torrada clara. É rica e farta ao ser bebida, lembrando a sensação de comer pão de malte com café preto (com uma dose de conhaque), já que ela possui mais fundo de torra que outras. O amargor é forte, e quase mentolado e fresco. A Our Finest Regards é uma fascinante British Barley Wine vínica e torrada.

Nº 9 BARLEY WINE, CONISTON BREWING

| 8,5% ABV | PRODUZIDA EM: CONISTON, INGLATERRA |

Essa é uma Barley Wine mais claro que a maioria, de dourado profundo a âmbar quando servido. É complexo, com aromas de marzipã, amêndoas torradas, baunilha, noz com toques de xerez, caramelo, mel e maltes doces, todos transportados pelo sabor. O corpo é rico e suave com os maltes, com mel amargo e floral, massa de pão doce, licor de laranja e casca de laranja, além de um amargor limpo. Dizem que fica melhor se passar um ou dois anos engarrafado.

SIERRA NEVADA BIGFOOT

| 9,6% ABV | PRODUZIDA EM: CHICO, CALIFÓRNIA, EUA |

Produzida pela primeira vez em 1983, esta clássica American Barley Wine de vermelho profundo é lançado todo ano. É fresco e intenso, com lúpulos de toranja, abacaxi grelhado, ervas duras e Campari, com amargor forte e grãos que proporcionam caramelo e frutas secas leves. Quando envelhecido, os lúpulos se integram a esses maltes, conferindo casca de cítricos secos e licor de ervas, além de mais caramelo, amendoins crocantes, passas e amargor duradouro.

STRAIGHT JACKET, REVOLUTION BREWING

| 15% ABV | PRODUZIDA EM: CHICAGO, ILLINOIS, EUA |

Esta é uma tremenda Barley Wine. Com um ABV de 15% de grudar os lábios, a base da cerveja é pura autoindulgência, com caramelo escuro, açúcar mascavo, melado e bolo de frutas. Tudo isso é intensificado pelo envelhecimento em barris de bourbon durante um ano, onde ele pega aspectos de baunilha, bourbon, carvalho, coco, figo, tâmara e uma nota frutada mais doce como de frutas de caroço. É uma cerveja potente, com sensação rica e untuosa na boca e uma intensidade duradoura que a torna degustável, talvez com um pouco de chocolate.

OUTROS EXEMPLOS PARA PROVAR

ANCHOR OLD FOGHORN: frutas secas, cítricos secos, vínico.

J.W. LEES HARVEST ALE: frutas secas doces, xerez, mel amargo.

MARBLE BEERS BARLEY WINE: marmelada amarga, lúpulos ricos, passas.

PORTER

Com origem em Londres no século XVIII, a Porter se tornou um estilo popular de cerveja escura que, em geral, tem menos sabor de cevada torrada que uma Stout.

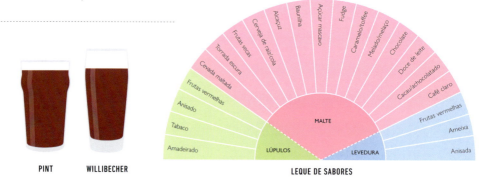

PINT **WILLIBECHER** **LEQUE DE SABORES**

SABOR, PROCESSO E HISTÓRIA

Os sabores de Porters e Stouts se sobrepõem, mas, em geral, espere um amargor de malte torrado, queimado e quase adstringente na Stout. A Porter é um pouco mais doce, com mais qualidades de frutas escuras e frutas secas, e possui maior teor alcoólico. As Porters também têm qualidades de torra, pão, nozes, chocolate, caramelo, achocolatado, açúcar mascavo e baunilha, com baixo caráter lupulado. A Porter em estilo americano tem maior teor alcoólico, com mais sabor de malte e de lúpulo.

O malte marrom é tradicional em Porters. Outros grãos comuns são Pale Ale, cristal e chocolate, proporcionando os sabores torrados, frutados e de chocolate ao lado de um pouco de doçura residual. Lúpulos variam de leves a picantes e frutados, com amargor duradouro, e frequentemente são ingleses. Uma levedura ale inglesa pode produzir ésteres frutados notáveis, na maioria das vezes como frutas escuras. Às vezes as Porters são produzidas com café ou outros ingredientes, e algumas têm força de Imperial.

Dizem que o nome provém dos carregadores (porters, em inglês) que transportavam mercadorias por Londres, fazendo paradas para pints de ale pelo caminho. A nova tecnologia de maltagem e a escala industrializada ajudaram a formalizar a diferença da Porter das cervejas marrons escuras mais doces que vieram antes dela. As Porters perderam popularidade no início do século XX. Como muitos estilos antigos, a produção artesanal a reintroduziu.

ATRIBUTOS DA CERVEJA

Cor	Claridade	Fermentação	ABV	Amargor
Marrom	Brilhante a ligeiramente turva	Levemente frutada	4,5%–6%	20–40 IBU (médio)

LONDON PORTER, FULLER'S

| 5,4% ABV | PRODUZIDA EM: LONDRES, INGLATERRA |

Considerada o arquétipo contemporâneo da Porter inglesa ou londrina e um modelo didático de fermentação, ela não tem mais as antigas qualidades de envelhecimento em tonéis e seu teor alcoólico é mais baixo que o de versões históricas. De cor marrom profunda com espuma castanha, possui o aroma dos maltes escuros. O corpo tem uma textura quase cremosa, com caramelo, torrada, frutas escuras, cereal achocolatado e algumas notas suaves de chocolate, com lúpulos Fuggle adicionando um ligeiro amargor herbal.

ANSPACH & HOBDAY THE PORTER

| 6,7% ABV | PRODUZIDA EM: LONDRES, INGLATERRA |

Se a Fuller's é considerada a Porter londrina moderna, essa aqui evoca algo mais antigo, ainda que não seja longamente maturada. É uma cerveja mais forte, na mesma leva das Porters originais, com corpo pleno e sabor de maltes em camadas profundas, com cacau, trufa de chocolate amargo, notas torradas mais leves, um pouco de fumaça e tabaco, e notas de umami salgado. Frutas secas lembram uma qualidade antiga de envelhecimento em tonel. Há secura mineral e um amargor herbal duradouro.

EDMUND FITZGERALD PORTER, GREAT LAKES

| 6% ABV | PRODUZIDA EM: CLEVELAND, OHIO, EUA |

A Porter foi popular com muitas cervejarias artesanais americanas originais, e suas produções eram mais fortes e tinham mais maltes de fundo, lúpulos americanos e amargor mais elevado que a Porter inglesa. A Edmund Fitzgerald é um ótimo exemplo: de textura suave, achocolatado amargo, maltes agridoces, melado, torrada escura, baunilha e notas de cola, com sabores condensados e plenos. O amargor herbal, de frutas vermelhas e botânico provém dos lúpulos Northern Brewer, Willamette e Cascade.

MODUS OPERANDI SILENT KNIGHT

| 5,6% ABV | PRODUZIDA EM: SYDNEY, AUSTRÁLIA |

De cor marrom-escuro com um pouco de vermelho nas bordas, esta é uma Porter potente. É enriquecida com sabor e profundidade de malte escuro, e há complexidade e também clareza de sabores aqui, com um corpo suave e finalização seca, refrescante. Há cacau, achocolatado, alcaçuz, o sabor de malte escuro recém-amassado e um pouco de massa folhada e cremosidade doce (pense em carolinas de chocolate), finalizando com os sabores duradouros do malte escuro.

OUTROS EXEMPLOS PARA PROVAR

FIVE POINTS RAILWAY PORTER:
maltes torrados, lúpulos amargos, cacau.

DESCHUTES BLACK BUTTE PORTER:
achocolatado, frutas escuras doces, torra leve.

RENAISSANCE ELEMENTAL PORTER:
chocolate amargo, malte torrado, lúpulos herbais.

BALTIC PORTER

Estas Porters fortes são tipicamente produzidas com levedura lager e recebem esse nome por causa de sua popularidade em países em torno do mar Báltico, sobretudo na Polônia.

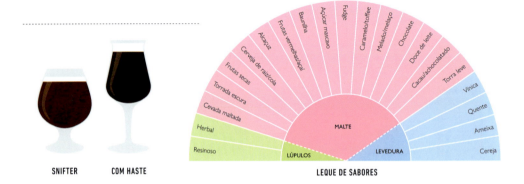

SNIFTER   **COM HASTE**   **LEQUE DE SABORES**

SABOR, PROCESSO E HISTÓRIA

Baltic Porters diferem das Imperial Stouts fortes por terem um sabor menos torrado e adstringente. Em geral, são fermentadas com levedura lager. A maioria usa maltes pale lager elaborados com caramalte, Munich, biscoito, além de maltes mais escuros sem amargor/descascados para cor e sabor, mas sem torra. Um tempo mais longo de maturação deixa o gosto discreto e maduro, desenvolvendo, inclusive, ligeiros sabores vínicos ou de xerez, com uma finalização leve apesar do alto teor alcoólico.

A expectativa são frutas escuras, vermelhas, sabores de vinho do porto ou qualidades de nozes com xerez, melaço, alcaçuz, chocolate amargo com frutas e sabores anisados, talvez com um pouco de ésteres de levedura frutados e maior teor alcoólico em versões mais fortes. Algumas podem ter amargor acentuado de lúpulo, mas a maioria contém doses mais ricas de maltes escuros suaves.

Fortes British Porters e Stouts eram comumente exportadas no século XIX. Muitas chegavam em portos bálticos, tendo maturado características novas e mais vínicas durante o trajeto, e cervejarias locais produziam versões próprias. Mais tarde, conforme a maioria passava a produzir lager, as dark ales fortes se tornaram dark lagers fortes, permanecendo um estilo local importante. Até recentemente, eram pouco conhecidas fora da região, mas sua popularidade está aumentando.

ATRIBUTOS DA CERVEJA

Cor	Claridade	Fermentação	ABV	Amargor
Marrom-escuro a preto	Brilhante a opaca	Levemente frutada	6,5%–11%	25–50 IBU (médio)

BROWAR FORTUNA KOMES PORTER BAŁTYCKI

| 9% ABV | PRODUZIDA EM: MIŁOSLAW, POLÔNIA |

Uma fermentação fria e lenta em fermentadores abertos, seguida de pelo menos três meses no tanque de maturação, gera o distinto sabor suave e equilibrado desta Baltic Porter polonesa forte. Preta com uma rica espuma castanha, há cacau e chocolate amargo, e é vínica com cerejas, alcaçuz, ameixas e frutas vermelhas, além de ésteres frutados. O corpo é pleno, mas, considerando a sua força, é leve de beber.

RUNNING WITH SPECTRES, LOST AND GROUNDED

| 6,8% ABV | PRODUZIDA EM: BRISTOL, INGLATERRA |

Esta é uma Baltic Porter maravilhosa, que não deve ser confundida com a Running With Sceptres da cervejaria. Há chocolate amargo, os aromas frutados fermentados de pedacinhos de cacau, alcaçuz, cassis e frutas vermelhas. Os maltes são suaves e ricos, mas não há torra e a fermentação é refrescante. Tem mais aroma, sabor e amargor de lúpulo que outras, proporcionando qualidades herbais e anisadas que complementam o malte e adiciona complexidade.

LES TROIS MOUSQUETAIRES PORTER BALTIQUE

| 10% ABV | PRODUZIDA EM: BROSSARD, CANADÁ |

Esta Baltic Porter forte é quase preta, e é uma grande cerveja com grandes sabores, proporcionando uma novidade a cada gole, ao mesmo tempo mantendo o equilíbrio característico de fermentação e maturação lager. A doçura vem primeiro, como a de melado e xarope de bordo, em seguida vem cacau, baunilha, aquecimento alcoólico doce, cerejas pretas secas, licor de cereja, centeio, café e alcaçuz, com um defumado sutil dando o ar da graça durante todo o processo.

PÕHJALA ÖÖ IMPERIAL BALTIC PORTER

| 10,5% ABV | PRODUZIDA EM: TALLINN, ESTÔNIA |

Uma das Baltic Porters mais famosas, esta tem a força de uma Imperial, com ABV de 10,5% e cor preta feito tinta. Quando fresca, há malte escuro, chocolate muito amargo, melado, álcool aquecido, frutas vermelhas e amargor firme. À medida que ela envelhece, há frutas secas mais escuras, como ameixa, uvas-passas e cereja com sabores de vinho do porto, com nova complexidade. É uma cerveja encorpada, saborosa por seu leque complexo de malte e sabores maturados.

OUTROS EXEMPLOS PARA PROVAR

PODGÓRZ 652 M N.P.M.: maltes escuros suaves, frutas escuras, caramelo.

BROWAR KORMORAN IMPERIUM PRUNUM: defumada, ameixas secas, chocolate amargo.

JACK'S ABBY FRAMINGHAMMER: chocolate, melaço, biscoito de aveia com passas.

DRY STOUT

Estas Stouts incluem Irish Stouts, American Stouts e Export Stouts, e compartilham os sabores de café e chocolate amargo da cevada torrada.

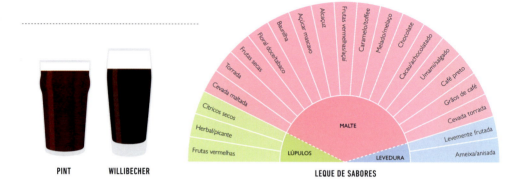

PINT   WILLIBECHER   LEQUE DE SABORES

SABOR, PROCESSO E HISTÓRIA

Maltes escuros e torrados conferem os sabores principais e podem compor de 10% a 25% dos grãos. Alguns incluem maltes pretos, maltes descascados, chocolates e maltes cristal. Os sabores esperados são de cevada torrada, café, chocolate amargo, cacau, alcaçuz, frutas escuras secas e mais. Lúpulos ingleses são comuns na maioria das Stouts, e proporcionam qualidades herbais e de frutas vermelhas. Lúpulos americanos são usados em American Stouts, e podem ter amargor e aroma acentuados. A maioria tem finalização seca, não doce. Algumas podem ter um toque frutado notável de ésteres da fermentação. A adição de nitrogênio é frequente, a fim de criar textura suave e espuma cremosa.

Irish Stouts são como a clássica Guinness. American Stouts são mais fortes, têm mais maltes escuros, amargor de lúpulo e aroma de lúpulo. Export Stouts são como Irish Stouts mais fortes, com mais amargor de lúpulo.

Originalmente, "Stout" descrevia uma versão mais forte da cerveja, mas com o tempo ela foi desenvolvendo estilo e subestilos distintos. A Guinness é a Irish Stout arquetípica, e a receita foi elaborada na metade do século XX. Export Stouts eram comumente exportadas para a África Ocidental e o Caribe, e ainda são populares nessas regiões. Todas têm maior amargor de torrada e finalização mais seca do que Porters ou Sweet Stouts.

ATRIBUTOS DA CERVEJA

Cor	Claridade	Fermentação	ABV	Amargor
Marrom-escuro a preto	Brilhante a opaca	Levemente frutada	4%–6,5%	25–55 IBU (médio)

DRY STOUT

GUINNESS DRAUGHT

4,2% ABV | PRODUZIDA EM: DUBLIN, IRLANDA

Pouquíssimas cervejas são tão marcantes e famosas quanto a Guinness Draught. De intensa cor rubi-preta com espuma branca espessa, sente-se uma textura aveludada ao bebê-la através da espuma, que também retém aromas de cacau, cevada torrada e frutas vermelhas escuras. Cheire-a com atenção e repare que há ésteres de morango e adocicados. Seu corpo é mais leve do que se espera, com um pouco de torrada escura e uma ligeira acidez de café, antes de uma finalização seca e limpa.

IRISH STOUT NITRO, O'HARA'S BREWERY

4,3% ABV | PRODUZIDA EM: CARLOW, IRLANDA

Procure esta clássica Irish Stout na pressão ou encontre latas onde se lê NITRO para a melhor experiência, com a espuma cremosa que tanto distingue este estilo. Há cevada torrada, café, alcaçuz e achocolatado muito amargo nos aromas. A textura sedosa tem a plenitude de um café com leite, e a torra é suave, repleta de sabor de maltes escuros, mas sem torrefação agressiva, com lúpulos Fuggle proporcionando um frescor herbal e quase mentolado com a secura.

OBSIDIAN STOUT, DESCHUTES BREWERY

6,4% ABV | PRODUZIDA EM: BEND, OREGON, EUA

Mais chamativas que as descontraídas Irish, as American Stouts são mais robustas, com sabor de malte e lúpulo (talvez porque irlandeses bebem um pint após o outro, e americanos com frequência preferem intensidade de sabores). Os aromas são de cevada torrada, cacau, missô e algumas frutas vermelhas ou cerejas, mudando para sabores de espresso, cacau em pedacinhos, cevada pura torrada, baunilha frutada e frutas secas, com amargor firme e duradouro dos maltes e lúpulos.

THE KERNEL EXPORT STOUT 1890

7,5% ABV | PRODUZIDA EM: LONDRES, INGLATERRA

Baseada em uma receita de 1890, esta cerveja tem profundidade impactante de malte marrom, classicamente usado para cervejas londrinas escuras (versões mais novas introduziram cevada torrada). Há chocolate amargo, frutas vermelhas escuras, frutas secas e melaço, além de tabaco, fumaça e couro antigo evocando toques da Londres vitoriana. A cerveja tem camadas de complexidade, finalização amarga de longa duração dos lúpulos e o distinto sabor de torrada escura do malte marrom.

OUTROS EXEMPLOS PARA PROVAR

4 PINES STOUT: chocolate amargo rico, espresso claro, frutas vermelhas.

PELICAN TSUNAMI EXPORT STOUT: cappuccino, chocolate amargo, robusta.

GUINNESS FOREIGN EXTRA: chocolate amargo cremoso, frutas vermelhas, suave.

SWEET STOUT

Oatmeal Stout e Milk Stout são os principais estilos e, comparados às Dry Stouts, eles possuem perfil de sabores mais doces e com menos amargor de torra.

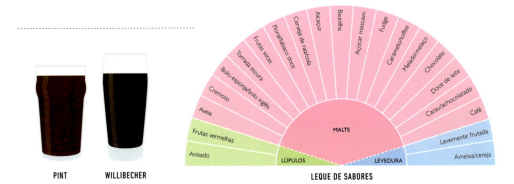

PINT · WILLIBECHER · LEQUE DE SABORES

SABOR, PROCESSO E HISTÓRIA

Em geral, tendem a ser mais adocicadas e menos torradas em comparação com as Dry Stouts, embora devam ter um bom equilíbrio e não ser doces demais. A maior doçura vem do uso de menos maltes torrados e da adição de aveia e/ou lactose (açúcar do leite). Sua textura é plena e suave, com baixa carbonatação, e algumas podem ter infusão de nitrogênio (nitro) para deixá-las extracremosas. Em uma Oatmeal Stout, de 10% a 20% da receita é constituída de aveias, com maltes mais escuros no topo para criar os sabores de chocolate. Milk Stouts também usam aveias com frequência, bem como lactose, que podem compreender de 5% a 10% dos grãos. Ambas têm certa doçura residual. Os lúpulos dão mais amargor que aroma. Muitas vezes adicionam-se ingredientes extras, como chocolate, café, baunilha e nozes.

Há séculos, aveias são usadas em cervejas britânicas, mas a Oatmeal Stout só foi lançada no fim do século XIX. Era fermentada e comercializada como bebida nutritiva para "convalescentes e inválidos". A Milk Stout foi produzida pela primeira vez no início do século XX e comercializada para mães lactantes. Em meados do século XX, estas Stouts eram incomuns. A produção artesanal as recriou como Stouts mais saborosas, e sua popularidade se deve à textura suave e adições de sabores mais doces.

ATRIBUTOS DA CERVEJA

Cor	Claridade	Fermentação	ABV	Amargor
Marrom-escuro a preto	Brilhante a opaca	Levemente frutada	4%–6%	20–40 IBU (baixo a médio)

MILK STOUT NITRO, LEFT HAND BREWING

| 6% ABV | PRODUZIDA EM: LONGMONT, COLORADO, EUA |

Tornou-se o exemplo clássico para definir uma Milk Stout. Produzida com lactose, aveias e uma mistura de outros maltes, sua cor é marrom bem escura, com espuma branca espessa. Sua textura é elegante e deliciosa de beber, com uma sensação cremosa e suave na boca na versão de nitrogênio. Há doçura de chocolate ao leite, aveia com chocolate, doces de café, baunilha e fudge, finalizando com cacau em pó e amargor de café, além de uma gostosa secura.

SILKIE STOUT, LOCH LOMOND BREWERY

| 5% ABV | PRODUZIDA EM: DUMBARTON, ESCÓCIA |

É mais torrada em comparação a outras do estilo. Produzida com muitas aveias e malte escuro, esta cerveja marrom bem escura com espuma cremosa castanha tem sabor acentuado de café, grãos de café, cevada torrada e biscoito de chocolate amargo com aveia. Seu corpo é robusto, ao mesmo tempo torrado e cremoso, com grande complexidade de fundo de malte. A torrefação elevada funciona muito bem o com a suavidade da aveia nesta cerveja.

ST-AMBROISE OATMEAL STOUT

| 5% ABV | PRODUZIDA EM: MONTREAL, CANADÁ |

Essa linda cerveja preta é considerada uma Oatmeal Stout clássica. Os aromas são de chocolate amargo, trufas de cacau em pó, café doce, aveias cremosas, baunilha floral e melaço. Possui uma textura deliciosa de milkshake de chocolate que é sedosa e suave, mas não exatamente doce, que deixa um rastro de sabor de chocolate amargo e torra, com um pouco de fudge cremoso, o sabor característico de aveia e um fundo de alcaçuz preto e lúpulos de frutas vermelhas.

CEREAL MILK STOUT, GARAGE PROJECT

| 4,7% ABV | PRODUZIDA EM: WELLINGTON, NOVA ZELÂNDIA |

Produzida para evocar os sabores de leite com cereal em Stouts, esta cerveja é feita com aveias, trigo achocolatado, lactose e flocos de milho. O aroma é mais de cereal de chocolate do que de flocos de milho, com chocolate, uma leve torrefação doce e um pouco de baunilha. Ainda que você talvez não detectasse leite com cereal em um teste cego, o que se tem é uma Stout cremosa suave com fundo de caramelo e notas de chocolate, além de um equilíbrio que a deixa fácil de beber por conta do ABV baixo.

OUTROS EXEMPLOS PARA PROVAR

SAMUEL SMITH OATMEAL STOUT: mingau cremoso de chocolate, torrada clara.

BRISTOL BEER FACTORY MILK STOUT: leite com chocolate, café claro, cremosa.

YOUNG'S DOUBLE CHOCOLATE STOUT: fudge de chocolate, baunilha, calda de chocolate.

IMPERIAL STOUT

ALES MALTADAS

Com um misto hipnotizante de ricos maltes escuros e alto teor alcoólico, Imperial Stouts estão entre os estilos mais adorados de cerveja entre aqueles que buscam experimentar grandes sabores.

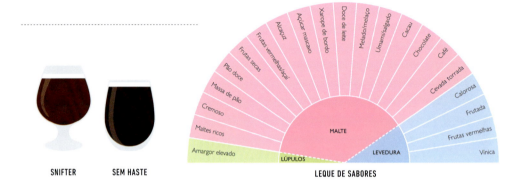

SNIFTER   **SEM HASTE**   **LEQUE DE SABORES**

SABOR, PROCESSO E HISTÓRIA

Frequentemente as cervejas mais fortes e prestigiadas de uma cervejaria, as encorpadas Imperial Stouts proporcionam um amplo leque de sabores de maltes escuros: chocolate rico, cacau, café, cevada torrada, umami/missô, frutas escuras, alcaçuz, anis e doçura de melado. O amargor muitas vezes é elevado, embora em equilíbrio com a doçura residual mais alta. É comum a adição de aveia e outros ingredientes que complementam os maltes escuros, como café, baunilha e chocolate. Com frequência, estas cervejas são envelhecidas em barris.

Cervejeiros usam muitos maltes pale, que dão a doçura de base. Maltes secos como o cristal adicionam complexidade frutada, e os marrons, chocolate; o malte preto e a cevada torrada conferem as cores escuras e os sabores de torra. Com frequência, usa-se aveia para uma textura suave, e pode-se adicionar açúcar para dar sabor e doçura fermentável. Em geral, os lúpulos são adicionados só pelo amargor.

O legado dessas cervejas remonta às British Porters fortes ou às Stout Porters. Produzidas para exportação no fim do século XVIII, elas viajaram pelo mundo, e eram populares sobretudo nos portos bálticos. Como os gostos mudam, a Imperial Stout se tornou raridade no início do século XX. Foram cervejeiros artesanais curiosos e criativos que a trouxeram de volta, e ela se tornou um exemplo de estilo de cerveja que vai aos extremos da fermentação.

ATRIBUTOS DA CERVEJA

Cor	Claridade	Fermentação	ABV	Amargor
Marrom-escuro a preto	Brilhante a levemente turva	Frutada/calorosa	8%–15%	30–100 IBU (médio a alto)

TEN FIDY, OSKAR BLUES

| 10,5% ABV | PRODUZIDA EM: LONGMONT, COLORADO, EUA |

Esta clássica Imperial Stout americana produz uma espuma preta espessa com mocha escura quando servida. Há chocolate amargo, caramelo escuro, cacau, espresso, malte torrado, alcaçuz, ameixas, alguns aromas fortes de lúpulo e frutas escuras, além de aromas picantes de álcool vínico. É uma cerveja poderosa, preta e forte, cremosa pela adição de aveias. Um amargor elevado de lúpulo acrescenta um pouco de intensidade própria no fim, criando uma qualidade americana *sui generis*.

DARK STAR, FREMONT BREWING

| 8% ABV | PRODUZIDA EM: SEATTLE, WASHINGTON, EUA |

Esta Imperial Oatmeal Stout está no patamar mais baixo de força para o estilo, com muito sabor sem o teor alcoólico elevado. É um belo contraste com algumas das Stouts hiperfortes com mais de 14% de ABV. Quando servida, sua cor é marrom bem escura, com espuma espessa e castanha. Há cacau, baunilha, passas cobertas de chocolate, chocolate amargo, grãos de café fermentados, um pouco de missô e textura de aveia, além de algumas notas de levedura floral, e a torra persiste o tempo todo até o fim.

PÉCHÉ MORTEL, DIEU DU CIEL!

| 9,5% ABV | PRODUZIDA EM: MONTREAL, CANADÁ |

Esta Imperial Stout de café é ótima pela profundidade de sabor e pela densidade de riqueza maltada, sem exageros. É quase preta, com espuma espessa marrom-escura. O aroma do café vem primeiro, com torra, mocha, chocolate amargo e um pouco de baunilha frutada. A textura contém uma doçura cremosa que modera boa parte do chocolate amargo, café, melado escuro e da torra, que dura o tempo todo, levando a um forte amargor de lúpulo no fim.

ABRAXAS, PERENNIAL ARTISAN ALES

| 11,5% ABV | PRODUZIDA EM: ST. LOUIS, MISSOURI, EUA |

A Imperial Stout permite que os cervejeiros sejam criativos com o sabor, e a Abraxas tem inspiração no chocolate quente mexicano. Ela é condicionada em pimenta poblano, canela, grãos de baunilha e pedaços de cacau. Esses ingredientes penetram numa cerveja produzida com muitos maltes escuros, e ela é fervida por um bom tempo para condensar esses sabores em uma concentração mais rica. A cerveja é abundante em textura, com um hábil equilíbrio de baunilha doce e chocolate, especiarias, torra e álcool aquecido.

OUTROS EXEMPLOS PARA PROVAR

DE STRUISE BLACK ALBERT: chocolate amargo, conhaque, melaço.

THE KERNEL IMPERIAL BROWN STOUT: cacau, frutas vermelhas, amargor de torra.

ALESMITH SPEEDWAY STOUT: café, cacau frutado, malte torrado.

IMPERIAL STOUT

CERVEJAS ENVELHECIDAS EM BARRIL

O envelhecimento em barril infunde novas características às cervejas, proporcionando sabores de madeira, baunilha, especiarias e qualidades da bebida alcoólica anteriormente armazenada no barril.

SNIFTER   **SEM HASTE**   **LEQUE DE SABORES**

SABOR, PROCESSO E HISTÓRIA

Qualquer estilo de cerveja pode ser envelhecido em barril, mas geralmente é o caso das Imperial Stouts, Barley Wines e Belgian Ales fortes. Elas são feitas para causar impacto à experiência de beber, aliando cervejas ricas a novos sabores extraídos da madeira (em geral, carvalho) e a sua maturação. Vanilina em carvalho gera baunilha, e lactonas proporcionam uma característica cremosa de nozes, como coco torrado e amêndoas. Há um toque frutado generalizado, um pouco de taninos ou secura, frutas secas, caramelo e mais sabor de álcool. A bebida que estava anteriormente no barril adiciona características próprias, em geral bourbon, uísque escocês, rum, vinho e xerez.

Os ingredientes dependem do estilo da cerveja de base. Após fermentação primária em tanque, a cerveja é transferida para barris, onde envelhece por de três a doze meses ou mais. Conforme o barril se aquece com o tempo, ele se expande, fazendo a cerveja penetrar na madeira. Ao esfriar, ele expulsa a cerveja, que leva consigo o sabor da madeira.

Em 1992, a Bourbon County Stout, da Goose Island, foi a primeira cerveja envelhecida em barris de bourbon para assumir um novo sabor, e isso criou a categoria de cervejas envelhecidas em barril. Desde então, barris se tornaram comuns em cervejarias. É frequente cervejas envelhecidas em barril serem feitas e vendidas em pequenos volumes, sendo a raridade e o ótimo sabor fatores que definem se a nota dessas bebidas será alta.

ATRIBUTOS DA CERVEJA

Cor	Claridade	Fermentação	ABV	Amargor
Dourado profundo a preto	Brilhante a levemente turva	Frutada/calorosa	8%–15%	30–100 IBU (médio a alto)

BOURBON COUNTY STOUT, GOOSE ISLAND

14,4% ABV | PRODUZIDA EM: CHICAGO, ILLINOIS, EUA

Uma autoindulgente cerveja preta muito espessa, com sabores de base de cacau escuro frutado, fudge, caramelo preto, café doce e vinho de amora-preta. Um misto de barris recondicionados de bourbon é usado para envelhecer a cerveja de oito a catorze meses. Ela absorve um amplo leque de novos sabores, como baunilha (bagas frescas e bolo de baunilha), muita madeira de carvalho, bourbon, umami envelhecido e nozes com xerez, cereja, amêndoa, alcaçuz, melado e muito mais. É uma experiência intensa, ousada e estonteante de sabores.

DRAGON'S MILK, NEW HOLLAND

11% ABV | PRODUZIDA EM: HOLLAND, MICHIGAN, EUA

Uma das poucas Imperial Stouts envelhecidas em barril produzida o ano todo, a Dragon's Milk é acondicionada em barris de bourbon por três meses, onde adquire a baunilha, o carvalho e as notas de coco características, além de cola, caramelo, trufa de chocolate e cevada torrada. A textura é suave, mas não ultradoce, e a finalização é seca. Ela fica do lado restrito do envelhecimento em barril: equilibrada, nuançada e mais acessível que muitas outras, o que pode ser potente.

OLA DUBH 12, HARVIESTOUN BREWERY

8% ABV | PRODUZIDA EM: ALVA, ESCÓCIA

A Ola Dubh é envelhecida em barris de malte único da destilaria ex-Highland Park, e é elegante se comparada com muitas outras Imperial Stouts. O leque inclui a Ola Dubh 12, 14, 16, 18 e 21 (vez ou outra, 30 e 40), em que o número indica a idade dos barris de uísque. Cada idade confere características diferentes à cerveja. O 12 é mais comum, e possui café frutado, baunilha, alcaçuz e uma defumação que dura até o fim.

LA TRAPPE OAK AGED

11% ABV | PRODUZIDA EM: BERKEL-ENSCHOT, PAÍSES BAIXOS

Essa Trappist Quadrupel é envelhecida em quantidades diferentes de tempo em barris diferentes, incluindo carvalho virgem, carvalho torrado, uísque, rum, vinho e barris de vinho do porto, acácia ou cerejeira, e mais. São misturados barris diferentes para cada lote, cujas especificidades da mistura podem ser verificadas no site da cervejaria. Espere frutas secas, frutas vermelhas, especiarias, baunilha, caramelo e especificidades da mistura. Elas são sempre interessantes, sobretudo se você compara vários lotes.

OUTROS EXEMPLOS PARA PROVAR

FIRESTONE WALKER PARABOLA: chocolate amargo com cereja, bourbon rico.

DE STRUISE CUVÉE DELPHINE: trufa de chocolate, frutas vermelhas, baunilha.

ALLAGASH CURIEUX: frutas de caroço assadas, bourbon, baunilha.

SOUR BEERS E FRUIT BEERS

AQUI CELEBRAMOS A GRANDE diversidade das cervejas e como elas podem ser tanto incrivelmente tradicionais quanto loucamente experimentais. Neste grupo estão alguns dos estilos mais famosos e idiossincráticos de cervejas do mundo, como a Belgian Gueuze e as Red-Brown Ales, que são deixadas para maturar durante anos e desenvolvem sabores maravilhosamente complexos. Ao lado delas estão algumas das cervejas mais modernas, criativas e divertidas do mundo, inclusive cervejas ácidas refrescantes infundidas de frutas frescas, e cervejas que usam ingredientes como chocolate, abóbora, especiarias e muito mais.

LAMBIC: UMA TRADIÇÃO CERVEJEIRA DE BRUXELAS

Cervejas Lambic e de fermentação espontânea são uma expressão exclusiva de um lugar, extraindo suas características do local da cervejaria. Naturalmente inoculadas com levedura selvagem e bactérias, elas são envelhecidas e azedadas em barris de madeira até o cervejeiro decidir que estão prontas, e em seguida são mescladas ao perfil de sabores desejado pela cervejaria.

FERMENTANDO A LAMBIC

Os princípios de fermentação de uma Lambic são os mesmos de uma ale comum, mas as especificidades de cada etapa são muito diferentes. De 30% a 40% da receita são compostos de trigo não maltado, e receitas clássicas usam um sistema complexo de turbidez de mostagem, que envolve recipientes diferentes e níveis de temperatura, e separa o trigo para deixar um mosto com aparência leitosa. O mosto possui teor elevado de açúcares de dextrina que, em geral, leveduras ale não fermentam, mas a levedura selvagem e as bactérias, sim. Os açúcares ajudam a garantir que a cerveja envelheça por muito tempo sem estragar, permitindo-lhe atenuar por inteiro e ficar bem seca.

CERVEJEIROS E MISTURADORES

Na região em torno de Bruxelas, onde a produção de Lambic foi preservada e hoje é celebrada, há cervejeiros e misturadores. Cervejeiros fazem o fermento e o mashout por conta própria; misturadores compram o mashout de cervejeiros diferentes e o maturam, e depois o misturam para vender em seu próprio nome.

COMO A LAMBIC É PRODUZIDA

O processo de fermentação da Lambic é exclusivo por permitir que o mashout seja inoculado por leveduras selvagens e bactérias transportadas pelo ar.

Matérias-primas

1 BRASSAGEM — Os ingredientes crus são misturados no tanque de mostura para produzir o mashout.

2 CALDEIRA — O mashout passa para a caldeira, onde a fervura pode levar várias horas.

3 WHIRLPOOL — Pellets e trubs de lúpulos são separados da cerveja no whirlpool.

Leveduras do ar

4 COOLSHIP — A cerveja vai para o coolship, onde permanece cerca de doze horas para ser inoculada com bactérias e leveduras transportadas pelo ar.

5 FERMENTAÇÃO — A fermentação em barris pode levar de um a quatro anos.

6 ENVASE — A cerveja passa mais três a seis meses fermentando em garrafas.

O mosto passa para a caldeira, onde a fervura pode levar até três horas. Usam-se lúpulos que foram envelhecidos por dois a três anos. Os lúpulos contêm qualidades antibacterianas — eles deixam passar as bactérias boas e bloqueiam as potencialmente ruins —, mas não contribuem muito com sabor e amargor.

O mosto lupulado vai até o coolship, um recipiente aberto que muitas vezes fica em um local alto da cervejaria. Ele é deixado lá da noite para o dia a fim de esfriar e permitir que as bactérias nativas da cervejaria inoculem e deem início à fermentação espontânea. De manhã, a Lambic é vertida dentro de barris, onde a fermentação continua.

Leveduras ale são mais ativas no começo da fermentação, criando o álcool ao longo das primeiras duas semanas antes de ele ficar sem açúcares de malte. Em seguida, as *Brettanomyces* e as bactérias assumem, convertendo lentamente os açúcares remanescentes e aumentando aos poucos os ésteres, aromas, ácido lático e acidez.

O sabor vai mudando durante o processo, e cada barril matura de um jeito diferente graças aos microorganismos residentes na madeira. A cerveja fica nos barris até o cervejeiro decidir que ela está pronta, o que pode levar até quatro anos.

MISTURA E ENVASE

A maioria das Lambics não são bebidas como Lambics: são misturadas em Gueuze ou em cervejas frutadas. Produtores de Lambic provarão muitos barris diferentes e decidirão como combiná-los para obter o perfil correto de sabores. A maioria das Gueuzes é uma mistura de Lambics de um, dois e três anos, mas alguns barris mais antigos podem ser usados. A cerveja é

CERVEJA INTERNACIONAL DE FERMENTAÇÃO ESPONTÂNEA

Inspirados pela tradição belga, cervejeiros do mundo todo instalaram coolships (ou ressignificaram seu propósito) para produzir cervejas de fermentação espontânea. Eles usam os mesmos processos que cervejeiros de Bruxelas, e produzem novas expressões e variações dessas cervejas tão admiradas.

misturada em um tanque de aço e colocada em garrafas de rolha com um açúcar especial, onde a cerveja fermentará por mais três a seis meses, quando desenvolverá uma carbonatação elevada similar à da champanhe.

LAMBIC

A Lambic pode ser bebida fresca (cerca de um ano) ou envelhecida (mais de um ano). Não é carbonatada e, em geral, é apenas de pressão, às vezes decantada em jarros e depois no copo. Frequentemente, é encontrada apenas em bares próximos de produtores de Lambic.

GUEUZE

A Gueuze (ou Geuze) geralmente tem um misto de Lambics frescas e envelhecidas para criar um perfil de sabores equilibrados como um todo, determinado pela preferência da cervejaria. Quando servida, muitas vezes a cerveja é aberta e deitada em um cesto para Lambics, a fim de que o sedimento de leveduras no fundo da garrafa não seja remexido.

KRIEK E FRAMBOISE

Cerejas (Kriek) e framboesas (Framboise) podem ser adicionadas a Lambics frescas, conferindo mais açúcares fermentáveis e imbuindo a cerveja de uma cor vermelho-brilhante ou rosa. Outras frutas, como frutas vermelhas diferentes, uvas ou ameixas também podem ser adicionadas. A Lambic pode assentar em frutas de quatro a doze meses.

CERVEJAS DE FERMENTAÇÃO ESPONTÂNEA

Estas cervejas azedas tradicionais belgas e de inspiração belga estão entre as mais complexas e respeitadas do mundo.

TUMBLER BELGA

COM HASTE

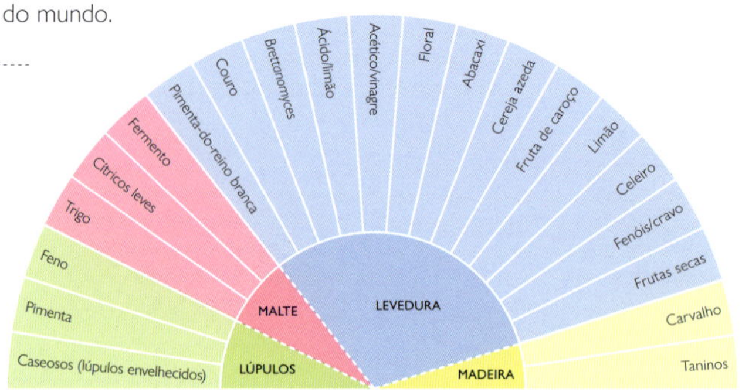

LEQUE DE SABORES

SABOR, PROCESSO E HISTÓRIA

Estas cervejas passam por maturação prolongada, na qual os sabores de leveduras selvagens, bactérias e o processo de envelhecimento produzem um amplo leque de características, de limão frutado e frutas tropicais a aromas fortes de fazenda e cravo fenólico. Cada cerveja revela uma qualidade exclusiva da microflora que a fermenta. A acidez pode ser seca ou estaladiça, mas as melhores são equilibradas. Elas são secas e, em geral, altamente carbonatadas, com taninos do envelhecimento da madeira em vez de amargor de lúpulo.

A cerveja de base nas versões belgas tradicionais é a Lambic (consulte as páginas 182-183). Ela é fermentada com malte pale e com de 30% a 40% de trigo não maltado, além de lúpulos envelhecidos. É naturalmente inoculada com levedura e bactérias, dando início a uma fermentação espontânea. Ela pode maturar em barris de madeira por anos antes de ser misturada e envasada, onde é carbonatada dentro da garrafa. A cerveja misturada é conhecida como Gueuze.

A Bélgica tem uma longa história de produzir cervejas com qualidades secas. Este estilo quase desapareceu no século XX, graças à crescente popularidade das ales e lagers secas e limpas (não azedas). Um pequeno grupo de cervejeiros preservou o processo, e recentemente produtores do mundo todo passaram a replicar esses métodos belgas tradicionais.

ATRIBUTOS DA CERVEJA

Cor	Claridade	Fermentação	ABV	Amargor
Palha a âmbar profundo	Levemente turva	Ácida/azedada com *Brett*	4%–8%	5–15 IBU (baixo)

CANTILLON GUEUZE

| 5,5% ABV | PRODUZIDA EM: BRUXELAS, BÉLGICA |

De cor âmbar-claro, há um cheiro forte e de limões preservados, algo semelhante a queijo recém-maturado (como brie), feno, celeiro, frutas secas em geral e certa complexidade fenólica — é uma cerveja com camadas de sabores. A secura é imediata, com uma intensidade inicial que diminui à medida que se bebe e sabores de grãos mais adocicados agindo em conjunto com notas frutadas para moderar a acidez. Ela possui um amargor amadeirado e tânico. A carbonatação é brilhante e revigorante.

OUDE GEUZE, BOON

| 7% ABV | PRODUZIDA EM: LEMBEEK, BÉLGICA |

De cor âmbar-dourado, com espuma duradoura e muitas bolhas, a Oude Gueuze da Boon contém limões frescos, notas cítricas florais perfumadas, frutas vermelhas e frutas de caroço, além de um frescor vibrante de frutas secas com uma complexidade de toranja que também evoca a secura e o amargor do bagaço dessa fruta. Ela é seca no fim, com madeira e taninos, e amargor amadeirado e herbal, com casca de limão e pimenta. É maravilhosamente elegante, com menos odor de fazenda e fenóis se comparada à Cantillon.

BURNING SKY COOLSHIP

| 6,5% ABV | PRODUZIDA EM: FIRLE, INGLATERRA |

Classicamente produzida como uma Belgian Gueuze, esta cerveja tem cor âmbar profunda, com frescor e toques de fazenda, flores e celeiros, limões secos, madeira velha e couro. É elegante e equilibrada, a secura misturada por um pouco de doçura, um amargor amadeirado suavizado por uma qualidade cremosa ao paladar. Ela tem o tipo de complexidade que revela algo novo a cada gole, e a sensação é mais fresca e mais vibrante que a de outras.

COOLSHIP RESURGAM, ALLAGASH

| 6,3% ABV | PRODUZIDA EM: PORTLAND, MAINE, EUA |

Uma cerveja ao estilo Gueuze feita com uma mistura de cervejas de um, dois e três anos, ela contém uma mescla brilhante de ameixas secas, pele de pêssego azedinho, abacaxi desidratado e tepache, com as notas tropicais da microflora local tornando-a diferenciada entre cervejas belgas. Há um pouco de creme de limão, bagaço de limão, vinho branco, ésteres florais, algo cremoso como iogurte de limão e uma mescla subjacente de fenóis, taninos de madeira e carvalho, e uma finalização seca refrescante.

OUTROS EXEMPLOS PARA PROVAR

3 FONTEINEN OUDE GEUZE: limão, maçã ácida, cheiro mais frutado do que forte.

OUD BEERSEL OUDE GEUZE VIEILLE: uva, frutas ácidas tropicais, pêssego, madeira.

RUSSIAN RIVER SONAMBIC: limão ácido, vinho branco, taninos de carvalho.

CERVEJAS DE FERMENTAÇÃO ESPONTÂNEA

FLEMISH-STYLE RED-BROWN ALE

Estas cervejas têm qualidades vínicas e acéticas das leveduras, das bactérias e da longa maturação, o que dá a elas o apelido de "Borgonhas da Cerveja".

TUMBLER BELGA **COM HASTE** **LEQUE DE SABORES**

SABOR, PROCESSO E HISTÓRIA

Estas cervejas azedas e envelhecidas, de cor vermelha a marrom, têm um misto de sabores de maltes doces, fermentação frutada, acidez acética e um caráter maturado. Elas devem ter um equilíbrio geral entre o doce e o azedo, em que uma doçura residual proporciona sabores de frutas vermelhas, maçã, cereja, cola, caramelo e chocolate. Envelhecidas em tanques de aço ou em barris que contiveram vinho ou bourbon, revelam sabores de vinagre balsâmico, vínicos e semelhantes a xerez. Podem ter adição de diversas frutas. Comparadas com as Lambic, têm mais sabor de malte, mais frutas vermelhas e acidez diferenciada.

A cor provém da mistura de maltes coloridos e pale. Lúpulos são acrescentados pelo leve amargor, não para impacto aromático, e podem ser usados lúpulos envelhecidos. A maioria dessas cervejas possui fermentação primária com levedura ale em tanques de aço, antes de passarem para outro recipiente. Ali, elas se misturam com leveduras selvagens e bactérias durante a maturação. Cervejeiros podem adicionar frutas, frequentemente cerejas ou frutas vermelhas. Cervejas frescas e envelhecidas são mescladas para gerar o equilíbrio pretendido.

Estas cervejas surgiram como uma forma de armazenar e maturar cervejas, com notas vínicas se desenvolvendo com o tempo. Foram consideradas um estilo Flemish bem-visado até meados do século XX, e alguns cervejeiros dedicados o mantiveram, já que a produção artesanal gerou interesse renovado.

ATRIBUTOS DA CERVEJA

Cor	Claridade	Fermentação	ABV	Amargor
Vermelho-âmbar a marrom	Levemente turva	Ácida/azedada com *Brett*	4%–9%	5–15 IBU (baixo)

GRAND CRU, RODENBACH

6% ABV | **PRODUZIDA EM: ROESELARE, BÉLGICA**

A clássica Flemish Red-Brown, a Grand Cru mistura dois terços de cerveja maturada em barris *foudre* (envelhecida até dois anos) com um terço de cerveja fresca. Tem camadas de toques frutados, seguida de doçura, de acidez, e recebe características dos sabores envelhecidos. No paladar, é rica em cerejas, frutas vermelhas, baunilha, cola, maçã e pera, bala de morango, licor de cereja, xerez, balsâmico doce, chocolate amargo vínico, toque frutado de vinho e finalização seca duradoura.

DUCHESSE DE BOURGOGNE, VERHAEGHE

6,2% ABV | **PRODUZIDA EM: VICHTE, BÉLGICA**

Fermentada em tanques, depois maturada em carvalho, a Duchesse de Bourgogne é outra clássica Red-Brown. Mesclando cervejas jovens e envelhecidas em *foudre*, tem sabor de frutas vermelhas, cerejas e frutas silvestres, proporcionando doçura e acidez ao mesmo tempo. Há especiarias leves e maçãs Bramley azedinhas, ela é vínica com xerez e carvalho, caramelo e balsâmico, e taninos amadeirados, com o sabor de malte subjacente mantendo o equilíbrio entre o doce e o azedo.

LA FOLIE, NEW BELGIUM

7% ABV | **PRODUZIDA EM: COLLINS, COLORADO, EUA**

Uma clássica interpretação americana, a La Folie é maturada em grandes *foudres* de carvalho e tem seu próprio *terroir* ("sotaque") particular, passando muitos anos em produção. Possui doçura e azedume frutados, de cereja, ameixa, maçã e cranberry. O corpo é rico e pleno, portando um pouco de torra, caramelo e passas antes que tudo se seque em uma acidez marcante no fim, o que pode causar uma careta no consumidor ao primeiro gole, mas que diminui conforme se bebe.

OERBIER, DE DOLLE BROUWERS

9% ABV | **PRODUZIDA EM: ESEN, BÉLGICA**

A Oerbier é diferente. Sua cor é vermelho-marrom profunda, e ela desenvolve uma acidez conforme envelhece em garrafa com a cultura de bactérias da casa. Seu azedume não é intenso e não é maturada em madeira. Ela passa por uma longa fervura, o que gera um fundo caramelizado na cerveja, juntamente com cereja escura, ameixa, cola acidificada, baunilha, torrada e frutas secas, todas entrecortadas e realçadas por um toque de uma acidez quase cremosa. Lúpulos Golding proporcionam um amargor picante e notável.

OUTROS EXEMPLOS PARA PROVAR

LIEFMANS GOUDENBAND: frutas secas, cereja, maçã, vínica, xerez.

RUSSIAN RIVER SUPPLICATION: limonada com cereja, baunilha, taninos de madeira.

WICKED WEED OBLIVION: frutas polpudas, geleia de frutas vermelhas, balsâmico, carvalho.

FRUIT SOURS TRADICIONAIS

Estas são cervejas tradicionalmente produzidas ao estilo belga, Lambic ou Red-Brown envelhecidas com frutas, proporcionando um toque frutado fresco sobre uma base ácida.

TUMBLER BELGA **COM HASTE** **LEQUE DE SABORES**

SABOR, PROCESSO E HISTÓRIA

Além dos sabores mais fortes, ácidos e naturalmente frutados da cerveja de base, a adição de frutas frescas contribui com novos sabores e muda a cor. Os melhores equilibram o toque frutado com a acidez, e não são ultradoces. As frutas se apresentam com qualidades secundárias, como sementes e caroços de frutos. Cerejas (Kriek) e framboesas (Framboise) são mais comuns, mas você também vai encontrar frutas vermelhas, pêssegos, damascos, uvas e ameixas. A finalização é seca, refrescante e vigorosamente ácida.

A cerveja de base é uma Lambic ou uma Red-Brown comuns, com período de maturação que vai de vários meses a alguns anos. Frutas são adicionadas ao recipiente de maturação, de madeira ou aço, e então a cerveja é maturada de mais alguns meses até um ano. A adição de frutas continua a fermentação conforme a levedura consome os açúcares dessas frutas. Em geral, a cerveja é misturada com cerveja de base não frutada antes do envase.

A Kriek (Lambic de cereja) tem sido produzida na região de Bruxelas desde o início do século XIX. Frutas inteiras de caroço são o método típico, embora algumas cervejarias maiores possam usar suco, purê ou mesmo aromas de frutas. As cervejas sours frutadas mais tradicionais devem ser bebidas logo após colocadas à venda pela cervejaria, sobretudo as feitas com frutas de caroço, para se obter a melhor expressão dessas frutas.

ATRIBUTOS DA CERVEJA

Cor	Claridade	Fermentação	ABV	Amargor
Amarelo a vermelho/roxo	Levemente turva	Ácida/azedada com *Brett*	4%–8%	5–15 IBU (baixo)

KRIEK MARIAGE PARFAIT, BOON

8% ABV | PRODUZIDA EM: LEMBEEK, BÉLGICA

A Kriek Mariage Parfait é uma Lambic envelhecida forte com 400g por litro de adição de cerejas. Seu vermelho é profundo, com aromas abundantes de cerejas: cereja ácida, geleia de cereja e cereja Bakewell ácida, conduzindo a notas de amêndoas e baunilha. A acidez é sutil, como a de uma cereja azeda, e a doçura natural da fruta, por sua vez, proporciona corpo e profundidade. A carbonatação é como a de uma champanhe rosé, com a complexidade subjacente do carvalho.

FOU'FOUNE, CANTILLON

6% ABV | PRODUZIDA EM: BRUXELAS, BÉLGICA

Produzida com damascos Bergeron, o fruto é macerado com Lambic envelhecida em tanques de aço por alguns meses, em seguida é misturado com mais Lambic quando engarrafado. É uma cerveja turva de cor adamascada com um amplo espectro de damascos no aroma: frescos, carnudos, secos e marmelada de damasco com limão. É ácida, mas equilibrada pelo toque frutado. Há carvalho, pele de damasco e taninos de madeira, além de um pouco de malte de biscoitos de trigo subjacentes.

OUDE QUETSCHE TILQUIN À L'ANCIENNE

6,4% ABV | PRODUZIDA EM: BIERGHES, BÉLGICA

Esta Lambic de um a dois anos envelhecida em carvalho contém adição de ameixas roxas sem caroço e é envelhecida em aço por mais quatro meses. Possui o aroma floral e fresco de quando se dá uma mordida em uma ameixa madura. Há certa acidez e doçura, como a de ameixas azedinhas, e um pouco de tanino da casca da ameixa e do envelhecimento em carvalho, com uma complexidade vínica, acidamente frutada, de maçã azeda e, por baixo de tudo, queijo maturado.

RASPBERRY TART, NEW GLARUS

4% ABV | PRODUZIDA EM: NEW GLARUS, WISCONSIN, EUA

Enquanto certas cervejas envelhecidas e azedas podem ser desafiadoras, a Raspberry Tart é uma dose de framboesas puras e frescas. Sua cor é vermelho profundo, fermentada ao estilo Red-Brown e envelhecida em madeira, conferindo um pouco de carvalho, baunilha e notas de limão. A cerveja é mais doce que azeda, de um jeito frutado natural, e cheira a geleia de framboesa. A acidez é leve como a de um doce de framboesa de sabor intenso, enquanto a textura é refrescante e, ao mesmo tempo, plena e suave.

OUTROS EXEMPLOS PARA PROVAR

3 FONTEINEN SCHAARBEEKSE KRIEK: cereja doce brilhante, amêndoas, limão.

CANTILLON SAINT LAMVINUS: uvas vermelhas, baunilha em carvalho, frutas vermelhas, ácida.

ALLAGASH COOLSHIP RED: limonada de framboesa, baunilha, carvalho, acidez de frutas vermelhas.

FERMENTAÇÃO MISTA E WILD ALES

Produzidas com um misto de leveduras e bactérias e maturadas em barris de madeira, estas são a evolução artesanal das cervejas azedas belgas tradicionais.

SABOR, PROCESSO E HISTÓRIA

Não há um jeito único para descrever estas cervejas. Em geral, elas são fermentadas com mais de uma levedura de cerveja típica, e são maturadas para desenvolver características de envelhecimento, e também aromas de leveduras selvagens e acidez bacteriana. A cerveja de base determina o sabor subjacente. Leveduras e bactérias proporcionam ésteres frutados ou de cheiro forte e, às vezes, fenóis picantes. As cervejas podem ser ligeiramente ácidas e até bem amargas. A carbonatação com frequência é bastante alta. Frutas podem ser usadas. A madeira, se utilizada, pode ser parte do perfil de sabores.

As receitas variam dependendo da cerveja de base. Em geral, há pouquíssimo uso de lúpulos. Muitas cervejas passam por uma fermentação primária, com o uso de leveduras comuns. Em seguida, elas são maturadas, inoculadas com leveduras e bactérias diferentes. Muitas vezes, são envelhecidas em barris de uísque ou vinho, embora algumas também sejam produzidas em tanques de aço inoxidável. A adição de frutas é comum. A mistura é parte importante para a obtenção do perfil de sabores certo.

Estas cervejas podem ser denominadas de Fermentação Mista, Wild Ale, American Wild/Sour ou Brett Ale (feitas apenas com *Brettanomyces*, sem bactérias). Muitas vezes, são inspiradas pelo perfil de sabores das Lambics, mas também podem ser como uma Stout azedada. As melhores obtêm um equilíbrio maravilhoso de sabores, profundidade e complexidade, sem que nenhuma parte do processo fique exagerada.

ATRIBUTOS DA CERVEJA

Cor	Claridade	Fermentação	ABV	Amargor
Palha a marrom-escuro	Brilhante a levemente turva	Ácida/azedada com *Brett*	4%–8%	5–15 IBU (baixo)

RUSSIAN RIVER TEMPTATION

7,5% ABV | **PRODUZIDA EM: WINDSOR, CALIFÓRNIA, EUA**

Feita em barris que anteriormente continham Sonoma County Chardonnay, as características vínicas e de uva ficam evidentes junto a limões frescos e secos. Há baunilha floral, um rico palato de frutas ácidas leves e um pouco de laranja azedinha. A acidez fica evidente no início, depois se aplaca e confere frescor aos sabores frutados subjacentes, com um pouco de álcool e doçura de fundo. Alguns taninos de madeira e um toque de especiarias apimentadas conferem um bom atalho até a finalização.

APRICOT, CASCADE BREWING

7%–8% ABV | **PRODUZIDA EM: PORTLAND, OREGON, EUA**

A Apricot é um misto de Blonde Ales azedadas em barris antigos de vinho com damascos frescos locais. Ela tem um aroma vibrante adamascado: frutas frescas ácidas, damascos secos doces, características cremosas, geleia de damasco, e os florais e taninos na pele dessa fruta. Ao redor há certa acidez semelhante à de iogurte de limão, abacaxi fermentado e especiarias leves amadeiradas. A finalização é como morder um damasco verde, com taninos, acidez, toque frutado e um pouco de acidez lática.

LOVERBEER BEERBERA

8% ABV | **PRODUZIDA EM: MARENTINO, ITÁLIA**

Esta "Grape Ale italiana" é uma cerveja de base avermelhada com casca e suco de uva Barbera adicionadas em barris de madeira, e microfloras nas uvas que dão início espontâneo à fermentação. Ela possui um odor vibrante de cranberry, cereja e uva vermelha, mas ao redor há a levedura selvagem e o caráter envelhecido, proporcionando limão ácido, vinagre balsâmico, frutos secos vínicos e certas peculiaridades de levedura selvagem, como couro antigo ou feno. Os taninos a mantêm seca no fim.

BIÈRE DE SAISON, THE KERNEL

4,4%–6% ABV | **PRODUZIDA EM: LONDRES, INGLATERRA**

Feita com a levedura de cultivo misto da cervejaria Kernel, ela adquire acidez e secura no tanque antes de ser envelhecida em diferentes recipientes de madeira. Em geral, contém frutas adicionais (frequentemente damasco, abrunho, maçã ou cereja) ou pode passar por dry-hopping (verifique detalhes no rótulo). A cerveja é sempre ácida e seca, há madeira subjacente, pimenta-do-reino e um pouco de curry, e as frutas ou os lúpulos adicionados conferem os sabores extras.

OUTROS EXEMPLOS PARA PROVAR

CROOKED STAVE PETITE SOUR RASPBERRY: frutas vermelhas frescas, acidez refrescante.

SIDE PROJECT FUZZY: pêssego suculento, raspas de limão, tropical, carvalho.

THE BRUERY TART OF DARKNESS: espresso ácido, frutas vermelhas, carvalho, baunilha.

BERLINER WEISSE E GOSE

As "sour jovens" são cervejas leves de trigo ao estilo alemão com acidez refrescante, muitas vezes produzidas com adição de frutas ou dry hopping.

TUMBLER BELGA **COM HASTE**

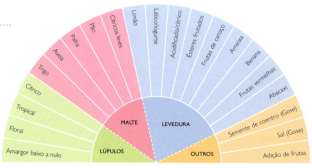

LEQUE DE SABORES

SABOR, PROCESSO E HISTÓRIA

Estas cervejas leves, de baixo teor alcoólico, secas e revigorantemente ácidas são as favoritas de muitos cervejeiros. A Berliner Weisse pode ser produzida com *Brettanomyces*, mas raramente é envelhecida, portanto, ela tem odor mais frutado do que forte. Com ou sem *Brett*, ela contém uma finalização refrescante, que lembra limão. Uma Gose clássica tem base similar e contém adições de sementes de coentro e sal, proporcionando aroma floral e frutado, além de leve salinidade em contraste com a acidez do ácido lático. Ingredientes adicionais podem ter grande influência nos perfis de sabores.

Este estilo é produzido metade com malte Pilsner e metade trigo. Os lúpulos têm amargor muito leve, mas podem ser usados aromaticamente no dry hopping. A acidez pode vir do método kettle sour (veja a p. 65), adicionando-se *Lactobacillus* (ou fermentação mista com *Brettanomyces*, em uma Berliner Weisse), ou da adição de ácido lático. Por serem "azedas rápidas", elas são produzidas em poucas semanas.

O norte da Alemanha tem uma longa história de produção de ales de trigo leves e ácidas. A Berliner Weisse continha *Brettanomyces*, mas, à medida que um gosto por cervejas mais limpas foi se ampliando, ela ficou parecida com uma Pilsner ácida. Hoje, cervejeiros de Berliners estão revivendo a Weisse das antigas, enquanto cervejeiros artesanais adicionam frutas. A Gose é conhecida como uma cerveja de Leipzig, mas tem história em Goslar antes disso.

ATRIBUTOS DA CERVEJA

Cor	Claridade	Fermentação	ABV	Amargor
Palha a amarelo	Brilhante a levemente turva	Ácida/azeda, às vezes *Brett*	3%–5+%	5–15 IBU (baixo)

BRAUEREI LEMKE BUDIKE WEISSE

3,5% ABV | **PRODUZIDA EM: BERLIM, ALEMANHA**

Uma Berliner Weisse das antigas com *Brettanomyces* e *Lactobacillus*, sua cor é amarelo muito claro com um leve frisante. O aroma é fresco, com maçãs verdes, limonada de framboesas ácidas, limão leve, raspas de limão e uma nota floral, e, como o *Brett* é jovem, ele proporciona apenas um toque de odor de celeiro, com maçãs ácidas e azedinhas. É leve e revigorante, com um quê de sorbet de limão no fim.

SOLSTICE D'ÉTÉ FRAMBOISE, DIEU DU CIEL

5,9% ABV | **PRODUZIDA EM: MONTREAL, CANADÁ**

A Berliner Weisse com infusão de framboesas é uma Kettle Sour, com uma acidez lática limitada semelhante à do iogurte, e uma finalização seca, refrescante e revigorante. A adição de framboesas frescas deixa a cerveja rosa-brilhante e confere uma bela mescla de sabores dessas frutas — in natura, sementes, geleia e sorbet. É fresca, mas sem ser doce. Há certo caráter leve de trigo, textura cremosa, doçura de frutas, tudo isso num maravilhoso equilíbrio entre o frutado e o ácido.

DÖLLNITZER RITTERGUTS GOSE

4,2% ABV | **PRODUZIDA EM: LEIPZIG, ALEMANHA**

Nesta Gose clássica, o coentro torrado é floral e picante, com aromas de casca de laranja e limão seco, e uma doçura subjacente de massa de trigo que acentua essas notas de laranja. O sal é bem proeminente — ela não é salgada, mas você percebe que há algo ali. Ele acrescenta um fundo salgado que parece diminuir a acidez, ao mesmo tempo sugerindo uma sensação mais rica na boca. É revigorante, com uma finalização picante duradoura e um toque de ácido lático.

GOSE, WESTBROOK BREWING

4% ABV | **PRODUZIDA EM: MOUNT PLEASANT, CAROLINA DO SUL, EUA**

A Westbrook produz um raro exemplo de uma Gose pura. Ela possui uma textura de plenitude rica, mais que a de versões feitas em Goslar, ajudada pelo sal na cerveja, que confere maior profundidade — assim como ele acentua o sabor da comida. O coentro é de sementes torradas, além de laranja seca e notas florais. Há frescor e acidez de limão, e certa reminiscência de iogurte líquido com sal. Irresistível.

OUTROS EXEMPLOS PARA PROVAR

SCHNEEEULE MARLENE: limão ácido, fruta de caroço, *Brett* leve frutado.

SIREN CALYPSO: lúpulos tropicais, limão leve, frescor intenso.

CREATURE COMFORTS TRITONIA: pepino, lima, limão ácido leve.

FRUIT E ADJUNCT SOURS MODERNAS

Inspiradas por sobremesas e dominadas por sabores de frutas e outros ingredientes, estas cervejas com frequência são mais doces do que azedas.

SEM HASTE   COM HASTE   LEQUE DE SABORES

SABOR, PROCESSO E HISTÓRIA

Frutas ou outros complementos proporcionam os aromas e sabores principais. Eles variam desde levemente ácido, seco e revigorante até cervejas que lembram um smoothie de frutas com álcool. Em geral, são feitas mais pelo sabor de frutas do que pela profundidade e complexidade, e as melhores versões tendem a ser as que têm volume maior de frutas. Cervejas de base geralmente são estilos próximos aos da Berliner Weisse ou da Gose, e a cor provém da fruta. Trigo e aveia adicionam mais textura. Os ingredientes extras podem ser frescos, congelados, purê, extrato ou essência; as versões mais frutadas usam purê. A acidez é baixa em muitas, com a maioria tendendo a um perfil de sabores mais doces, embora algumas tenham uma adição mais sutil de frutas. Algumas podem ter lúpulos para dar aroma.

Na busca por sabores mais impactantes, cervejeiros com frequência adicionam grandes quantidades de ingredientes saborosos. A adição de frutas e especiarias a cervejas tem uma longa história. Uma mudança ocorreu no fim dos anos 2010, entretanto, e hoje essas cervejas são intensamente frutadas, em vez de receberem um sabor sutil. É mais provável que se inspirem em doces, cereais e smoothies tropicais do que na fermentação histórica. Cervejeiros estão constantemente inovando os sabores de suas produções.

ATRIBUTOS DA CERVEJA

Cor	Claridade	Fermentação	ABV	Amargor
Depende do estilo/da fruta	Levemente turva a opaca	Frutada a ácida	3%–8+%	5–15 IBU (baixo)

BIANCA MANGO LASSI GOSE, OMNIPOLLO

| 6% ABV | PRODUZIDA EM: SUNDBYBERG, SUÉCIA |

A Omnipollo ajudou a criar o gênero destas cervejas de sabores intensos, repleta de complementos e inspiradas em sobremesas. A Bianca é uma Mango Lassi Gose produzida com manga, lactose e sal. É uma cerveja espessa, com aparência e textura de suco de manga. Tem odor de manga cremosa, como sorvete de manga, e é uma cerveja doce frutada, em que o sal adiciona um pouco de suculência, antes de uma acidez reminiscente de manga verde e limão espremido.

MEDUSA, MORTALIS BREWING CO.

| 5% ABV | PRODUZIDA EM: AVON, NOVA YORK, EUA |

Esta ale opaca Red Sour é produzida com maracujá e pitaia. Os aromas são tropicais doces, sobretudo de maracujá, mas também há certo toque frutado geral, como abacaxi e manga muito madura, e o aroma docemente floral e semelhante ao de melão da pitaia. Uma das características é a textura de suco, repleta de doçura frutada, mas não é tão pesada e possui uma acidez de fundo que faz um nítido contraste com o dulçor.

195

FRUIT E ADJUNCT SOURS MODERNAS

STRAWBERRY SKIES, VAULT CITY

| 8,5% ABV | PRODUZIDA EM: EDIMBURGO, ESCÓCIA |

Pense em morangos com creme: morangos frescos escoceses são transformados em purê e misturados em uma cerveja de base doce e forte com hibisco e baunilha. A cerveja doce acentua o toque frutado, e o resultado é um sabor semelhante a bala de morango, uma sensação de smoothie espessa de morango na boca, muita baunilha cremosa e saborosa, o que contribui para deixar a bebida parecida com uma sobremesa, suculência de aveia cremosa e só um pouquinho de acidez para cortá-la na finalização.

WILD LITTLE THING, SIERRA NEVADA

| 5,5% ABV | PRODUZIDA EM: CHICO, CALIFÓRNIA, EUA |

No limite mais refrescante e mais leve do espectro do estilo, esta cerveja é produzida com goiaba, hibisco e morango. Em muitos aspectos, é como beber uma taça de vinho rosé fresco e de baixo teor alcoólico. É levemente rosada, o aroma é nostálgico (refrigerantes ou picolés da infância), com a goiaba e o morango aparecendo claramente. Ela possui a doçura e a acidez de um morango no ponto. O malte de base é refrescante, levando a uma finalização seca com alguns sabores frutados duradouros.

OUTROS EXEMPLOS PARA PROVAR

J. WAKEFIELD BREWING DFPF: pitaia, maracujá, acidez tropical.

THE VEIL NEVER SERIES: smoothie espesso de frutas, suculenta e ácida.

CERVEJARIA DOGMA SOURMIND SERIES: doce e azeda, frutas tropicais cremosas.

CERVEJAS SABORIZADAS

Pode-se adicionar uma lista extensa de ingredientes às cervejas, transformando o estilo de base com novos sabores que variam de leve e refrescantes ao equivalente de sobremesas em forma de cerveja.

SEM HASTE COM HASTE LEQUE DE SABORES

SABOR, PROCESSO E HISTÓRIA

Qualquer estilo de cerveja pode ter adição de outros ingredientes. O estilo subjacente precisa estar evidente, mas em geral os sabores primários são dos ingredientes adicionais. Exemplares clássicos usam, por exemplo, café e especiarias para acentuar outras qualidades na bebida, enquanto as cervejas de sabores mais marcantes resvalam para uma categoria nova e muito doce conhecida como Pastry (geralmente Pastry Stout). Os ingredientes mais comuns incluem café, chocolate, coco, baunilha, xarope de bordo, lactose, nozes e pasta de amendoim, vegetais, frutas, especiarias e muito mais. Às vezes, o ingrediente puro é adicionado e infundido: como doses de espresso, grãos de café integrais ou abóbora assada. Outras vezes, usa-se um extrato aromatizante para maior impacto.

O estilo provém da busca incessante dos cervejeiros por bebidas cada vez mais saborizadas. No passado, os sabores eram adições sutis, e muitos exemplares assim ainda existem. Há ainda muitas cervejas que ficaram mais doces, pungentes e fortes. As listadas na página ao lado são um misto de tipos comuns de adições de sabores. Juntamente com as frutadas azedas modernas, as cervejas saborizadas se tornaram umas das mais bem avaliadas do mundo, muitas vezes apreciadas por novos consumidores, embora amantes de estilos tradicionais tendam a não gostar delas.

ATRIBUTOS DA CERVEJA

Cor	Claridade	Fermentação	ABV	Amargor
De acordo com o estilo de base	De acordo com o estilo de base	De acordo com o estilo de base	0,5%–12+%	0–100 IBU (nulo a muito alto)

197

CERVEJAS SABORIZADAS

BROKEN DREAM, SIREN

| 6,5% ABV | PRODUZIDA EM: FINCHAMPSTEAD, INGLATERRA |

Esta "Breakfast Stout" é feita com aveia, açúcar de leite e espresso. O aroma lembra entrar numa cafeteria, com espresso e grãos recém-colhidos, um toque de grãos de café velhos e um pouco de pão torrado. O sabor do café percorre a bebida, mas é deliciosamente equilibrado, oscilando pelo malte escuro e proporcionando chocolate, torrada, mingau de chocolate e notas torradas, ligeiramente defumadas. A doçura residual confere corpo extra.

COCONUT HIWA PORTER, MAUI BREWING

| 6% ABV | PRODUZIDA EM: MAUI, HAVAÍ, EUA |

Uma das primeiras cervejas a usar coco assado, ela ainda é um dos melhores exemplos de como o coco combina com a bebida. Sua torra confere um quê de nozes juntamente com o sabor do coco, o que também confere um toque de cremosidade. É perfeito em uma porter de chocolate, com notas de fudge, mocha e cacau, e é baixa em torra e amargor. Um pouco de doçura residual destaca o sabor do coco. Para uma cerveja escura de força média, ela tem uma finalização leve e seca.

NIGHT OWL, ELYSIAN BREWING

| 6,7% ABV | PRODUZIDA EM: SEATTLE, WASHINGTON, EUA |

A Pumpkin Beer é uma das principais sazonais da América do Norte, chegando no início do outono e indo até o dia de Ação de Graças. A Elysian se tornou uma especialista em abóboras. De cor laranja profunda, a Night Owl é feita com bastante purê de abóbora, sementes de abóbora, gengibre, canela, noz-moscada, cravo e pimenta-da-jamaica. As especiarias dominam o aroma com um odor farto e acolhedor, e a abóbora proporciona doçura, textura e terrosidade à cerveja de base.

PECAN MUD CAKE STOUT, OMNIPOLLO NOA

| 11% ABV | PRODUZIDA EM: SUNDBYBERG, SUÉCIA |

Grossa e escura, ela é puro flã líquido de chocolate e cheiro de nostalgia logo de cara. A cerveja é decadentemente rica e doce, de textura espessa, oleosa, com sabores de chocolate, melado, açúcar mascavo, torta de noz pecã, frutas mais escuras e finalização de licor de chocolate. A maioria desses sabores parecem provir de aromatizantes, não são exatamente naturais, mas é isso que a cerveja tenta invocar: o sabor das barras de chocolate da infância.

OUTROS EXEMPLOS PARA PROVAR

SALTAIRE TRIPLE CHOC: cacau, chocolate ao leite, torrada clara.

TREE HOUSE BREWING IMPERMANENCE: chocolate ao leite cremoso, xarope de bordo.

SAINT ARNOLD BREWING PUMPKINATOR: muita abóbora, abóbora picante, melado.

CERVEJAS SEM ÁLCOOL E DE BAIXO TEOR ALCOÓLICO

Cervejas sem álcool ou com baixo teor alcoólico estão aumentando em variedade e qualidade, e se tornaram uma empolgante nova categoria de cerveja.

INGREDIENTES & PROCESSO

Cervejas com ABV de 0% a 0,5% são classificadas como livres de álcool na maioria dos países. Muitas cervejas não alcoólicas contêm vestígios de álcool, principalmente para dar sabor. Em geral, cervejas de baixo teor alcoólico contêm menos de 2% de ABV, mas frequentemente não há diretrizes legais. Qualquer estilo de cerveja pode ser feito com baixo ou nenhum teor alcoólico.

Em geral, cervejeiros usam os ingredientes padrão. Às vezes, adicionam lactose para dar mais corpo, enquanto grãos mais ricos em proteínas, como trigo, também podem ser usados para ajudar a encorpar a bebida. Vez ou outra os cervejeiros adicionam óleos de lúpulo para criar o aroma lupulado.

Quatro métodos diferentes são usados para produzir cerveja sem álcool ou de baixo teor alcoólico. Na **desalcolização**, a cerveja é produzida a cerca de 5% de ABV e deixada para fermentar e maturar como habitual, em seguida, remove-se o álcool. Um dos processos é a osmose reversa, que basicamente separa a água e o álcool da cerveja, deixando um tipo de cerveja concentrada. O álcool é eliminado e a água é misturada de volta ao concentrado. A outra técnica envolve a fervura do álcool, que tem ponto de ebulição mais baixo que o da água (78°C), portanto, aquecer a cerveja pode "ferver" ou evaporar o álcool. No entanto, aquecer a uma temperatura tão elevada pode também cozinhar e mudar os sabores da cerveja.

Um processo melhor para preservar o sabor é a destilação a vácuo, que mantém a cerveja a uma pressão mais baixa, e isso reduz o ponto de fervura do álcool a quase 40°C.

A **fermentação limitada** é um método que limita os açúcares fermentáveis na cerveja e controla a fermentação a uma porcentagem baixa. É feito por uma combinação do uso de grãos com menos traços fermentáveis (como certos maltes, arroz e milho), utilizando-se técnicas de brassagem que produzem menos açúcares, empregando-se leveduras especiais que não fermentam maltose e interrompendo a fermentação reduzindo-se a temperatura.

Os métodos da **diluição** e o **livre de fermentação** são menos comuns, que tendem a produzir cervejas inferiores. A diluição mistura água em uma cerveja alcoólica para chegar aos 5% de ABV. O método livre de fermentação é basicamente refrigerante com sabor de cerveja, usando ingredientes extraídos para imitar cervejas.

GUINNESS DRAUGHT 0.0

0% ABV | PRODUZIDA EM: DUBLIN, IRLANDA

Esta é uma cerveja impressionante, que capta o aroma, o sabor e as qualidades da Guinness sem o álcool (removido por osmose reversa). Vermelho-rubi com uma cascata de bolhas formando a espuma ao ser servida, ela possui o aroma levemente frutado da Guinness, misturado a algumas notas de cacau em pó. Ela tem a suavidade inicial, embora sua textura seja mais leve, com um toque de café ou de acidez de frutas vermelhas, e uma secura apimentada e amadeirada no fim.

LUCKY SAINT

0,5% ABV | PRODUZIDA NA: ALEMANHA

Produzida na Alemanha e vendida na Grã-Bretanha, ela é uma reminiscência das grandes Bavarian lagers sem o álcool. De cor dourada turva com espuma duradoura, é produzida por destilação a vácuo, o que permite a manutenção de um sabor maltado, enquanto lúpulos alemães modernos conferem uma qualidade frutada leve e de limão seco que combina com o toque frutado do limão na finalização da cerveja. A carbonatação e a textura são exatamente o que se deseja de uma lager.

ERDINGER ALKOHOLFREI

0,5% ABV | PRODUZIDA EM: ERDING, ALEMANHA

A Hefeweizen sem álcool é muito popular, e dá certo como estilo de cerveja não alcoólica por conta de sua textura mais plena e perceptível doçura natural. Quando servida, sua cor é laranja-dourado turva, com muita espuma. Contém aromas de laranja e limão, quase como de bolo-esponja de laranja. O corpo pleno contém uma leve doçura de mosto, um toque de acidez cítrica e certo toque frutado no fim. É revigorante, satisfatória e mata a sede.

RUN WILD, ATHLETIC BREWING CO.

0,5% ABV | PRODUZIDA EM: STRATFORD, CONNECTICUT; SAN DIEGO, CALIFÓRNIA, EUA

Esta American IPA turva, de dourado profundo, toma a frente com casca de cítricos, pinha, toranja e aromas de mel floral. Essas características sobrepõem um corpo de textura satisfatória e suave, além de carbonatação revigorante, deixando para trás cítricos azedos, chá preto e pinha resinosa, apimentada. Há um toque de doçura, mas equilibrada com um amargor duradouro de lúpulo. A Athletic também produz muitas outras excelentes cervejas sem álcool.

OUTROS EXEMPLOS PARA PROVAR

BROOKLYN SPECIAL EFFECTS: cítricos doces, mel, chá doce.

BREWDOG HAZY AF: frutas tropicais suculentas, trigo, refrescante.

LOWTIDE BREWING WEST COAST HOP LOCK: laranja, pêssego, amargor seco.

CERVEJAS DE TRIGO E BELGIAN ALES

AS CARACTERÍSTICAS QUE DEFINEM estas cervejas são a levedura e a fermentação, proporcionando aromas frutados e picantes distintos. Neste grupo estão vários estilos clássicos de cerveja oriundos das antigas tradições cervejeiras europeias, entre eles, German Hefeweizen, Dunkelweizen e as fortes Weizenbocks, além do amplo e maravilhoso leque de ales em estilo belga, desde as Witbiers irresistíveis e as Blondes revigorantes até as Saisons picantes, as Dubbels com notas de passas, as Tripels amargas e frutadas, e as Quadrupels suculentas e intensas.

HEFEWEIZEN

Especialmente populares na Bavária, estas cervejas de trigo em estilo alemão são conhecidas por seu distinto aroma de levedura semelhante ao da banana, carbonatação elevada, sensação suave na boca e finalização revigorante.

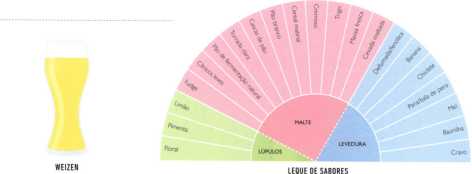

WEIZEN

LEQUE DE SABORES

SABOR, PROCESSO E HISTÓRIA

Bananas! Frequentemente esta é a primeira impressão de uma Weissbier (ou Weizen, Hefeweizen), graças a uma levedura que produz acetato de isoamila, um éster que é um componente de sabor em bananas. A levedura produz outros ésteres, como pera, rosa, mel e baunilha, além de quantidades variadas de fenóis picantes, semelhantes a cravo. O trigo confere uma textura suave, às vezes cremosa, e um toque de acidez frutada. No início, a Hefeweizen pode parecer doce, mas a finalização é seca e revigorante, com carbonatação elevada.

Em geral, o trigo compõe de 50% a 60% dos grãos, com maltes pale/coloridos formando o restante. Exemplares clássicos alemães podem usar brassagem por decocção para acentuar a sensação na boca e a secura. Tradicionalmente, usam-se fermentadores rasos e abertos para Weissbiers na Alemanha, e a temperatura de fermentação é mais alta que a de uma ale regular. A geometria do tanque e a temperatura produzem o amplo leque de ésteres frutados e os aromas fenólicos picantes.

O trigo era um grão comum em nações cervejeiras europeias. A exceção era a Bavária, onde, a partir de 1516, o trigo foi banido das cervejarias, com exceção das de propriedade da família real, que produziram com exclusividade, e por séculos, a Weissbier, até que decidiram abrir mão de seus direitos exclusivos de produção (a popularidade dessa cerveja estava diminuindo) no fim do século XIX. Alguns dedicados cervejeiros bávaros rejuvenesceram o estilo, e hoje esta é uma das cervejas mais comuns na Alemanha.

ATRIBUTOS DA CERVEJA

Cor	Claridade	Fermentação	ABV	Amargor
Amarelo-claro a âmbar	Turva a espessa	Frutada/picante	4,5%–6%	10–20 IBU (baixo)

WEISSE ORIGINAL WEISSBIER, SCHNEIDER

5,4% ABV	PRODUZIDA EM: KELHEIM, ALEMANHA

Nos anos 1870, a Schneider foi uma das cervejarias originais a obter os direitos para produzir com trigo, e sua Original evoca as antigas bebidas do fim do século XIX. É de uma rica cor âmbar, e os grãos proporcionam toffee e torrada, com um pouco de doçura no início, inclusive saciedade, que também adoça o aroma da banana, e frutos de caroço da levedura. A picância é elegante. Poucas cervejarias produzem uma Weissbier como essa.

WEIHENSTEPHANER HEFEWEISSBIER

5,4% ABV	PRODUZIDA EM: FREISING, ALEMANHA

Comparando com a Schneider Original, há uma diferença gritante. A Weihenstephaner é amarelo turva, com espuma branca brilhante. Há banana cremosa e bala de banana, baunilha, cítricos, um pouco de biscoito e pimenta em pedaços, e só um pouquinho de cravo defumado. Uma doçura fugaz semelhante a fudge resseca e cria uma cerveja leve e revigorante — uma verdadeira marca deste estilo é seu corpo vigoroso no começo, terminando de forma refrescante com um toque de secura e carbonatação.

AYINGER BRÄUWEISSE

5,1% ABV	PRODUZIDA EM: AYING, ALEMANHA

Em termos gerais, a Ayinger é mais leve que a Schneider e a Weihenstephaner, mais uma vez mostrando as nuanças e a amplitude do estilo. O toque frutado está mais para o de um pão suave de banana. Há um pouco de especiarias cremosas, como baunilha e cardamomo, frutas tropicais mais doces e frisante de limão. O trigo é como o de pão fresco. O corpo é mais refrescante e ralo que o de outras, e a combinação de trigo com a alta carbonatação sugerem certa acidez, o que é revigorante.

COEDO SHIRO

5,5% ABV	PRODUZIDA EM: SAITAMA, JAPÃO

Esta cerveja japonesa está do lado suave-cremoso do estilo. Ela contém um toque frutado atraente, com bala de banana, frutas de caroço e um toque de creme de caramelo, e há um pouquinho de cravos. Como uma cerveja alemã, ela começa com uma plenitude suave, proporcionando maltes de pão, massa fresca, biscoito e brioche torrado. Em seguida, a carbonatação entra, eleva tudo, mistura mais toque frutado, e ela seca e termina com uma finalização sutil e um toque de cítricos.

OUTROS EXEMPLOS PARA PROVAR

ERDINGER WEISSBIER: toque frutado leve, frescor revigorante, poucas especiarias.

LIVE OAK HEFEWEIZEN: flã de banana, torrada, especiarias leves.

TOIT BREWPUB WEISS: trigo doce, bala de banana, anis.

DUNKELWEIZEN E WEIZENBOCK

Esta família estendida de cervejas de trigo em estilo alemão é mais escura, forte ou lupulada que as cervejas de trigo comuns.

WEIZEN **SNIFTER**

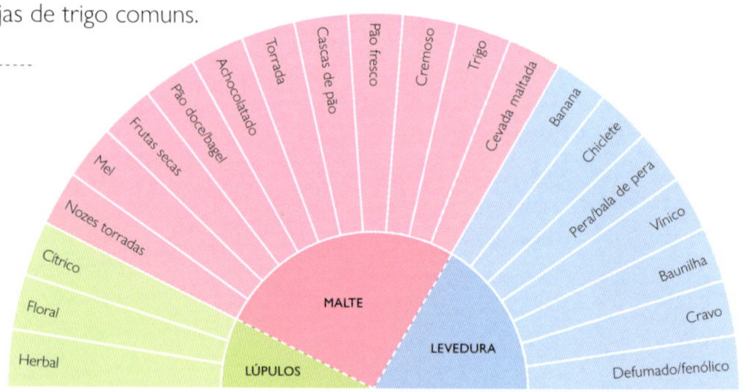

LEQUE DE SABORES

SABOR, PROCESSO E HISTÓRIA

Dunkelweizen são cervejas escuras de trigo como a Hefeweizen, com maior porcentagem de trigo mas com adição de maltes escuros e especiais, como Munich e Vienna. Elas proporcionam sabores de torra, assado, nozes e achocolatado, juntamente com o toque frutado e a picância da levedura.

Weizenbock e Weizendoppelbock são cervejas de trigo mais fortes, cuja cor varia de amarelo-claro a marrom-escuro. Imagine uma Weissbier ou uma Dunkelweizen comuns, apenas um pouco mais fortes, proporcionando mais sabor de álcool, corpo e suculência, e amplificando os sabores de maneira geral. A força do álcool extra tende a destacar mais a levedura durante a fermentação, o que, por sua vez, impulsiona mais ésteres e fenóis e um leque mais amplo de aromas. Produzida pela primeira vez em 1907, dizem que foi a Aventinus de Schneider Weisse que deu origem ao estilo.

Uma Hopfenweisse tem os sabores de uma Weizenbock ou de uma Weizendoppelbock, mas com muitos lúpulos aromáticos. Foi um estilo criado por Schneider Weisse em 2008, em colaboração com a Brooklyn Brewery. Os sabores mais doces de base, os aromas extras de levedura frutada, além de um elemento fenólico mais potente atuam junto com os lúpulos cítricos para conferir aromas exclusivos de uma Hopfenweisse. Este é um estilo complexo e fascinante de cerveja, unindo antigas tradições germânicas com uma influência lupulada americana moderna.

ATRIBUTOS DA CERVEJA

Cor	Claridade	Fermentação	ABV	Amargor
Dourado a marrom-rubi escuro	Turva a espessa	Frutada/picante	5%–8+%	10–40 IBU (baixo a médio)

WEISSBIER DUNKEL, ANDECHSER

5% ABV | PRODUZIDA EM: ANDECHS, ALEMANHA

De cor âmbar-rubi, a adição de malte escuro é leve, mas acrescenta um fundo saboroso e torrado de cacau em pó, nozes torradas, cascas de pão e pretzels. Ao lado dos ésteres de banana — como milkshake de banana — há frutas secas, especiarias amadeiradas e frutas tropicais maduras, o que é parte da característica da levedura exclusiva desta cerveja. A finalização traz uma combinação de leve picância de levedura, amargor apimentado de lúpulos alemães e secura refrescante.

VÙDÙ, BIRRIFICIO ITALIANO

6% ABV | PRODUZIDA EM: LIMIDO COMASCO, ITÁLIA

Esta Dunkelweizen é produzida com trigo de herança italiana. Há os aromas clássicos de banana e cravo, além de frutas de caroço mais doces, em seguida, os maltes escuros transformam o aroma e o tornam caramelizado, achocolatado, lembrando mais torrada do que pão, com um toque de panetone de chocolate. A suculência logo no início tem corpo pleno, proporcionando um pouco de cacau e café, seguida por um amargor mais herbal e floral do que a da maioria das versões deste estilo.

WEISSE AVENTINUS, SCHNEIDER

8,2% ABV | PRODUZIDA EM: KELHEIM, ALEMANHA

A Weizendoppelbock original, e ainda assim um exemplo sui generis, tem uma cor que não existe em nenhuma outra cerveja no mundo: um rubi-alaranjado rico, com espuma grossa e cremosa. Ao lado de banana torrada, creme de banana ou banana com cobertura de chocolate, há um toque de cola, pudim de pão caramelizado, figos, doce de passas, casca de cítricos secos e cravo medicinal. Deixa os lábios grudentos com a doçura residual.

WEISSE HOPFENWEISSE, SCHNEIDER

8,2% ABV | PRODUZIDA EM: KELHEIM, ALEMANHA

A Schneider inventou a estonteante Hopfenweisse, basicamente uma Weizenbock carregada de lúpulos. Ela é âmbar turva, com muita espuma. O aroma é intenso: floral de lúpulos frescos, cítricos vigorosos, laranjas guarnecidas de cravos, banana torrada, abacaxi fermentado, um toque de defumação fenólica. O corpo é licoroso, oleoso por conta dos lúpulos (Hallertau Saphir) e suculento pela levedura. O amargor (40 IBU) é cortante no fim, potente, mas limitado.

OUTROS EXEMPLOS PARA PROVAR

ERDINGER WEISSBIER DUNKEL: sutil, cacau, frutas secas, pimenta.

LIVE OAK PRIMUS: chocolate com banana, baunilha, pão de banana com especiarias.

BRAUEREI MICHAEL PLANK HELLER WEIZENBOCK: banana cremosa, especiarias suculentas, pão doce, casca de laranja.

WITBIER

Estas cervejas de trigo refrescantes e leves ao estilo belga são frequentemente produzidas com casca de laranja e sementes de coentro, proporcionando um sabor floral e frutado, e uma finalização picante e seca.

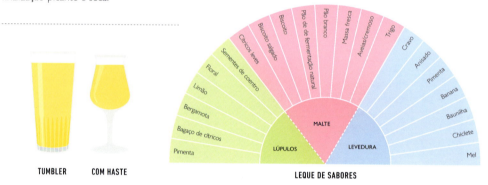

TUMBLER   **COM HASTE**   **LEQUE DE SABORES**

SABOR, PROCESSO E HISTÓRIA

Não filtradas, leves, ligeiramente carbonatadas e fáceis de beber, estas cervejas são feitas pelo frescor, e não pela complexidade. Um aroma e sabor proeminentes de levedura são misturados à adição de especiarias, geralmente casca de laranja seca e sementes de coentro, conferindo um fundo cítrico, floral e picante que complementa a levedura (ou é complementado por ela). Outras frutas e especiarias também são percebidas, mas são sutis e não compõem o sabor dominante.

Em geral, o trigo compõe de 30% a 60% da receita, com um misto de maltes pale e aveias compreendendo o restante, conferindo uma textura plena e suave. A doçura pode ser de baixa a média, e o amargor geralmente é muito baixo, permitindo que uma parte maior da levedura e das especiarias se sobressaia. A levedura expressiva pode variar de frutada a picante. Os lúpulos são muito leves. Cervejas de trigo (Wit, Witbier, Witte, Bière Blanche, White Ales) têm uma longa história na Bélgica. Em sua maioria ácidas e de baixo teor alcoólico, elas desapareceram quando ales e lagers mais limpas se tornaram populares. Não há limite definido entre as antigas de trigo e as Wits modernas, mas é possível datar a era contemporânea à Hoegaarden nos anos 1960. Ela gerou o que se tornou uma favorita mundial, e foi um dos primeiros estilos de cerveja artesanal a adquirir proeminência na América do Norte.

ATRIBUTOS DA CERVEJA

Cor	Claridade	Fermentação	ABV	Amargor
Amarelo	Turva	Frutada/picante	4%–5,5%	10–20 IBU (baixo)

HOEGAARDEN WIT

| 4,9% ABV | PRODUZIDA EM: HOEGAARDEN, BÉLGICA |

A amplitude fenólica é profunda: dá para sentir o cheiro ao alcance de um braço e saboreá-la muito depois de engolir. Cravos condimentados (quase como o de um balcão de delicatéssen ou de um limpador multiuso) conferem intensidade às sementes florais de coentro e dão gosto perfumado à casca de laranja, lembrando casca cristalizada grudenta. Pode não parecer apetitosa, mas um sem-número de consumidores adora. É a Witbier moderna original e uma das cervejas mais importantes já produzida.

BLANCHE DE BRUXELLES, BRASSERIE LEFEBVRE

| 4,5% ABV | PRODUZIDA EM: QUENAST, BÉLGICA |

Uma bela cerveja leve e descomplicada, consta do lado mais fresco do estilo, com mais aromas frutados que as outras, inclusive chiclete, morango, baunilha, damasco cristalizado e frutas tropicais doces. O coentro é mais torrado que floral, e a laranja seca tem profundidade de fundo e sabor duradouro no fim. A textura contém suavidade cremosa de trigo, portando um pouco de mel floral. A carbonatação aumenta o frescor agradável.

ALLAGASH WHITE

| 5,2% ABV | PRODUZIDA EM: PORTLAND, MAINE, EUA |

A Allagash White é uma expressão perfeita da Belgian Wit com um toque americano. Ela é turva e de cor amarelo-claro, com uma espuma branca distinta. Sementes de coentro e laranja seca são imediatas, ao lado de limão seco, cardamomo, bolo de limão, limão amargo, baunilha e um leve cravo. A textura é deliciosa, de suavidade cremosa e sedosa. Um amargor firme e a qualidade de lúpulos condimentados no fim a distinguem de muitos exemplares belgas.

HOP-HAND FALLACY, LOST AND GROUNDED

| 4,4% ABV | PRODUZIDA EM: BRISTOL, INGLATERRA |

A Hop-Hand Fallacy é uma Witbier de estilo clássico, perfeitamente equilibrada entre os ésteres leves de levedura, a picância apimentada da levedura e dos lúpulos, a picância torrada fragrante e o aroma floral do coentro moído, e o toque frutado da casca de laranja seca. O corpo é amarelo-claro e ligeiramente turvo, com uma cremosidade macia na textura e um tipo de borbulha marcante que vai percorrendo o palato. Com teor alcoólico mais baixo, é revigorante, com uma finalização seca e picante.

OUTROS EXEMPLOS PARA PROVAR

BLUE MOON: limão, baunilha, biscoito, seltzer, refrigerante de laranja.

UNIBROUE BLANCHE DE CHAMBLY: coentro floral, mel, trigo, cravo.

HITACHINO NEST WHITE ALE: noz-moscada, laranja doce, trigo, revigorante.

SAISON

Esse leque de cervejas bem atenuadas e abundantes em leveduras é produzido — ou inspirado — em uma antiga tradição agrária belga.

TUMBLER COM HASTE

LEQUE DE SABORES

SABOR, PROCESSO E HISTÓRIA

Quanto mais você bebe as Saisons, menos as compreende, no entanto, mais ama suas complexidades. Elas variam imensamente em características, de 4% a 9% de ABV, amargas ou ácidas, com níveis diferentes de doçura e lúpulos. O que as conecta é uma finalização muito seca e a complexidade de sabores e aromas de leveduras.

As leveduras — e, às vezes, bactérias — tendem a definir essas cervejas. Elas possuem um espectro completo de aromas de ésteres frutados e, em geral, um fundo subjacente fenólico, apimentado ou semelhante a cravo. A atenuação elevada deixa uma finalização seca, e a carbonatação é alta. Leveduras *Brettanomyces* e bactérias são usadas em algumas. Às vezes outros grãos se juntam à cevada, como trigo, aveia e espelta. Na maioria, os lúpulos conferem profundidade secundária, adicionando sabores condimentados ou vigorosos extras. Um perfil de água dura dá um caráter refrescante e seco.

Supostamente, as Saisons vêm de uma tradição pré-industrial agrária. Essas cervejas eram feitas com ingredientes locais e processos de transmissão, e provavelmente o sabor não era lá essas coisas. À medida que a produção em larga escala se desenvolveu e as cervejas se tornaram mais consistentes e saborosas, as tradições agrárias foram abandonadas. O que hoje consideramos Saison data da metade do século XX, e foi só na virada do século XXI que se popularizaram e passaram a ser desenvolvidas por cervejarias artesanais.

ATRIBUTOS DA CERVEJA

Cor	Claridade	Fermentação	ABV	Amargor
Palha a dourado profundo	Brilhante a levemente turva	Frutada/picante, às vezes acidificada	4%–9,5%	20–50 IBU (médio)

SAISON DUPONT, BRASSERIE DUPONT

| 6,5% ABV | PRODUZIDA EM: TOURPES, BÉLGICA |

Uma Saison *sui generis*, ela é turva e dourada, expressiva e expansiva. Ésteres frutados de banana vêm primeiro, com um pouco de especiarias apimentadas atrás. O primeiro sabor é de grãos caramelizados, mas ele seca, quase mineralizado, quase salgado, mergulhando em lúpulos herbais e de cítricos potentes, e é isso que dura de fato. É difícil descrevê-la, mas é reconhecível por sua exclusividade quando o consumidor passa a apreciá-la. Experimente também a Dupont's Moinette Blonde e a Avec Les Bonx Voeux.

BRASSERIE FANTÔME SAISON

| 8% ABV | PRODUZIDA EM: SOY, BÉLGICA |

Se comparada ao charme rústico da Dupont, o caráter desta é de uma loucura só, induzido por leveduras enigmáticas e idiossincráticas, proporcionando limão, abacaxi, manga azeda, pêssego, doces de frutas azedinhas, maçã ácida e mais. O malte de mel confere certa doçura e suculência que enfatizam o toque frutado; em seguida, ela fica bem seca, quando a levedura retorna com uma acidez semelhante à de sorbet de limão. Sua complexidade é um tanto desconcertante, e é esse o prazer de beber uma cerveja como esta.

SAISON PROVISION, BURNING SKY

| 6,7% ABV | PRODUZIDA EM: FIRLE, INGLATERRA |

Magicamente complexa, esta é uma cerveja definida por seu local e processo. Produzida primeiro com levedura Saison, depois envelhecida em imensos *foudres* de madeira por vários meses com uma cultura de leveduras e bactérias da casa, ela matura rumo a uma acidez e complexidade refinadas cuja sensação é extremamente integrada. Sempre interessante, às vezes há limão, feno, groselha, damasco cremoso um pouco verde, maçã Bramley, casca de cítricos secos e amargor apimentado.

TANK 7, BOULEVARD BREWING CO.

| 8,5% ABV | PRODUZIDA EM: KANSAS CITY, MISSOURI, EUA |

Contém lúpulos em abundância, como uma IPA, o que a torna um ótimo exemplo de American Saison. De cor dourada, a cerveja de base tem uma sensação inicial de plenitude que se esvai em um amargor duradouro, um pouco de cravo, pimenta e toque frutado divertido, como de banana doce e álcool. Os lúpulos são fortes, combinando uma Belgian com o amor de uma American pelos lúpulos. O combo de lúpulo com levedura confere abacaxis passando e fermentados, casca de laranja seca, toranja azedinha e sorbet de limão.

OUTROS EXEMPLOS PARA PROVAR

BRASSERIE DE BLAUGIES LA MONEUSE: toffee, especiarias apimentadas, muito seca.

HILL FARMSTEAD ARTHUR: champanhe, frutas tropicais ácidas, dá água na boca.

LA SIRÈNE SAISON: ácida, limão, complexa.

FARMHOUSE E RUSTIC ALES

Essas ales em estilo belga e francês desafiam a categorização fácil e provêm de uma tradição rural romantizada.

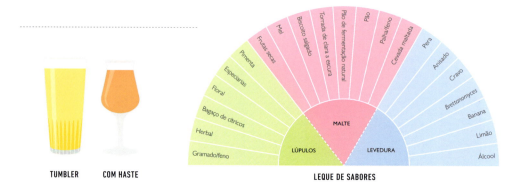

TUMBLER **COM HASTE** **LEQUE DE SABORES**

SABOR, PROCESSO E HISTÓRIA

Estas cervejas variam imensamente em perfil de sabores, desde baixo teor alcoólico e que mata a sede até maltada e forte, e de cores que vão de dourada-clara a marrom-escura. Algumas são amargas; outras, ácidas e selvagens. A principal característica que as conecta é a finalização seca, muitas vezes com um perfil de fermentação "rústica" (o oposto do perfil de fermentação limpa ou neutra de uma pale lager ou ale), ou frutada e fenólica, ou selvagem e com o cheiro forte da levedura *Brettanomyces*. Elas devem ter complexidade e profundidade.

À cevada, geralmente acrescentam-se trigo, aveia, espelta ou centeio, conferindo maior profundidade de caráter maltado. Poucas destas cervejas têm lúpulos aromáticos, mas muitas contêm um amargor firme, frequentemente de lúpulos alemães, com finalização picante e apimentada. Alguns cervejeiros podem maturá-las em barris de madeira para conferir profundidade ou acidez extras.

Historicamente, a Bière de Garde, o famoso estilo francês de cerveja, era armazenada em barris, onde ela ficava vínica e ácida. Agora está mais para uma ale forte com uma longa maturação, robusta pelo malte e o álcool, ésteres baixos e uma finalização seca em vez de amargor ou acidez. A Table Beer, ou Grisette, também é um estilo comum. Tem baixo teor alcoólico, é muito seca e, em geral, amarga ou ácida. Estão ganhando novo interesse de consumidores que gostam do estilo rural e de Saisons.

ATRIBUTOS DA CERVEJA

Cor	Claridade	Fermentação	ABV	Amargor
Palha a marrom	Brilhante a levemente turva	Frutado/picante	3,5%–8,5%	15–45 IBU (baixo a médio)

BIÈRE DE FLANDRE, BRASSERIE 3 MONTS

8,5% ABV | **PRODUZIDA EM: SAINT-SYLVESTRE-CAPPEL, FRANÇA**

Uma clássica Bière de Garde francesa, ela é robusta com sabor profundo de malte, um pouco parecido com mascar um punhado de cevada maltada. Há certas características de leveduras frutadas e um pouquinho de cravo fenólico e pimenta-do-reino, além de um aroma leve tropical subjacente, tudo acentuado por álcool em abundância. A finalização é quente e seca, mas de amargor baixo. Compare com a Dupont Moinette para provar a diferença de uma Saison em termos de estilo.

LA BLONDE D'ESQUELBECQ, BRASSERIE THIRIEZ

6,5% ABV | **PRODUZIDA EM: ESQUELBEC, FRANÇA**

Uma Farmhouse Ale mais leve, de cor amarelo-turvo com uma breve coroa de espuma, esta cerveja contém um misto intrigante de toque frutado de baixo teor, com toques de banana, baunilha, pera, casca de cítricos leves, frutas de caroço cozidas, além de pimenta-do-reino branca, cravo e algo floral — parece que muitos sabores derivam do lúpulo, mas há levedura adicionando fundo extra. O malte vem primeiro e possui suculência suave, enquanto a carbonatação é refrescante e leve.

BAM BIÈRE, JOLLY PUMPKIN

4,5% ABV | **PRODUZIDA EM: DEXTER, MICHIGAN, EUA**

De uma forma maravilhosa, esta cerveja produzida em Michigan é tão anacrônica quanto algo fermentado nos rincões da Bélgica. Ela extrai certa inspiração de sabores de antigas ales rurais (envelhecida, ácida, seca) e faz algo novo ao passá-la por *dry hopping*. Possui um vigor refrescante, com seu misto de secura, limão e características de levedura de abacaxi, um pouco de frutas doces fermentadas, sabor de maçã verde ácida e uma picância de Prosecco no fim.

LE PETIT PRINCE, JESTER KING

2,9% ABV | **PRODUZIDA EM: AUSTIN, TEXAS, EUA**

Esta é uma ale Table Beer de inspiração belga, de baixo ABV, seca, altamente carbonatada e amarga, feita para ser a bebida do dia a dia na fazenda. A versão da Jester King permanece autêntica à antiga rusticidade, com sua levedura da casa adicionando notas silvestres, especiarias apimentadas, casca de limão e pera, com lúpulos de feno e florais. A carbonatação é de um vigor refrescante, enfatizada por uma leve acidez, atenuação elevada e ausência de qualquer doçura.

OUTROS EXEMPLOS PARA PROVAR

CUVÉE DES JONQUILLES: floral, fragrante, revigorante.

BRASSERIE THEILLIER LA BAVAISIENNE: torrada, álcool frutado, seca.

LA GOUDALE: mel, floral, especiarias leves, malte torrado.

BELGIAN BLONDE E PALE ALE

Estas ales em estilo belga são moderadamente fortes, têm qualidades revigorantes e são fáceis de beber, acentuadas por lúpulos ou leveduras.

TUMBLER **COM HASTE**

LEQUE DE SABORES

SABOR, PROCESSO E HISTÓRIA

Cervejas para beber no dia a dia, as Blondes são mais doces e fortes que as Pales e possuem aroma e sabor mais proeminente de leveduras frutadas, enquanto as Pales têm mais sabor e aroma de lúpulo, com menos malte. Estas cervejas são douradas e brilhantes, com uma coroa de espuma branca. Revigorantes, mantêm o interesse com levedura e/ou lúpulos complexos. O caráter lupulado tende ao picante, ao amargor apimentado, mas alguns exemplos com fartura de lúpulos expressam qualidades cítricas e florais. O teor alcoólico pode variar muito, assim como a doçura.

Elas usam receita de base de maltes pale, tipicamente Pilsner, às vezes com maltes coloridos ou trigo, outras, com açúcar-cândi branco para adicionar secura. Em geral, os lúpulos são alemães, belgas ou britânicos, e o amargor varia conforme a marca: Pale Ales são mais secas e amargas. Algumas cervejas Blonde incluem especiarias, como sementes de coentro. Muitas são engarrafadas, acrescentando profundidade ao sabor.

Blondes e Pales representam a mudança na Bélgica de tipos de cerveja locais e idiossincráticos, muitas vezes ácidos e com bastante trigo, para cervejas mais limpas e amargas cuja popularidade aumentou. Estas pertencem a um grupo fácil de beber e de força moderada, com mais personalidade que uma Pilsner ou Pale Ale típicas. A Belgian Pale se tornou um estilo importante de cerveja para quem adora sabor de lúpulo e amargor.

ATRIBUTOS DA CERVEJA

Cor	Claridade	Fermentação	ABV	Amargor
Palha a dourado	Brilhante a levemente turva	Frutada/picante	5%–7,5%	20–45 IBU (baixo, médio e alto)

ST FEUILLIEN BLONDE

7,5% ABV | PRODUZIDA EM: LE ROEULX, BÉLGICA

Esta cerveja turva de leve âmbar-dourado é perfumada com levedura e especiarias, proporcionando aromas de sementes de coentro, madressilva, limão, maçãs, peras e marmelada. As bolhas são vívidas e brilhantes, explodindo na língua, e sob elas há uma qualidade cremosa de malte, como fudge sem açúcar e maltes torrados. Sabores de levedura vêm em camadas pela cerveja, com os lúpulos acrescentando ligeiro toque frutado e notas apimentadas. A finalização é bastante lupulada.

LEFFE BLONDE

6,6% ABV | PRODUZIDA EM: LEUVEN, BÉLGICA

Poucas pessoas desconhecem a Leffe Blonde. É uma cerveja doce, que lembra mel. A picância é pronunciada, com cravo, pimenta e uma qualidade fenólica de mel — às vezes, até uma nota de presunto assado, que alguns consumidores podem achar desagradável. Não é fermentada em garrafa e, em geral, não tem a profundidade e a personalidade da maioria das Belgian Blondes, mas vale a pena considerá-la por sua relativa onipresença.

DEVOTION, THE LOST ABBEY

6% ABV | PRODUZIDA EM: SAN MARCOS, CALIFÓRNIA, EUA

Em algum ponto entre uma Belgian Blonde e uma Pale, a Devotion harmoniza aromas gramados, florais, de feno, cítricos e ervas frescas de lúpulos europeus, com pimenta e toque frutado de leveduras subjacentes. A textura possui uma plenitude distintivamente americana de malte, entrecortada pela carbonatação, e no meio há notas cítricas e de melão, pão branco, além de mais lúpulos gramados. A finalização sugere amargor, mas o sabor é de especiarias.

ZINNEBIR, BRASSERIE DE LA SENNE

5,8% ABV | PRODUZIDA EM: BRUXELAS, BÉLGICA

Lúpulos e leveduras se combinam alegremente nesta Belgian Pale Ale laranja-dourado. Nem sempre fica claro qual ingrediente está proporcionando a laranja seca, frutas de caroço, pera ou o aroma de pimenta, embora uma suave nota de cravo seja a assinatura da levedura da cervejaria. No sabor, os lúpulos são mais diretos, gramados, perfumados, com vigor cítrico e amargo. O malte confere estrutura sem chamar atenção, e o amargor é duradouro e forte.

OUTROS EXEMPLOS PARA PROVAR

WESTVLETEREN BLONDE: casca de laranja, pimenta, baunilha, torrada.

AFFLIGEM BLONDE: pão doce, banana, saborosa.

DE HALVE MAAN BRUGSE ZOT: mel, pimenta, ésteres leves frutados.

BELGIAN STRONG BLONDE E TRIPEL

Estas Pale Ales belgas fortes têm carbonatação alta, finalização bem seca e aromas potentes de leveduras.

SNIFTER **CÁLICE**

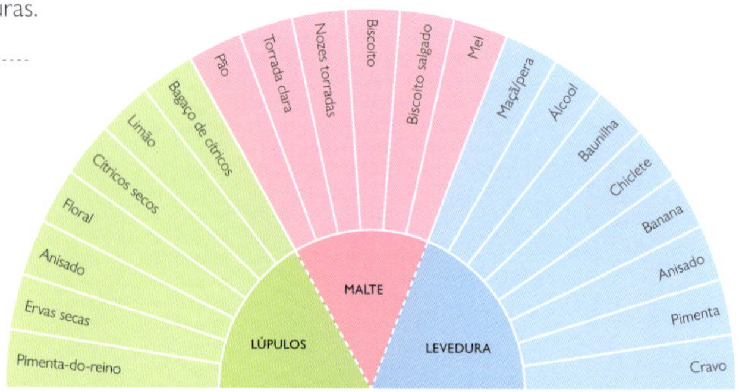

LEQUE DE SABORES

SABOR, PROCESSO E HISTÓRIA

A levedura confere personalidade a estes estilos, e ésteres e fenóis definem a unicidade de cada cerveja. O aroma proeminente de levedura pode ser frutado, picante/fenólico ou ambos. O uso de açúcar ajuda a criar uma cerveja muito seca e "digestiva", muitas vezes com amargor médio e sabores de lúpulos frutados, florais e picantes. Possuem carbonatação elevada. A doçura patente varia de baixa a moderada, e o sabor de álcool geralmente é evidente. A finalização está entre as mais secas, e Strong Blonde/Golden tendem a ser mais secas que as Tripels. Estas últimas tendem a ser mais doces e mais suculentas em geral, com mais características de leveduras fenólicas.

Receitas clássicas usam malte Pilsner, açúcar-cândi, lúpulos belgas, alemães ou ingleses, leveduras expressivas e, às vezes, especiarias extras, como semente de coentro. O açúcar aumenta o teor alcoólico enquanto mantém o corpo leve e deixa secura. Em geral, são acondicionadas em garrafas.

Guias de estilos de cervejas tentam diferenciar Strong Blonde, Strong Golden e Tripels, mas elas estão mais para um espectro contínuo de sabores. Tripels datam de 1930 (Westmalle Tripel), e eram pale fortes que combinavam tradições antigas de Dark Ales com o gosto sempre crescente por cervejas de aparência mais leve. Strong Blonde ou Golden Ales geralmente datam dos anos 1970. Estão entre as mais populares na Bélgica.

ATRIBUTOS DA CERVEJA

Cor	Claridade	Fermentação	ABV	Amargor
Dourado a âmbar	Brilhante a levemente turva	Frutada, frutada/picante	7,5%–9,5%	20–50 IBU (médio)

TRIPEL KARMELIET

8,4% ABV | **PRODUZIDA EM: BUGGENHOUT, BÉLGICA**

Feita com cevada, aveia e trigo, além de especiarias não reveladas, esta é uma cerveja floral, frutada, picante e fenólica — pense em limão seco e cravo. Há uma picância floral e cítrica, semelhante a coentro, junto com os fenóis, com um éster cremoso de banana adicionando toques doces. A carbonatação é semelhante à da champanhe, conferindo leveza por cima do fundo suculento. O cravo pode ser um desafio para alguns consumidores.

WESTMALLE TRIPEL TRAPPIST ALE

9,5% ABV | **PRODUZIDA EM: WESTMALLE, BÉLGICA**

Esta e a Tripel Karmeliet são exemplos clássicos do estilo, mas a diferença entre elas é marcante. O que primeiro se destaca na Westmalle é o álcool, um aroma caloroso e picante, com um cheiro expansivo derivado da levedura, fornecendo banana seca, baunilha cremosa, essência de amêndoas e bala de pera sem o cravo fenólico. A carbonatação é moderada, o corpo é ralo, com o álcool adicionando suculência e dando água na boca, antes de encerrar com uma finalização muito seca.

RUSSIAN RIVER DAMNATION

7,5% ABV | **PRODUZIDA EM: WINDSOR, CALIFÓRNIA, EUA**

Esta Strong Golden Ale está no limite mais fraco do leque alcoólico. Ésteres de banana e farto toque frutado (de frutas tropicais e baunilha) vêm primeiro. A textura é suave e quase cremosa, com os ésteres de banana incentivando mais essa cremosidade com uma leve doçura de malte pale. É notavelmente americana se comparada com versões belgas, em que o perfil de malte tem qualidade mais suculenta e amargor mais assertivo.

DUVEL MOORTGAT

8,5% ABV | **PRODUZIDA EM: PUURS, BÉLGICA**

A Strong Blonde Ale mais elegante do mundo, ela tem cor dourada brilhante e é mais clara que a maioria das demais de sua categoria. A espuma branca duradoura se mantém em aromas de pera, maçã, lúpulos florais e um pouco de álcool. A carbonatação é refrescante e vívida e vai passando pela língua, oferecendo frutas de caroço e uma qualidade cítrica oleosa dos lúpulos. Seu corpo é bastante ralo, um pouco de álcool sustenta o sabor de malte no fundo e é muito seca no fim.

OUTROS EXEMPLOS PARA PROVAR

ST BERNARDUS TRIPEL: mais frutada, laranja, mel.

LA CHOUFFE BLONDE: floral, mel, herbal, cravo.

ALLAGASH TRIPEL: amarga, especiarias apimentadas.

BELGIAN STRONG BLONDE E TRIPEL

BELGIAN BRUNE E DUBBEL

Estas Belgian Ales escuras, de moderadas a fortes, têm um leque maravilhoso de sabores, com carbonatação refrescante e caráter expressivo de levedura.

SNIFTER   **CÁLICE**   **LEQUE DE SABORES**

SABOR, PROCESSO E HISTÓRIA

Brunes geralmente são mais doces e de teor alcoólico mais baixo que as Dubbels. Elas têm perfis similares de sabores, sobretudo focados no intercâmbio entre o malte e leveduras aromáticas. Mesmo que pareçam doces, com frutas secas, chocolate e especiarias festivas, estas cervejas tendem a uma finalização seca, com caráter de lúpulos condimentados. O álcool é de moderado a alto, mas nunca deve ser exagerado. A carbonatação elevada confere frescor à textura e leveza à experiência de beber.

Tradicionalmente, o açúcar-cândi escuro produz cores mais escuras, embora maltes mais escuros também sejam usados para dar cor e sabor. O açúcar cria sabores de frutas caramelizadas e secas, e favorece a finalização seca. A levedura da cervejaria e os processos de fermentação criam o aroma exclusivo e os perfis de sabores. Em geral, as cervejas são acondicionadas em garrafas.

Estas dark ales remontam ao início da produção na era medieval. Sua relevância moderna data da reabertura dos monastérios belgas na metade do século XIX. Foram modernizadas no início do século XX e, desde então, desenvolveram os perfis de sabores esperados. "Dubbel" se refere a cervejas de "força dupla", termo usado quando era comum haver versões mais fracas e mais fortes. A Tripel e a Quadrupel vieram depois, respectivamente, em 1930 e 1990, representando uma mudança moderna na produção e no ato de beber.

ATRIBUTOS DA CERVEJA

Cor	Claridade	Fermentação	ABV	Amargor
Vermelho-escuro a marrom-escuro	Brilhante a levemente turva	Frutada/com ésteres	6%–8%	15–30 IBU (baixo a médio)

DUBBEL TRAPPIST ALE, WESTMALLE

7% ABV | PRODUZIDA EM: WESTMALLE, BÉLGICA

A Dubbel da Westmalle não se encaixa na descrição de uma Dubbel clássica — frutas secas, especiarias festivas, toffee, baunilha — com a doçura ou a suculência esperadas. Em vez disso, esta cerveja rala e limitada é refrescante. Todos os sabores esperados estão ali, mas de forma bastante compacta. A alta carbonatação mantém em equilíbrio os sabores frutados expressivos, e o consumidor quase sente uma secura de Seltzer no fim.

CHIMAY RED

7% ABV | PRODUZIDA EM: CHIMAY, BÉLGICA

As cervejas Chimay são bem sutis (e isso pode ser um elogio ou uma indireta de que outras Dubbels são mais complexas e interessantes). De cor marrom-avermelhada, há frutas secas, ésteres frutados, baunilha floral e cravo, frutas de caroço maduras, caramelo e doce de banana. O corpo é surpreendentemente leve, com um pouco de doçura de mel e um leve amargor, embora, vez ou outra, características de umami ou ferrosas. Desce redondo, mas não é das mais interessantes.

TYNT MEADOW ENGLISH TRAPPIST ALE

7,4% ABV | PRODUZIDA EM: COALVILLE, INGLATERRA

Embora seja feita só com ingredientes britânicos, inclusive levedura ale britânica, esta ale tem um gostinho belga. A levedura conduz os aromas, com frutas secas, massa recém-fermentada, maçãs fermentadas e éster floral. O corpo pleno contém toques de toffee de maçã, chocolate amargo frutado, figos secos, chá preto doce, alcaçuz e um sabor de torra. Cada garrafa tem qualidades ligeiramente diferentes, o que as torna cervejas atraentes se você as beber com regularidade.

ABBEY ALE, OMMEGANG

8,2% ABV | PRODUZIDA EM: COOPERSTOWN, NOVA YORK, EUA

Produzida com casca de laranja doce, sementes de coentro e de cominho, anis-estrelado e raiz de alcaçuz, esta é uma cerveja estilo Dubbel que começa com especiarias em vez de leveduras. As especiarias são calorosas, envoltas em mel e doçura de torra, o que leva a uma secura no fim. Em geral, é mais seca e picante que versões belgas, com clareza de sabor menos complexa que a de outras Dubbels, mas é um ótimo exemplo de como os estilos se modificam.

OUTROS EXEMPLOS PARA PROVAR

WESTVLETEREN 8: pão doce fresco, tâmaras, açúcar mascavo.

TRAPPISTES ROCHEFORT 8: melado, figos assados, vínica.

UNIBROUE MAUDITE: caramelo, frutas de caroço cozidas, laranja, cravo.

BELGIAN STRONG DARK ALE E QUADRUPEL

Entre os estilos mais adorados do mundo, estas cervejas são associadas à produção monástica e em abadias, e possuem fundo e complexidade empolgantes.

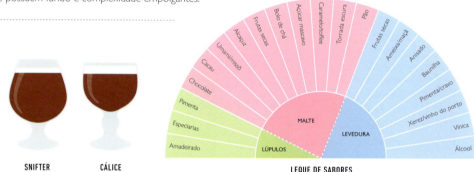

SNIFTER — CÁLICE — LEQUE DE SABORES

SABOR, PROCESSO E HISTÓRIA

Entre as cervejas mais incrivelmente complexas do mundo, estas ales escuras e fortes tendem a ter levedura proeminente, conferindo um amplo leque de ésteres e fenóis ocasionais. A levedura interfere de maneira esplêndida com um fundo suculento de malte, proporcionando frutas secas, cacau e artigos de confeitaria, enquanto o açúcar caramelizado adiciona sabores de passas ao rum e melado, além de leveza. O álcool é frequentemente notável e, em geral, a carbonatação é alta.

Para cervejas tão complexas, tendem a ter receitas simples; as características provêm do processo e da levedura. Usa-se principalmente o malte Pilsner, além de uma pequena adição de trigo, malte escuro ou caramelo, e açúcares variados que dependem da cervejaria. O açúcar escuro dá cor, sabores (caramelo e frutas secas) e álcool extra, o que gera uma cerveja mais seca. A levedura de cada cerveja é diferente e central ao sabor delas.

Geralmente são envasadas, acondicionadas em garrafa e maturadas antes da venda. Podem envelhecer com elegância e, após alguns anos, tendem a ter gosto vínico e mais doce, com mais frutas secas.

Geralmente associada a monastérios, a Quadrupel é a mais forte da linha de uma cervejaria. Belgian Ales fortes e escuras existem há muito tempo, mas foi só a partir de 1991 que o termo "Quadrupel" passou a ser usado, creditado ao monastério La Trappe.

ATRIBUTOS DA CERVEJA

Cor	Claridade	Fermentação	ABV	Amargor
Vermelho-escuro a marrom-escuro	Brilhante a levemente turva	Frutada/com ésteres	8%–12%	25–50 IBU (baixo a médio)

TRAPPISTES ROCHEFORT 10

11,3% ABV | **PRODUZIDA EM:** ROCHEFORT, BÉLGICA

Volume e profundidade de sabor fazem a Rochefort 10 se destacar em relação às outras de sua categoria. Ela possui camadas de sabor, com passas, ameixa seca, figo, baunilha, creme de caramelo, vinho do porto e xerez com nozes, além de frutas e chocolate com nozes. A carbonatação mistura, de maneira majestosa, todos esses sabores e sobe pelo palato, criando uma cerveja que satisfaz sem nunca ficar pesada. É interessante de beber, sempre.

ST BERNARDUS ABT 12

10% ABV | **PRODUZIDA EM:** WATOU, BÉLGICA

Quem é chegado numa Quadrupel pode passar horas defendendo sua favorita, numa disputa entre a Westvleteren, a Rochefort e a St Bernardus. A St Bernardus Abt 12 é um forte coquetel de figos assados e bala de morango, com caráter floral de rosa ou violeta, baunilha, passas, chá preto maltado e uma pitada de cravo no fim. No início é forte ao paladar, mas desaparece depressa, deixando a sensação de que é mais leve do que os 10% no rótulo.

STRAFFE HENDRIK QUADRUPEL, DE HALVE MAAN

11% ABV | **PRODUZIDA EM:** BRUGES, BÉLGICA

Os lúpulos são impressionantes nesta Quadrupel, que lembra uma Black IPA ou uma American Barley Wine. É como licor de ervas, mentolada, apimentada, rica em especiarias, intensa. O malte tem mais suculência e intensidade para equilibrar esses lúpulos, proporcionando um corpo pleno, com uma vasta gama de sabores de licor, anis, frutas vermelhas mergulhadas em álcool, sloe gin, frutas escuras fermentadas, ervas amadeiradas e cones de lúpulo. Ela alavancou o Quad em um novo estilo lupulado.

TROIS PISTOLES, UNIBROUE

9% ABV | **PRODUZIDA EM:** CHAMBLY, CANADÁ

De vermelho profundo e levemente turva, esta cerveja contém cerejas secas, passas ao rum, figos assados, ameixas caramelizadas, além de uma picância de noz-moscada, pimenta, anis e notas de pimenta-da-jamaica. Possui uma textura mais plena e vigorosa que uma Belgian, com doçura de caramelo e chocolate e corpo lustroso, acentuado por uma carbonatação mais baixa que a de outros exemplos. Mas, em geral, ela finaliza com uma boa secura e um amargor herbal, picante.

OUTROS EXEMPLOS PARA PROVAR

WESTVLETEREN 12: bolo de chá, figo, cereja, massa de pão doce.

HET ANKER GOUDEN CAROLUS: banana, doçura elevada, álcool, especiarias.

LA TRAPPE QUADRUPEL: figo, pimenta, malte doce, menos complexa.

ÍNDICE

A
alfa ácidos 50
açúcares 71
água 37
água na cerveja 36–37
aldeídos 67
ale de barril 82
ales 12
    de fermentação mista 190–91
    ale x lager, fermentação 65
    Amber Ale 152–53
    Belgian Blonde 212–13
    Belgian Brune 216–17
    Belgian Pale Ale 212–13
    Belgian Strong Blonde 214–15
    Belgian Strong Dark Ale 218–19
    Blonde Ale 150–51
    Brown Ale 162–63
    Dubbel 216–17
    Farmhouse Ales 210–11
    Flemish-Style Red-Brown Ale 186–88
    Golden Ale 150–51
    Hoppy British Ale 154–55
    Old Ales 160–61
    Quadrupel 49, 218–19
    Red Ale 152–53
    Rustic Ales 210–11
    Saison 208–209
    Scottish Ale 164–65
    Strong Ale 164–65
    Tripel 214–15
    Wild Ales 12, 49, 65, 190–91
    ver também Pale Ales
ales maltadas 156–79
    Baltic Porter 170–71
    Barley Wine 166–67
    British Bitter tradicional 158–59
    Brown Ale 162–63
    Cervejas envelhecidas em barril 178–79
    Dry Stout 172–73
    Imperial Stout 47, 176–76
    British-Style Mild e Old Ale 160–61
    Porter 47, 168–69
    Strong Ale e Scottish Ale 164–65
    Sweet Stouts 174–75
Ales de fermentação mista 190–91
Altbier 122–23
amargor 59
Amber Ale 152–53
American Amber Lager 110–11
American Double IPA 134–35
IPAs de influência americana 128–29
American IPA 48, 132–33
American Lager e Pilsner 46, 102–103
American Pale Ale 48, 130–31
American Stout 172–73
anidridos 67
armazenando cerveja 72
aromas de lúpulos de frutos cítricos 63
aromas de lúpulos de frutas de caroço 62
aromas de lúpulos de frutas tropicais 62

B
Baltic Porter 170–71
Barley Wine 166–67
bares, cervejas em 82–83
Belgian ales
    Belgian Blonde 212–13
    Belgian Brune 216–17
    Belgian Pale Ale 212–13
    Belgian Strong Blonde 214–15
    Belgian Strong Dark Ale 218–19
    Dubbel 216–17
    Farmhouse Ales 210–11
    Quadrupel 49, 218–19
    Rustic Ales 210–11
    Saison 208–209
    Tripel 214–15
Belgian Brune 216–17
Belgian Strong Blonde 214–15
Belgian Strong Dark Ale 218–19
Berliner Weisse 192–93
Bitter
    Best Bitter 47
    British Bitter tradicional 158–59
Black IPA 148–49
Blonde Ale 150–51
Bock 118–19
brassagem
    ciência da 42
    maturação 68–69
    brassagem por decocção 43
    técnicas de brassagem 43
British Bitter, tradicional 158–59
Brown Ale 162–63

C
café 71
canecas 32
carbonatação 35, 68–69
cérebro, sabor e 16, 17
cerveja
    avaliando e provando 20–23
    bebendo 13
    como ela é fermentada 12
    composição da 36
    cor da 41
    estilos 24–27, 94–219
    fermentação 12, 13, 34–35, 65
    história da 14–15
    receitas 46–49
    sabores 13
cerveja de barril 83
cerveja defumada 124–25
cerveja de nitrogênio 83
    nitro stout 30
cerveja envelhecida 72–75
cerveja fresca 72–73
cervejas azedas 12
    Ales de fermentação mista 190–91
    Azedas complementares 194–95
    Berliner Weisse 192–93
    cervejas de fermentação espontânea 65, 182–85
    fermentando 65
    Gose 192–93
    Lambic 65, 182–83, 188
    Red-Brown Ales estilo Flemish 186–87, 188
    fruit sour tradicionais 188–89
    Wild Ales 12, 49, 65, 190–91
cervejas sour estilo belga 188
cervejas de baixo teor alcoólico 198–99
cervejas de trigo
    Dunkelweizen 204–205

Hefeweizen 49, 202–203
Weizenbock 204–205
Witbier 49, 206–207
cervejas engarrafadas, servindo 30
cervejas sem álcool 198–99
cetonas 67
cevada 38
chocolate 71
comida, cerveja e 84–93
copos 32–33
    copos nucleados 29
    espuma em 29
Czech Pale Lager 100–101
Czech Pilsner 46, 100
Czech-Style Amber 114–15

D

Dark Ale, Belgian Strong 218–19
Dark Lager estilo tcheco 114–15
datas de validade 74
degustando cervejas 17, 18, 20–23
Hazy DIPA 48, 140–41
Doppelbock 47, 118–19
Dry Stout 172–73
Dubbel 216–17
Dunkel 46, 116–17
Dunkelweizen 204–205

E

English Pale Ale 146–47
envelhecimento em barril 70–71
    cerveja envelhecida em barril 178–79
enzimas 42
ervas 71
especiarias 71
espuma 28–29
ésteres 51, 66–67
Estilos de cerveja 94–219
    entendendo 24–25
    mapa de sabores 26–27
Export Stout 172–73

F

Farmhouse Ales 210–11
fenóis 67
fermentação 64–65
    fermentação ale x lager 65
    sabores de 66–67

Festbier 112–13
Franconian Lager 108–109
frutas 71
Fruit Beers, modernas 194–95
fruit sour tradicionais 188–89

G

German-Style Pilsner 98–99
Golden Ale 150–51
Gose 192–93
grãos 38–39
    grãos na cervejaria 42–43

H

Hazy DIPA 48, 140–41
Hazy IPA 138–39
    hopping 56, 57
Hazy Pale Ale 136–37
Hefeweizen 49, 202–203
    servindo 31
Helles 106–107
Hoppy British Ale 154–55

I

Imperial Stout 47, 176–77
India Pale Ale (IPA) 129
    American Double IPA 134–35
    American IPA 48, 132–33
    Black IPA 148–49
    Hazy IPA 56, 57, 138–39
    IPAs de influência americana 128–29
    Pacific IPA 144–45
    Red IPA 148–49
    Session IPA 142–43
    West Coast Double IPA 134–35
    West Coast IPA 132–33
India Pale Lager (IPL) 104–105
ingredientes 71
    ver também grãos; lúpulos; malte
Unidades Internacionais de Amargor
    (IBU) 57
IPA (India Pale Ale)
    American Double IPA 134–35
    IPA de influência americana 128–29
    American IPA 48, 132–33
    Black IPA 148–49
    Hazy IPA 56, 57, 138–39
    Pacific IPA 144–45

Red IPA 148–49
Session IPA 142–43
West Coast Double IPA 134–35
West Coast IPA 132–33
IPL (India Pale Lager) 104–105
Irish Stout 172–73

K

Kellerbier 108–109
Kölsch 120–21

L

lagers 12, 96–125
    Altbier 122–23
    Czech-Style Amber E Dark Lager 114–15
    American Lager e Pilsner 46, 102–103
    Bock e Doppelbock 47, 118–19
    Czech Pale Lager 100–101
    Dunkel e Schwarzbier 46, 116–17
    fermentação ale x lager 65
    Franconian Lager e Kellerbier 108–109
    Helles 106–107
    Kölsch 120–21
    Lager 110–11
    Märzen e Festbier 112–13
    Pilsner Moderna 104–105
    Rauchbier e cervejas defumadas 124–25
    Vienna Lager e American Amber
        Lager 110
Lambic 182–83, 188
levedura 64–65, 67
lúpulos 50–63, 67
    anatomia de 50
    criação 52
    cultivando 52–53
    dry hopping 56
    função de 50–51
    lúpulos para amargor 56
    na cervejaria 56–57
    óleos e aromas 51
    regiões e variedades 58–59
    sabores 60–63
    tipos de 54–55

M

malte
    lúpulos e 61
    maltagem 38–39

ÍNDICE

sabores de 44–45
tipos de 40–41
maltes defumados 38
marcas de nucleação 29
Märzen 112–13
Mild de estilo britânico 160–61
Milk Stout 174–75

N

níveis de minerais em água fermentada 37
nozes 71

O

Oatmeal Stout 174–75
Old Ales 160–61
olfato, cerveja e 17, 18

P

Pacific IPA 144–45
Pacific Pale Ale 144–45
paladar, treinando o 77
pale ales
    American Pale Ale 48, 130–31
    Belgian Pale Ale 212–13
    English Pale Ale 146–47
    Hazy Pale Ale 136–37
    Pacific Pale Ale 144–45
    Pale Lager, Czech 100–101
    Saison 208–209
pasteurização 69
Pilsner
    American Pilsner 102–103
    Czech Pilsner 46, 100
    German-Style Pilsner 98–99

Pilsner moderna 104–105
Porter 47, 168–69
    Baltic Porter 170–71
produzindo cerveja 34–35
    cervejas sours e selvagens 65

Q

Quadrupel 49, 218–19

R

Rauchbier 124–25
receitas, cerveja 46–49
Red Ale 152–53
Red IPA 148–49
Red-Brown Ales, estilo Flemish 186–87, 188
Rustic Ales 210–11

S

sabor 13
    avaliando cervejas 20–23
    cerveja e comida 84–89
    cervejas com sabor 196–97
    combinando intensidade de sabores 85, 88–89
    como funciona o sabor 16–17
    defeitos 76–81
    e os sentidos 18–19
    estilos de cerveja 24–27
    lúpulos 60–63
    sabores de fermentação 66–67
    sabores de malte 44–45
Saison 208–209
Schwarzbier 116–17

Scottish Ale 164–65
sentidos 18–19
    avaliação sensorial da cerveja 20–23
servindo a cerveja 30–31
Session IPA 142–43
sours complementares 194–95
Stouts
    Dry Stout 172–73
    Imperial Stout 47, 176–77
Sweet Stouts 174–75
Strong Ale 164–65
    Belgian Strong Blonde 214–15
    Belgian Strong Dark Ale 218–19
Sweet Stouts 174–75

T

temperatura para servir 31
teor alcoólico, mensurando 67
tióis 51
Tripel 214–15

V

vegetais 71
Vienna Lager 110–11

W

Weizenbock 204–205
West Coast Double IPA 134–35
West Coast IPA 132–33
Wild Ales 12, 49, 190–91
    fermentação 65
Witbier 49, 206–207
    servindo 31

SOBRE O AUTOR

Mark Dredge é um premiado escritor sobre cerveja e apresentador de TV. Ganhou vários prêmios da British Guild of Beer Writers e da American Guild of Beer Writers. Mark foi selecionado para o André Simon Drink Award em 2020. Entre obras publicadas, destacam-se *A Brief History of Lager*, *Cerveja e Gastronomia*, *Cooking with Beer*, *The Best Beer in the World*, *Cervejas Artesanais*, *The Beer Bucket List* e *Beer and Veg*. É apresentador do programa de TV Sunday Brunch como especialista em cervejas do Channel 4, e é juiz internacional de cervejas, participando de competições importantes como a World Beer Cup e o Great American Beer Festival. Mark é facilitador credenciado e dá aulas regulares de educação cervejeira e eventos online de degustação. Também administra o site BeerDredge, onde compartilha conhecimentos contínuos sobre tudo que é relacionado a cerveja.
www.beerdredge.com

AGRADECIMENTOS DO AUTOR

Agradeço a Marta Bescos e Charlotte Beauchamp por contatarem cervejarias e coletarem todas as imagens. Agradeço ao brilhante trabalho de Vanessa Hamilton no design deste livro, e principalmente por conseguir intepretar meus garranchos e esboços e transformá-los em excelentes diagramas visuais. Obrigado, Dawn Titmus, por todo o trabalho na edição e na organização deste livro — agradeço pelas edições inteligentes e cuidadosas. Agradeço a Steph Milner, por encomendar a obra e me permitir escrever sobre os sabores maravilhosos das cervejas. Agradeço aos cervejeiros que reservaram um tempo para olhar ou comentar ilustrações ou textos que organizei. E agradeço a Emma, por sempre pedir para provar as cervejas que bebo e pela constante curiosidade pelos sabores que têm. Este livro é para todos os que já pegaram uma cerveja e se perguntaram por que ela tem tal ou tal sabor.

AGRADECIMENTOS DA EDITORA

A DK gostaria de agradecer às empresas de cervejas pela gentil permissão de reproduzir as imagens de seus produtos, a Marta Bescos e Charlotte Beauchamp, pela pesquisa de imagens, a Niyran Gill pela ilustração de capa, a John Friend, pela revisão, e a Vanessa Bird pelo índice.

p. 36 Composição da Cerveja: © 2021 Anheuser-Busch InBev todos os direitos reservados twitter.com/abinbev/status/588008852882194432

p. 37 Níveis Históricos de Minerais na Água de Fermentação: howtobrew.com/book/section-3/understanding-themash-ph/balancing-the-malts-and-minerals

The Practical Brewer, p.10

Wahl-Henius, *American Handy Book*, 2:790, 1902

Westermann and Huige, *Fermentation Technology*, p.13

p.42 Enzimas-alvo: byo.com/article/the-science-ofstep-mashing

p.43 Brassagem por Decocção: brulosophy.com/2016/12/08/in-defense-of-decoction-a-german-purists-perspectiveon-an-age-old-brewing-method

p.56 Dry Hopping em Hazy IPAs: Utopian Brewing www.utopianbrewing.com

CRÉDITOS DAS IMAGENS

A DK gostaria de agradecer às pessoas a seguir pela gentil permissão de reproduzir suas fotografias:

(Legenda: a-acima; b-abaixo/base; c-centro; f-fundo; l-esquerda; r-direita; t-topo)

Alamy Stock Photo: kentimages 151tl, Niday Picture Library15, The Picture Art Collection 14; **Alaskan Brewing & Bottling Co:** 125bl; **Badische Staatsbrauerei Rothaus AG:** 99tl; Bell's Brewery, Inc: 133tl; **Depositphotos Inc:** gueriero93.gmail.com 209tr; **Dreamstime.com:** Steven Cukrov 147tr, Denismart 163tl, Dietmar Rauscher 125tr, Ilja Enger Tsizikov 245tr, Venemama 215tl, 215tr, 219tl; **Duvel Moortgat Bier:** 215br; **Fremont Brewing Co.:** 177tr; **Getty Images/ iStock:** monkee_leelu 103tl, monticelllo 101tl; **Omnipollo:** Gustav Karlsson Frost 195tl, 197tr; **Schlüssel GmbH & Co. KG:** 123tr; **Shutterstock.com:** burnel1 107br, Kai Foret 213tl, Keith Homan 119br, J. Croese 185tr, Pavlo Lys 207tl, Marc Venema 209tl.

DK LONDRES

Designer Sênior Glenda Fisher
Designer de Capa Eloise Grohs
Coordenador de Capa Jasmin Lennie
Editor de Produção David Almond
Controlador de Produção Luca Bazzoli
Editor de Aquisições Sênior Stephanie Milner
Editor Chefe Ruth O'Rourke
Chefe de Design Marianne Markham
Diretor de Arte Maxine Pedliham
Diretor Editorial Katie Cowan
Editor de Projeto Sênior Dawn Titmus
Designer e Ilustrador de Projeto Sênior Vanessa Hamilton

GLOBO LIVROS

Editor Responsável Guilherme Samora
Editor Assistente Renan Castro
Tradução Maíra Meyer
Consultoria Técnica Vitor Hugo Meirelles
Preparação de Texto Vanessa Raposo
Diagramação Bianca Teodoro
Revisão Vivian Sbravatti

Publicado originalmente na Grã-Bretanha em 2022 por
Dorling Kindersley Limited DK, 20 Vauxhall Bridge Road, London, SW1V 2SA.

Copyright no texto © 2022 Mark Dredge
Copyright © 2022 Dorling Kindersley Limited
Copyright 2024 © Editora Globo S/A

CIP-BRASIL. CATALOGAÇÃO NA PUBLICAÇÃO
SINDICATO NACIONAL DOS EDITORES DE LIVROS, RJ

D822s

Dredge, Mark
    Sabores da cerveja : uma abordagem ao mundo da cerveja focada no sabor /
Mark Dredge ; tradução Maíra Meyer. - 1. ed. - Rio de Janeiro : Globo Livros, 2024.
    224 p.   (Sabores)

Tradução de: Beer : a tasting course
Inclui índice
ISBN 978-65-5987-202-2

    1. Cerveja - Degustação. 2. Cerveja - Sabor. 3. Cerveja - Aromas. I. Meyer,
Maíra. II. Título. III. Série.

CDD: 641.23
CDU: 641.87

Meri Gleice Rodrigues de Souza - Bibliotecária - CRB-7/6439

14/11/2024   14/11/2024

Todos os direitos reservados. Nenhuma parte desta edição pode ser utilizada ou reproduzida - em qualquer meio ou forma, seja mecânico ou eletrônico, fotocópia, gravação etc. - nem apropriada ou estocada em sistema de banco de dados sem a expressa autorização da editora.

www.dk.com
www.globolivros.com.br

1ª edição, 2025

Este livro foi impresso na gráfica IPSIS.
São Paulo, Brasil, janeiro de 2025.